Objetivocracia Democrática

Objetivocracia Democrática

*¿Quieres
Verdadera
Democracia?*

Bernardo De Urquidi

ISBN-13: 9798621620585
INDAUTOR: 03-2020-022411364900-01

Tabla de contenido

Del escritor al lector

Gracias por leer este libro. Espero que te lleve a cuestionar un poco el *status quo*, a desarrollar tus propias ideas y opiniones, a debatir esas opiniones conmigo y con otras personas y a darte una herramienta con la cual luchar y una causa por la cual luchar.

Este libro está escrito de una forma inusual, pues mi intención no es decirte a ti que pensar, o solo transmitir ideas. La intención es que juzgues por completo las ideas y argumentos que se presentan en el libro y las que componen tu visión del mundo. Que analices los argumentos y reflexiones si te convencen o no, si tienes contra argumentos, si tienes mejores ideas o cómo afectan los temas de los que hablamos en el libro en tu vida. El propósito es que tú desarrolles tus propias ideas, argumentos e incluso sentimientos sobre el tema de la democracia, la distribución del poder y las distintas formas en que podemos organizarnos como seres humanos. La intención es que al terminar el libro tengas tu propia posición con respecto a la democracia, al poder, la libertad y ls distintas formas de organización social, y, que por ser tuya, la defiendas y la promuevas.

Para lograr este propósito el libro se detiene en varios momentos para preguntarte y pedirte a ti que reflexiones sobre un tema y que escribas tu opinión o ejemplos prácticos de lo que se presenta en teoría. Lo ideal es que te acerques a este libro como si fuera una conversación, un debate amistoso en el que recibes ideas, las analizas y formas tus propias opiniones. Cuando termines este libro, ojalá tenga tantos pensamientos y escritos tuyos como míos.

Gracias por emprender este viaje de reflexión conmigo y espero que pronto podamos emprender el viaje para transformar nuestras sociedades; espero que pronto podamos construir sociedades libres donde podamos colaborar libremente.

Secciones del libro

El presente libro está dividido en 5 secciones:

Sección 1: ¿Cuál es el problema? En esta sección analizaremos y juzgaremos el sistema por el cual se rigen, o pretenden regirse, casi todos los países desarrollados y en vías de desarrollo a inicios del siglo XXI: La democracia representativa.

Sección 2: ¿En qué me afecta? En esta sección analizaremos la relación del individuo con sus circunstancias y cómo la forma de organización social actualmente determina o influencia todas las circunstancias en las que se desarrolla, vive y a las que se enfrenta cada ser humano.

Sección 3: Los otros sistemas políticos. En esta sección analizaremos y juzgaremos los sistemas de organización social y política más importantes, desde la monarquía y las dictaduras hasta la democracia directa y la democracia por sorteo.

Sección 4: Objetivocracia democrática. En esta sección propondremos un nuevo sistema de organización social y político, que es a la vez democrático y eficiente y por medio del cual se puede formar una sociedad libre, de seres humanos libres, que unidos trabajen y se esfuercen por objetivos en común.

Sección 5: Recomendaciones para una Objetivocracia democrática. En esta sección analizaremos algunas recomendaciones sobre temas que podrían afectar la organización de una sociedad que desee organizarse con el sistema de la Objetivocracia Democrática. Además exploramos algunas formas en que podemos hacer la transición del sistema actual a una Objetivocracia Democrática.

X

¿CUÁL ES EL PROBLEMA?

No eres libre porque vives en un país que se rige bajo el sistema de la democracia representativa por elecciones, o "República Democrática".

La democracia representativa por elecciones, no es un sistema realmente democrático, es un sistema que concentra todo el poder en muy pocas manos, y además, es un sistema ineficiente, que polariza y divide a la sociedad.

Bajo este sistema otros, los políticos electos tienen el poder para controlar, modificar o influenciar las circunstancias en las que vives y por lo tanto, las oportunidades que vas a tender durante tu vida, tus libertades, tus deberes, tu economía, tu seguridad, tu salud, el impacto de tu sociedad en el medio ambiente, etc. Este es un sistema en el que el poder esta concentrado en pocas manos.

Tú tienes libertad de hacer lo que quieras con las opciones, las posibilidades y libertades generadas por tus circunstancias, pero vives bajo un sistema en el que los políticos tienen el poder para controlar, modificar o influenciar tus circunstancias.

Mientras otros tengan el poder para modificar o influenciar las circunstancias que generan las opciones entre las cuales puedes elegir, tu no podrás ser dueño de tu propio destino.

CAPÍTULO 1

Democracia

¿Qué es la democracia?

Democracia literalmente significa gobierno por el pueblo. La palabra proviene del griego "demos" que significa pueblo, y "kratia" que significa gobierno. Esto es, el pueblo se gobierna a sí mismo. El "pueblo" está compuesto por todos los ciudadanos que son miembros de una sociedad.[1]

La democracia es el sistema de organización social donde cada ciudadano retiene su libertad y en conjunto con los otros ciudadanos participa en la toma de decisiones sobre los asuntos que lo afectan a él/ella y a su sociedad. La democracia es el sistema de gobierno que afirma que los objetivos, planes de acción, términos y condiciones del contrato social deben de ser acordados y aceptados de forma libre entre todos los ciudadanos de una sociedad. La democracia es la forma de gobierno en la que todos los ciudadanos llegan a acuerdos en conjunto para determinar lo permitido, lo prohibido, lo estimulado, lo desincentivado y los objetivos y proyectos de la sociedad. Es la forma de gobierno que determina la igualdad de derechos de absolutamente todos sus ciudadanos.

La democracia es el sistema en que los ciudadanos no son gobernados por otros, sino que los ciudadanos se gobiernan a sí mismos. Esto implica que no hay un grupo que los somete, amenaza, oprime y obliga a ser parte de la sociedad. No hay un grupo o persona que los obligue a someterse a un contrato social, en el que otros deciden los objetivos, términos y condiciones del contrato social. No hay un grupo o persona que decide e influye unilateralmente las circunstancias en las que vive y se desarrolla cada ciudadano. No hay un grupo o persona que decide qué libertades, oportunidades y posibilidades va a tener cada ciudadano. No hay un grupo o persona que decide cuál es la jerarquía social y quién ocupa qué puesto y cuánto poder tiene sobre los ciudadanos o las circunstancias en las que viven los ciudadanos.

En un sistema democrático, los ciudadanos eligen las libertades, responsabilidades, deberes y el tipo de poder que limitan y restringen, para poder formar parte de una sociedad que potencialice sus libertades y presente nuevas oportunidades y posibilidades. Mientras que en una tiranía el sistema o los gobernantes dictan qué libertades puede o no tener cada persona, que acciones tiene que realizar para permanecer con "vida", y con libertad dentro de los límites impuestos, y cuáles serán los beneficios que obtendrá a cambio. En una democracia, los ciudadanos deciden qué libertades sacrifican y qué actividades realizarán para formar una sociedad que les brinde los beneficios que ellos deciden tener.

Mientras que en una dictadura o una tiranía el poder político de la sociedad está concentrado en pocas manos, en una democracia el poder esta distribuido de forma equitativa entre todos los ciudadanos. Todos los ciudadanos tienen el mismo poder y las mismas oportunidades para determinar el rumbo de su sociedad y para influenciar sus circunstancias.

Un sistema democrático organiza a los ciudadanos para que se puedan gobernar ellos mismos. Existen muchos tipos de sistemas sociales que se denominan democráticos, algunos de ellos, como la democracia representativa por elección, no son en realidad democráticos. Otros, como la democracia directa y la democracia por sorteo, son de hecho bastante democráticos pero no son muy eficientes o no funcionan en sociedades muy grandes.

CAPÍTULO 2

Democracia Representativa por Elecciones

El gobierno de los representantes electos.

La democracia representativa por elección ha sido promocionada como la única y verdadera forma de democracia en todo el mundo desde el establecimiento de la primer República Francesa después de la revolución. Los fundadores de las diversas repúblicas en America Latina y en Estados Unidos continuaron consolidando y promoviendo la falsa equivalencia entre democracia y la votación de gobernantes. De entonces hasta ahora, se ha unido la palabra libertad a la palabra democracia, a la palabra votación, y a la palabra representante. Especialmente después de la segunda guerra mundial, la caída de la mayoría de los estados totalitarios, y la independencia de las colonias, el mundo y los movimientos de personas que buscan libertad en sus sociedades, se han movido hacia la democracia representativa por elección, impulsados por la idea falsa de que esta es democrática, por la idea falsa de que ésta es la mejor forma de gobierno, en donde ciudadanos libres pueden ejercer control de su gobierno y de su vida, bajo la idea falsa de que es la forma de democracia más estable y efectiva.

Poco a poco, esta idea se ha ido deteriorando, poco a poco hemos caído en la cuenta de que en realidad, la democracia representativa por elección, no es democracia; que el poder no está en "el pueblo", que los ciudadanos no tienen control de su sociedad ni de su gobierno, que no son libres, que realmente no influyen o determinan sus propias circunstancias. Algunos han percibido que algo está mal con los gobiernos que nos rigen, e inmediatamente han señalado a políticos, instituciones, partidos, gobernantes y han encontrado en ellos el problema.

¡Ese político y ese partido, es corrupto!
¡Ese político es ignorante!
¡Ese político y ese partido no trabajan para nosotros!
¡Ese político y ese partido son opresores!
¡La sociedad y el país están mal por culpa de los políticos y los partidos!

Esta perspectiva ha llevado a miles y millones a protestar en las calles, a demostrarse en contra de los gobiernos, a formar nuevos partidos, a votar por no políticos, por personas fuera del "establecimiento político", fuera de la "clase política", por "populistas" que hablan en contra de los políticos tradicionales y que prometen realmente trabajar por los intereses del "pueblo". Sin embargo, los problemas generados por los "representantes y gobernantes electos" no son solucionados con otro representante o gobernante con mejores cualidades, más honestos, más inteligentes, o con la ideología correcta. Los problemas a los que nos enfrentamos como sociedad en este momento son producto del sistema mismo. Los partidos y los políticos corruptos sólo hacen más grandes y visibles las fallas del sistema, pero aún y cuando cada político y partido sea 100% honestos y busque con completa honestidad y con las más altas capacidades su concepción del "bien común", el sistema de representación por elecciones, seguiría sin ser democrático, seguiría siendo opresivo y polarizante. Esto no va a cambiar por cambiar de partido o de político, esto solo va a cambiar cambiando de sistema por completo.

Pero antes de hablar de nuevos sistemas, hablemos de los problemas de la democracia representativa por elección.

Básicamente la democracia representativa por elección es un sistema en que los ciudadanos eligen a uno o varios representantes y les dan el poder de gobernarlos o de administrar los asuntos públicos por un período limitado de tiempo. La aplicación práctica de esta idea tan sencilla ha variado a lo largo de la historia y varía ahora de acuerdo al país en que se aplica. Estados Unidos, México, Francia y Alemania, tienen un tipo de democracia representativa, la forma en que funciona y está estructurada la democracia representativa por elección en cada país es diferente, pero todos siguen el principio básico de que el país debe de ser gobernado por representantes electos por los ciudadanos.

En teoría, al elegir un representante, el ciudadano elige alguien que se hace cargo y es responsable de la vida pública de un país. Ésta involucra las acciones y las desiciones que afectan la vida y las circunstancias de los ciudadanos. Esto quiere decir que el ciudadano ya no va a tomar decisiones sobre los asuntos y acciones que afectan su vida; sino que, en teoría, el representante dedica todo su tiempo, esfuerzo, y capacidad intelectual, para tomar decisiones de acuerdo a los intereses de sus representados.

Un sistema Democrático organiza a los ciudadanos para que ellos mismos se puedan gobernar a sí mismos. El sistema de representación por elección organiza a la sociedad para que los ciudadanos puedan elegir quién los va a gobernar. Es muy diferente que una persona se gobierne a sí misma o que decida quién la va a gobernar.

Sin entrar en detalles sobre las formas prácticas en que la democracia representativa por elección es aplicada en cada país, aun en concepto general, en su forma más pura, teórica, simple y abstracta se puede encontrar varias razones por las que no es un sistema realmente democrático.

Razón 1: Representantes de algunos, gobernantes de todos.

El primer defecto de la democracia representativa por elección, es que los representantes no son elegidos por todos los ciudadanos. Esto es, en una elección hay un ganador y uno o varios perdedores, y el poder está en manos del representante ganador. El representante no es elegido por todos los ciudadanos y no necesita el apoyo de todos los ciudadanos para mantenerse en el poder. Aun cuando el representante elegido no sea corrupto, sea inteligente y no se equivoque, por el hecho de ser elegido solamente por una parte de la población, no representa a toda la población.

El representante, representará solamente a los que votaron por él, a los que lo eligieron. Si un representante realmente representa a su electorado, entonces no puede representar al electorado que votó por la oposición. Esto implica que el ciudadano que votó por el candidato perdedor no es representado por el ganador de la elección y por lo tanto no es representado en el gobierno.

La democracia representativa por elecciones, es el gobierno del representante sobre sus representados y sobre los que no representa. Si las diferencias entre partidos y candidatos no es tan grande, entonces en el mejor de los casos, el representante gobernará sin representar a todos. Si las posturas entre candidatos son opuestas y los intereses de la ciudadanía opuestos entre sí, entonces el representante ganador, para poder representar a los que votaron por él, tendrá que trabajar en contra de los intereses de los que no votaron por él. Esto quiere decir que en una democracia representativa funcional, el representante puede gobernar a favor de los intereses de sus representados y en contra de los intereses de los que no representa.

En una democracia representativa por elecciones el funcionario electo puede representar a sus votantes y oprimir a los que no votaron por él. En una democracia representativa, los que no ganaron la elección, son gobernados por los representantes de los que sí ganaron. Los representantes de unos cuantos tienen el poder de elegir el rumbo de la sociedad, el objetivo hacia el cual se dirigen, las leyes que establecen lo permitido, lo prohibido, lo estimulado y lo desestimulado en la sociedad; y por medio de las leyes y las acciones que emprende, el gobierno genera las circunstancias en las que vive, se desarrolla y a las que se enfrenta cada persona que vive en la sociedad.

Los representantes de los "ganadores" podrán decidir, o tendrán influencia en la seguridad alimentaria, física y económica de cada miembro de la sociedad, en la educación, en el entretenimiento, en la escasez percibida en la sociedad, en la salud de los miembros de la sociedad, en las libertades, oportunidades y las posibilidades de los miembros de la sociedad, en el impacto que la sociedad tendrá en el medio ambiente, etc.; el representante afectará las circunstancias de todos los que viven en la sociedad de acuerdo a los intereses de los que votaron por él. En el momento en que gana un representante, se excluye a los que no votaron por él, de ser parte del proceso de toma de decisiones; una vez que perdieron, se les quita el derecho a gobernarse a sí mismos y son gobernados por los representantes de otros. Realmente, en el proceso electoral se decide quién tendrá el derecho a ser gobernado por un representante y quién será gobernado por el representante de otros.

En resumen:

- Los representantes no son elegidos por todos los ciudadanos, por lo que no todos los ciudadanos son representados.

- Los ciudadanos cuyo candidato perdió las elecciones son gobernados sin ser tomados en cuenta.

- Los ciudadanos que votaron por el candidato que perdió las elecciones, son gobernados por la persona a la que los otros ciudadanos decidieron darle el poder.

- Los representantes pueden gobernar, legislar o ejecutar, tomando en cuenta los intereses de las personas que votaron por ellos, e ignorando o trabajando en contra de los intereses de los que no votaron por ellos.

- Los representantes pueden representar a su electorado y oprimir a los que no votaron por ellos.

- Los que perdieron las elecciones pierden el derecho a ser parte del proceso de toma de decisiones o para influenciarlo, por lo que no se gobiernan a sí mismos.

- En el proceso electoral se decide quién tendrá el derecho a ser gobernado por un representante, y quién será gobernado por el representante de otros.

Ahora, es momento de detenernos a reflexionar. ¿Puedes pensar en ejemplos prácticos para esta crítica teórica? Cuando gana la oposición, el candidato o el partido que más te disgusta, ¿Te sientes representado? ¿Tienes miedo de las consecuencias que sus acciones puedan tener en tu vida? ¿Te sientes ignorado u oprimido? Cuando gana el partido o el candidato que más te disgusta ¿Piensas y sientes que vives en una democracia donde tú eres parte del gobierno? ¿Piensas que el poder realmente está distribuido de forma equitativa entre todos los ciudadanos?

____

____

____

____

____

____

____

____

____

____

____

____

____

Razón 2: La polarización de la sociedad.

Del defecto anterior surge otro defecto, la tendencia polarizante del sistema de la democracia representativa por elección. Al no ser un sistema democrático en que los ciudadanos son gobernados por ciudadanos, sino que todos son gobernados por los representantes de unos, las elecciones se vuelven un proceso en el que se elige quien será representado, y quién será ignorado u oprimido. Las elecciones no son un proceso en el que los ciudadanos se unen para elegir y construir el futuro de su sociedad, para elegir sus objetivos, decidir lo permitido y lo prohibido, las responsabilidades y los derechos de cada ciudadano, para decidir los proyectos y las acciones que todos los miembros de la sociedad emprenderán en conjunto y para decidir las circunstancias en las que quieren vivir y cómo llegarán a ellas. Las elecciones son el medio por el cual se decide quién es representado y quien es ignorado u oprimido. Por lo que la victoria del representante del otro grupo, o partido, tiene consecuencias devastadoras para el perdedor; pues durante el tiempo en que ese representante gobierna, trabajará sin tomar en cuenta al perdedor, o trabajará en contra de sus intereses, o incluso podrá oprimir al perdedor.

Los ciudadanos de una democracia representativa por elección reconocen en el candidato o votante del otro partido al posible opresor, por lo que el partido y el electorado opuesto se convierten en enemigos. Esto genera bandos opuestos en la sociedad que luchan para gobernar a todos. La democracia representativa por elección convierte a los ciudadanos en enemigos unos de otros, los divide advirtiéndoles que la oposición los desea oprimir.

Como los candidatos no necesitan de la aprobación y el apoyo de todos los ciudadanos para ganar, obtener y mantener el poder, los candidatos pueden darse el lujo de condenar directamente a una parte de la población, usualmente una minoría, o a las ideas o ideologías del candidato opuesto y de los ciudadanos que las apoyan. El candidato no sólo no representa los intereses de toda la población sino que activamente se puede pronunciar en contra de los intereses de cierta parte de la población. Estas retóricas incandescentes, acusatorias, condenadoras y la vilificación y satanización de un candidato hacia otro o su ideología, tienen un efecto polarizante en el electorado y por lo tanto, en la población completa, dañando las fuerza de cohesión del tejido social.

Un grupo de ciudadanos ve en un candidato a su representante y el campeón de su causa y en otro candidato a una fuerza opresora o amenazante; por lo tanto, el ciudadano tenderá a ver como parte de la fuerza opresora o amenazante a cualquier otro ciudadano que apoya al candidato contrario o su ideología.

Este efecto polarizante es aún mayor cuando se instituyen partidos de los cuales salen los candidatos a representantes. Pues el sentido gregario, de pertenencia y de identidad que genera el ser miembro de un partido genera la idea de que la oposición al partido es una amenaza a uno mismo y a quienes simpatizan con los ideales del partido. Los partidos representan ciertos intereses de un sector de la población, por lo que están en contra de los partidos y el sector de la población que tiene otros intereses o posturas e ideas opuestas. Esta oposición de representantes e intereses es una continua, que no acaba cuando termina el período de campañas y votaciones, sino que todo el tiempo los partidos y políticos se están acusando entre sí, generando una sociedad en que perpetuamente hay fuerzas que dividen y polarizan a la ciudadanía. Aun cuando el partido o representante que tiene el poder no esté luchando en contra de los intereses de los que no ganaron las elecciones, si pretenden ganar las siguientes elecciones, el partido opositor tiene que hacer parecer que los que gobiernan no lo hacen bien y están oprimiendo a la sociedad, generando la percepción en la ciudadanía de que, en efecto, están siendo oprimidos o atacados.

La democracia representativa por elección genera la percepción de que el "otro" es un enemigo, y por lo tanto justifica que sus opiniones, preocupaciones, deseos, ideas y propuestas no sean tomadas en cuenta para establecer las leyes y circunstancias en las que todos van a vivir. En este sistema los ciudadanos luchan unos contra otros para dar el poder al representante de unos para gobernar sobre todos. Esto convierte al sistema de elecciones en un proceso de elegir y dar legitimidad a un opresor.

En resumen:

- Las consecuencias de perder las elecciones son que los intereses de los que perdieron no son tomados en cuenta durante el gobierno de los ganadores.

- Como los candidatos y representantes no necesitan a todos los ciudadanos para tener poder, pueden atacar a los políticos contrincantes y al sector de la población que apoya a los otros políticos. Estos ataques dividen a la población y la polarizan.

- Los candidatos y políticos no sólo pueden atacar a los otros candidatos, sino que abiertamente se pueden pronunciar en contra de un sector de la población. Esto genera que los ciudadanos se vean unos a otros como enemigos.

- Al atacar a los otros candidatos y a la parte de la población que los apoya, los políticos generan la percepción entre sus simpatizantes de que los otros candidatos y su electorado son una amenaza o un enemigo para ellos y sus intereses.

- Como los ciudadanos perciben en el ciudadano que vota por la oposición a un enemigo, pueden justificar no tomarlo en cuenta y oprimirlo durante el tiempo en que su representante tenga el poder.

Ahora es momento de detenernos a reflexionar. Piensa sobre tu postura hacia los políticos de los partidos que menos te gustan y hacia los que votan por ellos. ¿Cómo ves y qué piensas de los candidatos y representantes de los partidos que no te gustan? ¿Cómo ves y qué piensas de las personas que suelen votar por el partido que más te disgusta? ¿Cómo ven las personas a tu alrededor que están más polarizadas que tú a los que votan por el partido que les disgusta? ¿Piensas que si la sociedad está tan polarizada, realmente puede funcionar una democracia en la que los ciudadanos no sean oprimidos? ¿Piensas que la polarización es buena o traerá resultados positivos a tu sociedad? ¿Piensas que la idea de que la oposición o los "otros" son enemigos, estúpidos o malos es buena para tu sociedad? ¿Crees que los que apoyan al otro partido piensan así de ti? ¿Qué hay personas que piensan que tú eres enemigo, opresor, una amenaza a sus intereses o estúpido por votar por quien votas?

____

____

____

____

____

____

____

____

____

____

Razón 3: Campañas de miedo hacia la oposición y representantes que no representan a nadie.

La combinación de las fallas anteriores genera un sistema en el que los representantes ni siquiera tienen que representar a sus representados, sino que, para mantener el poder, es suficiente con generar miedo, rencor u odio hacia la oposición. El representante no tiene que representar, tiene que convencer de que el "OTRO" es una mayor amenaza que él para los intereses del representado. No es necesario que el representante realice acciones para apoyar a sus representados; es suficiente con que los convenza de que la oposición es peor, o que la oposición es un enemigo. Si esto sucede, el sistema no cumple con ser democrático para ni uno solo de sus ciudadanos; sino que es un sistema donde unos pocos, con el consentimiento de una sección del electorado, obtienen el poder para gobernar a todos, sin siquiera tener que representar a nadie.

En resumen:

- Al polarizarse la sociedad, los candidatos o representantes pueden concentrar todos sus esfuerzos para generar sentimientos de rencor, miedo u odio a los otros candidatos y el electorado que los apoya.

- Un candidato puede ser electo, no porque representa los intereses de sus electores, sino porque los electores tienen miedo, rencor u odio hacia los otros candidatos y la población a la que representan.

- Si esto sucede, nadie es representado, todos son gobernados por los que pudieron generar que más personas sintieran miedo, rencor u odio hacia la oposición.

¿Alguna vez has votado por el "menos peor"? ¿Alguna vez has votado o pensado votar porque te da miedo que gane la oposición? o ¿conoces personas que sí votan por el menos peor o por miedo a los otros candidatos? ¿Los candidatos suelen hablar de forma en que te generan miedo de lo que podría pasar si gana la oposición? ¿Piensas que vives en una democracia si eres gobernado por "el menos peor"? ¿Piensas que vives en una democracia si tienes miedo de lo que pueda pasar si gana un candidato? ¿Piensas que vives en una democracia si alguien puede ganar poder solamente porque convenció a muchos de tener miedo u odio hacia otro candidato y otro grupo de ciudadanos?

____

____

____

____

____

____

____

____

____

____

____

____

Razón 4: Criterio personal de los representantes.

En una democracia representativa por elección, los representantes mantienen su criterio propio y pueden decidir, legislar y gobernar de acuerdo a su propio criterio y no al de su electorado; por lo que, aunque hagan esto con la mejor de las intenciones, al usar su criterio personal no están representando a los ciudadanos. Cuando el representante actúa de acuerdo a su criterio propio y no de acuerdo a lo expresado o el interés de sus representados, entonces el representante no está representando a nadie; y el resultado es que se tiene un sistema en el que todos son gobernados y nadie es representado. Es un sistema que da el poder a muy pocas personas para gobernar sobre todos.

En resumen:

- Si un representante actúa de acuerdo a su criterio personal y no de acuerdo al criterio de quienes votaron por él, entonces no los está representando.

- Cuando los funcionarios gobiernan, legislan o ejecutan de acuerdo a su criterio personal, no están representando a nadie, y por lo tanto, los ciudadanos son gobernados y no representados.

¿Siempre te sientes representado por tus representantes? ¿Sientes o piensas que los representantes trabajan por tus intereses o de acuerdo a lo que tú consideras que es lo correcto? ¿Piensas que trabajan de acuerdo a lo que la mayoría de los ciudadanos consideran que es lo correcto? ¿Piensas que si el representante puede gobernar usando su criterio personal, su ideas propias, que no son las del electorado, realmente está representando?

Razón 5: Los representantes no representan en todo a sus representados.

Aún y cuando el representante desee representar a su electorado, su electorado son personas, seres humanos, que son distintos cada uno de ellos entre sí; es inverosímil pensar que todos los representados de un representante tienen exactamente los mismos intereses en todas las áreas de la vida pública y social. Los representantes y los partidos suelen tener dentro de sus propuestas una amalgama de ideas, propuestas, objetivos y planes de acción; y los electores eligen al representante y al partido porque concuerdan con algunas de las propuestas del representante, aunque están en contra de otras de sus propuestas. Por lo que, aún y cuando el representante actúe de acuerdo a sus promesas de campaña, seguramente actuará en contra de algunos de los intereses de su electorado. Al obligar a los ciudadanos a elegir entre representantes, se ven obligados a elegir entre candidatos que los representan en algunas cosas y en otras cosas no los representan. Por lo que, en el mejor de los casos, en una democracia representativa por elecciones, los que gobiernan representan a su electorado en algunas cosas, no los representan en otras cosas y no representan a los que votaron por la oposición en nada; por lo que pueden trabajar en contra de algunos de los intereses de los que votaron por ellos y en contra de todos los intereses de los que no votaron por ellos.

En resumen:

- Cada candidato presenta varias propuestas y promesas de campaña. Los votantes podrán estar de acuerdo con unas propuestas y en desacuerdo con otras. Al elegir un representante, eligen una persona que no los representa en todo.

- Los ganadores de las elecciones representan a los que votaron por ellos en algunos temas, no los representan en otros temas y no representan en nada a los que no votaron por ellos.

Los candidatos por los que has votado ¿te representan en todo? ¿Has votado por un representante que tiene algo que te gusta, pero muchas otras cosas que no te gustan? ¿Realmente es tu representante alguien que solo te representa en un par de cosas y en otras no? ¿Ese candidato y partido terminan por ser la única opción viable o la menos peor?

Razón 6: Fallas personales de los representantes.

A estas fallas estructurales, a las fallas que son del sistema en sí y que nada tienen que ver con los individuos y seres humanos electos y que forman parte del sistema, se deben de sumar las fallas personales de los representantes. Pues los representantes son seres humanos con muchos defectos, limitaciones, deseos y ambiciones personales. Al elegir a un representante se eligen sus vicios, sus traumas, sus deseos subconscientes, su carácter moral, su percepción personal de la justicia y su ignorancia. Al elegir a un representante, se elige a una persona con limitaciones y fallas. El problema no es que los representantes sean humanos con fallas, vicios, deseos y traumas, el problema es que gran parte del poder de la sociedad se deposita en las manos de estos representantes. Estas limitaciones y fallas de uno tendrán repercusiones para todos los ciudadanos de un país.

Quién podría confiar en un ser humano imperfecto o un grupo pequeño de seres humanos imperfectos y repletos de defectos con el poder para gobernar a todos? Con el poder para comandar ejércitos? Para comandar la policía? Para decidir el sistema de impuestos? Para encabezar el sistema judicial? Para proteger la salud de los ciudadanos y del medio ambiente de la avaricia de compañías que buscan hacer dinero lo más fácil y rápido posible? Cómo confiar en seres humanos imperfectos con el poder para influenciar y determinar nuestras circunstancias, libertades y oportunidades?

En resumen:

- Los representantes no son perfectos, son seres humanos con defectos, ignorancia, traumas, vicios, etc. y depositar gran parte del poder de la sociedad en sus manos hace que sus decisiones y errores tengan repercusiones sobre todos los integrantes de la sociedad.

¿Puedes pensar en un candidato, un gobernante, presidente, legislador, etc. que pienses que es ignorante, estúpido o inmoral? ¿Alguna vez has votado por un candidato que luego resulta que era un incompetente? ¿Has votado por un candidato que resulta que era corrupto e inmoral? O ¿Has visto como otros votan por esos candidatos que desde tu punto de vista no son personas que deberían de tener poder sobre ti o tu sociedad?

____
____
____
____
____
____
____
____
____
____
____
____
____

Razón 7: Intereses personales, de los partidos y de los grupos de poder.

Los representantes y los candidatos, también son representantes de sí mismos y de su partido; por lo que un representante balancea sus intereses personales, con los intereses del partido y con los intereses de la parte del electorado que votó por ellos. Un representante puede no representar a su electorado, es suficiente con que lo motive a votar por él a través del miedo u odio hacia la oposición, y una vez en el poder, trabaje por sus objetivos personales y los del su partido, no los del electorado.

Además es muy común que grupos de poder, especialmente poder económico, influencien a los políticos de forma legal o ilegal por medio del financiamiento de campañas, el cabildeo y la corrupción, para que los representantes consideren los intereses del grupo de poder por encima de los intereses de los votantes.

En este caso, se obtiene el gobierno de los que representan a grupos de poder, a sus propios intereses, a los intereses de su partido y a algunos intereses de su electorado y que gobiernan en contra o ignorando algunos intereses de su electorado y en contra o ignorando los intereses de la población que no votó por ellos.

En resumen:

- Los representantes también gobiernan tomando en cuenta sus intereses personales.

- Los representantes suelen pertenecer a un partido que los ayudó a obtener poder, por lo que cuando gobiernan o legislan, lo hacen tomando en cuenta los intereses del partido, pues lo necesitan para mantenerse en el poder.

- Los representantes pueden ser influidos por grupos de poder que los ayudan o amenazan, por lo que cuando gobiernan o legislan, toman en cuenta los intereses de estos grupos de poder.

- Los representantes balancean los intereses personales, los del partido, los de los grupos de poder y los de su electorado cuando toman decisiones. Incluso, pueden no tomar en cuenta a su electorado.

- Esto no es una democracia, es el gobierno de los que representan a grupos de poder, a sus propios intereses, a los intereses de su partido, a algunos intereses de su electorado y que gobiernan en contra o ignorando algunos intereses de su electorado, y en contra o ignorando los intereses de la población que no votó por él.

¿Conoces casos en que tus representantes han representado a su partido y no a ti y a los otros ciudadanos? ¿Conoces casos en que tus representantes han representado los intereses de grupos de poder y no a ti y a los otros ciudadanos? ¿Crees que cuando trabajan por sus propios objetivos e intereses, por los del partido, o por los de los grupos de poder, te están representando a ti?

____
____
____
____
____
____
____
____
____
____
____

Razón 8: Partidos que determinan las opciones entre las que puede elegir el ciudadano.

Los sistemas de representación por medio de elecciones suelen funcionar con un sistema de partido. Los partidos son organizaciones con intereses e ideologías propias que eligen internamente a los candidatos que van a presentar a los ciudadanos como opciones para representarlos en los cargos públicos. En los sistemas de democracias representativas, aun cuando se admitan a candidatos independientes, es de suma ventaja para el candidato ser respaldado por un partido; el partido le asegura votos, financiamiento y el uso de su maquinaria política para promocionar su candidatura. Lo primero que esto genera, es que la decisión de quién va a ser el representante del ciudadano es alejada de él, pues otros, los integrantes del partido, eligen a los candidatos, y el ciudadano solo elige entre los candidatos presentados por los partidos. Esto quiere decir que los integrantes de un partido eligen las opciones entre las que pueden elegir los ciudadanos. El integrante de un partido tiene más valor y poder que los ciudadanos en general, pues ellos son los que determinan las opciones que el ciudadano tendrá. En estás circunstancias, los partidos funcionan como grupos de poder que generan una oligarquía y los ciudadanos pueden elegir solo entre las opciones que los grupos de poder les presentan; por lo que este sistema pasa a ser uno de elección entre oligarcas.

En un sistema de partidos, se le dice al ciudadano: -Puedes elegir, entre las opciones que te presentamos. Puedes elegir entre las opciones que nosotros elegimos para ti.-

En resumen:

- Los sistemas de democracia representativa por elecciones suelen funcionar con partidos. Los miembros de los partidos suelen elegir a los candidatos entre los cuales podrán elegir los ciudadanos, por lo que los ciudadanos solo pueden elegir entre opciones que otros les dan. Esto vuelve a la democracia representativa por elecciones en un sistema de elección de oligarquías.

¿Piensas que si otros deciden las opciones entre las que puedes elegir, realmente eres libre? ¿Has estado en un año electoral y pensado: "ninguno de estos candidatos me representa o me gusta"? ¿El poder lo tienen los ciudadanos si grupos pequeños eligen las opciones entre las que pueden elegir?

____

____

____

____

____

____

____

____

____

____

Razón 9: Ineficiencia.

El sistema de representantes por elección suele sacrificar el futuro por el presente. Los representantes, al tener una carrera política, son estimulados a generar resultados a corto plazo. A realizar acciones que atraigan la atención de los medios y el público para "solucionar" rápidamente los problemas a los que se enfrentan; cuando en ocasiones las soluciones reales requieren trabajo consistente a largo plazo. Esto convierte al sistema de democracia representativa por elecciones en un sistema ineficiente. Pues los representantes son incentivados a producir resultados, o lo que parecen resultados, a corto plazo, no son incentivados a desarrollar proyectos y estrategias que requieren soluciones graduales y a largo plazo. Esto tiene como resultado que muchas veces las acciones de los gobiernos sólo ataquen los síntomas del problema y no al problema desde la raíz.

Por otro lado, los representantes son estimulados a realizar acciones vistosas sin tomar en cuenta las consecuencias y repercusiones que estas acciones tendrán a largo plazo.

Uno de los objetivos de las acciones de los políticos es ganar popularidad entre su electorado, por lo que, al enfrentarse a problemas se tienen que plantear la siguiente pregunta:

¿Cómo solucionar el problema y obtener más popularidad? o ¿Cómo utilizar la crisis para obtener más popularidad?

El planteamiento de estas preguntas hace que las decisiones y acciones de los políticos no sean necesariamente las que más eficientemente pueden solucionar los problemas, sino las que más popularidad les pueden traer con su electorado.

Además, por ser tan polarizante el sistema representativo por elección, es un sistema en el que continuamente se eligen candidatos opositores que trabajan en contra del trabajo de su predecesor. Es un sistema en que el trabajo de un representante puede ir en contra del trabajo del representante anterior, ni siquiera logrando un punto medio, sino buscando generar un "borrón y cuenta nueva". Como las acciones de un representante o de un partido son opresivas para un sector de la población, cuando gana la oposición, para poder representar y trabajar por los intereses de su electorado, tendrá que deshacer e ir en contra de lo logrado o trabajado por el representante anterior. Todo esto genera un sistema altamente ineficiente.

En resumen:

- Los representantes tienen que demostrar rápidamente a su electorado que están trabajando por sus intereses por lo que optarán por acciones vistosas y que tengan aparentes resultados rápidos; aunque esto puede significar atacar los síntomas y no la raíz de los problemas.

- Los representantes son estimulados a sacrificar el largo plazo por las soluciones a corto plazo.

- Los representantes pueden actuar sin tomar en cuenta las consecuencias que sus acciones tendrán a largo plazo.

- Los representantes son estimulados a buscar acciones que los hagan más populares con su electorado y no las acciones que mejor solucionen los problemas.

- Cuando gana un representante que fue oposición en el ciclo electoral pasado, muchas veces, se ve en la necesidad de eliminar leyes u acciones que emprendió el representante anterior.

¿Conoces de casos en los que los políticos sólo atacan los síntomas y no la raíz de los problemas? ¿Conoces de casos en los que un político electo hace cambios a todo lo que hizo su predecesor? ¿Puedes pensar en casos en que las acciones o logros a corto plazo de un político tuvieron consecuencias negativas a largo plazo para la sociedad? ¿Crees que esto es eficiente?

____

____

____

____

____

____

____

____

____

____

____

Razón 10: Si el representante ganador es parte de una minoría legislativa, puede que no tenga poder para actuar o legislar a favor de los intereses de sus representados.

La mayoría de los países que se rigen con el sistema de democracia representativa por elecciones tienen división de poderes. En teoría la división de poderes está para limitar los poderes de cada representante, sea de un presidente, un gobernador o un legislador. Esta es la diferencia entre una monarquía, una dictadura y la democracia representativa por elección. Los representantes no tienen poder absoluto, y al ser muchos y tener división de poderes, se ven en la necesidad de negociar entre sí para lograr sus objetivos personales, los objetivos del partido, los de los grupos de poder que los ayudan y tal vez, una parte de los objetivos de sus electores. Estas negociaciones en las que se ve forzado a participar el representante, limitan su poder y con esto limitan el abuso que pueden hacer del poder, y limitan el poder que tiene para oprimir a los sectores de la población que no votaron por él. La limitación de poderes es necesaria para evitar la opresión total, pero no es suficiente para tener una democracia. De hecho, la separación de poder también sucede en las monarquías parlamentarias, las aristocracias y las oligarquías donde una sola persona no tiene todo el poder, pero los ciudadanos no se gobiernan a sí mismos; son gobernados por los aristócratas, los ministros, los oligarcas o los miembros de la familia real. La división de poder puede evitar el abuso de poder de una sola persona, pero no el abuso de poder de la clase gobernante sobre la clase sin poder.

Por otro lado, si un representante es parte de una minoría en una cámara legislativa, el representante, aunque haya ganado en sus elecciones locales, puede no tener poder en lo absoluto; por lo que, aunque todos, o la mayoría de los miembros de una localidad elijan un representante, si este es parte de la minoría, no podrá hacer mucho o nada por los intereses de sus representados. Todos los intereses de los integrantes de una localidad pueden ser ignorados si la mayoría de las otras localidades que representan el estado eligen a representantes de otros partidos o con otros intereses. Por lo que no sólo los representantes pueden no representar a las personas que votaron por él o a todos los ciudadanos de su localidad, sino que incluso el representante puede no tener suficiente poder para hacer siquiera una cosa a favor de quienes representa. En este caso, los ciudadanos son gobernados por los representantes de otras localidades o de otros sectores de la población que pueden tener intereses opuestos. La división de poderes puede evitar la opresión total, pero también puede evitar que los miembros de algunas comunidades que piensan diferente a la mayoría de las otras comunidades de un país tengan la posibilidad de afectar las decisiones del gobierno.

En resumen:

- La división de poderes puede tener como resultado que el representante de una localidad no tenga poder y no pueda legislar o actuar en favor de los intereses de sus representados.

¿Alguna vez ha ganado tu representante y luego no ha podido hacer nada porque es parte de una minoría? ¿Te has sentido representado en el gobierno en esa ocasión? ¿Piensas que la forma en que tu país divide los poderes realmente te protege de la opresión o de que un grupo de representantes te quite derechos? ¿Piensas que la división de poderes de tu país realmente hace que los representantes trabajen por ti y no por sus intereses, los de los grupos de poder y los de sus partidos?

Razón II: Representantes gobernantes y representados gobernados.

La democracia representativa separa a los ciudadanos del gobierno, del poder, de los procesos y las acciones públicas. Esto es, separa a los representados de los representantes; y exige que los representados sólo estén activos en la vida pública del país cuando es época de elecciones.

Para que pueda existir un representante que gobierna, tiene que existir un representado que es gobernado, que no está involucrado en asuntos públicos; que exista una separación entre gobernante y gobernado. En una democracia representativa por elección al ciudadano se le pide que sólo participe para promover a un representante y para votar por él, y que no participe en nada más. Al representado se le suele quitar todo poder, y la participación ciudadana suele ser relegada a criticar, vigilar y protestar. La democracia representativa por elecciones quita al ciudadano de toda acción positiva, de toda acción que implique trabajo colectivo y unión social, de todo esfuerzo que implique el desarrollo y la construcción de una sociedad, y lo limita a votar cada determinado tiempo y a quejarse. La democracia representativa por elección es un sistema que desestimula la participación ciudadana, pues si el ciudadano participa, el representante deja de ser necesario.

La democracia representativa por elección excluye al ciudadano de toda acción pública, le pide que no se involucre en la formación, en el desarrollo y creación de su sociedad y de sus circunstancias; que esté satisfecho con el mundo en el que vive gracias a sus gobernantes electos. Es un sistema de organización social que sacrifica al individuo, volviéndolo virtualmente impotente y excluyéndolo de toda acción pública importante, reduciendo su libertad y su poder a un solo acto, el de votar para dar poder a un político. El individuo no tiene poder, no participa y no importa, importa y tiene poder el político que logra juntar a masas.

El hecho de que puedas elegir a la persona que te gobierna no quiere decir que vivas en una democracia, solo implica que tú eliges quien tiene poder sobre ti. Algunas civilizaciones antiguas elegían a su rey, esto no quiere decir que vivirán en una democracia, pues, una vez electo, el rey tenía poder sobre los ciudadanos y los gobernaba; los ciudadanos no se gobernaban a si mismos, eran gobernados por el rey que elegían. De la misma manera, en una democracia representativa por elecciones, los ciudadanos no se gobiernan a sí mismos, son gobernados por los políticos que ganaron las elecciones.

Este es el argumento más fuerte para demostrar que el sistema de representación por medio de elección no es en realidad democrático. Pues democracia significa gobierno por el pueblo, no gobierno por los políticos elegidos por algunos entre el pueblo.

Una de las mentiras más grandes que se ha propagado en los últimos 200 años por todo el mundo es la idea de qué votar por gobernantes es democracia. Democrático es el sistema o proceso que permite que los ciudadanos se gobiernen a sí mismos. Un sistema que permite que los ciudadanos elijan quién los gobierna no es democrático, pues al elegir quien lo gobierno el ciudadano ya no se gobierna a sí mismo, es gobernado por la persona que ganó las elecciones.

¿Te considerarías libre y autónomo si pudieras elegir una persona para que ella tome decisiones sobre tu vida? ¿Qué opinarías si te obligan a elegir a una persona para que ella tome una gran parte de las decisiones de tu vida?

Votar para elegir gobernantes no tiene nada que ver con la democracia. De hecho, algunas civilizaciones antiguas elegían a sus reyes. Entre ellas Atenas pre- democrática, Roma pre- republicana y los reinos de Polonia e Irlanda durante el medievo, entre muchos otros 9. Los ciudadanos libres de estos reinos, o los nobles, elegían quién sería el Rey. Esto no era considerado democrático, pues una vez electo, el rey gobernaba sobre los ciudadanos, los ciudadanos no se gobernaban a sí mismos. En ocaciones, como en Roma, el mandato del rey era restringido por una constitución que prohibía heredar el reino. En otros reinos los ciudadanos o los nobles podían deponer al rey si se volvía muy despótico, como en la Mancomunidad de Polonia y Lituania. En otros sistemas los mismos ciudadanos, o los nobles, retenían cierto poder legislativo. El sistema que permite que los ciudadanos o los nobles elijan al rey es una monarquía electiva, no democracia, por que el ciudadano no se gobierna a sí mismo, el ciudadano es gobernado por el candidato que recibió más votos. Después de las elecciones, el rey y los nobles tenían casi todo el poder politico, el poder militar, el poder monetario y fiscal, el poder judicial, etc. Una monarquía electiva concentra el poder de la sociedad en las manos del rey elegido por la mayoría de los ciudadanos. La monarquía electiva no era un sistema que organizaba a los ciudadanos para que ellos se pudiesen gobernar a sí mismos, era un sistema que organizaba a la sociedad para que los ciudadanos pudiesen elegir quién sería su rey.

En algunos de los países que aplican la democracia representativa por elección, muchos presidentes tienen poderes que antes correspondían a reyes. Los presidentes son los jefes del estado, del ejercito, pueden legislar o vetar propuestas de los legisladores, pueden proponer el presupuesto público o vetar el presupuesto propuesto por los legisladores, entre muchos otros poderes. En estos casos, el presidente es un rey en todo menos en nombre, un rey electo, con un periodo de reinado limitado, pero mientras gobierna, es un rey.

En otros casos los poderes del presidente o primer ministro son reducidos, pero los legisladores o ministros funcionan como un aristocracia electa, pues son los ministros y los legisladores los que gobiernan a los ciudadanos, los ciudadanos no se gobiernan a si mismos.

En los casos dónde el presidente tiene mucho poder el sistema es más cercano a una monarquía electiva constitucional que a una democracia, y en el caso en que los ministros y legisladores tienen más poder, el sistema es más cercano a una aristocracia u oligarquía electiva que a una democracia.

Si el sistema no permite que el ciudadano se gobierne a sí mismo, solo le permite que elija a su gobernante, entonces el sistema no es democrático.

¿Te gobiernas a ti mismo o eres gobernado por un político elegido por algunos de los ciudadanos?

En resumen:

- Para que exista un representante tiene que haber un representado.

- Para que el poder lo tenga un representante, el poder no lo puede tener el representado.

- Para que alguien gobierne, alguien tiene que ser gobernado.

- Para que el representante pueda actuar, sea legislando o ejecutando, el representado es excluido de las acciones de legislar o ejecutar.

- Si el ciudadano no puede participar, no vive en una democracia.

- Si el pueblo no tiene el poder, no es una democracia.

- Elegir dar todo el poder de la sociedad a pocas personas, no es democracia.

- Que los ciudadanos puedan elegir quién los va a gobernar no quiere decir que los ciudadanos se gobiernen a sí mismos.

- Si una persona o un grupo de personas gobiernan y tienen poder sobre los ciudadanos, esto implica que los ciudadanos no se gobiernan a sí mismos. Si los ciudadanos no se gobiernan a sí mismos, entonces, no viven en una democracia.

¿Qué opinas? ¿Piensas que si los ciudadanos solo pueden votar una vez cada varios años, y no se pueden involucrar de otras formas en la organización, toma de decisiones y gobierno de su sociedad, el ciudadano sigue teniendo el poder? ¿Piensas que los ciudadanos, tienen el poder para gobernar o que ese poder lo tienen los representantes? ¿En tu país quién tiene más poder, el representante o los ciudadanos? ¿Qué tanta participación ciudadana hay en tu país? ¿Tu gobierno o tu sistema estimulan o fomentan la participación ciudadana? ¿En qué consiste la participación ciudadana en tu país?

____

____

____

____
____
____
____
____
____
____
____
____
____
____
____
____
____
____

Resumen de Democracia Representativa por elecciones:

La democracia representativa por elección no es un sistema verdaderamente democrático, pues es un sistema en el que:

1. El representante no representa a todos los ciudadanos, por lo que puede ignorar, trabajar en contra de los intereses, y oprimir a los que no votaron por él.

2. Los candidatos y partidos no tienen que representar ni siquiera a su electorado, solo tienen que pedirle que voten por ellos para protegerse de la oposición.

3. Los candidatos y partidos suelen polarizar a la sociedad destruyendo el tejido social al satanizar y condenar a la oposición y a los que votan por la oposición.

4. Los representantes no representan en todo a sus representados. Un representante puede representar a su electorado en un solo tema y actuar en contra de sus intereses en muchos otros temas.

5. Los representantes suelen balancear sus propios intereses con los de sus partidos, los grupos que les permiten estar en el poder y los de su electorado.

6. Los representantes son seres humanos limitados y una equivocación de ellos afectará a toda la sociedad a la que gobiernan.

7. Los ciudadanos se ven forzados a elegir entre las opciones que los partidos les presentan. Por lo que no todos los ciudadanos "valen" lo mismo, ni tienen el mismo poder dentro en un sistema de democracia representativa por elección.

8. El sistema de la democracia representativa por elección es uno altamente ineficiente pues cada gobierno electo puede eliminar los avances logrados por la administración pasada.

9. El sistema de la democracia representativa por elección es uno altamente ineficiente porque estimula a los gobernantes y representantes a trabajar por resultados a corto plazo y a actuar buscando ganar popularidad entre su electorado y no para lograr los mejores resultados.

10. La separación de poderes puede hacer que el representante de una localidad no pueda trabajar por los intereses y objetivos de sus representados.

11. Una vez que se elige un gobierno, algunos, o todos los ciudadanos pierden su derecho a participar. Para que existan representantes, los representados tienen que estar ausentes. Es un sistema en que los representantes gobiernan y los representados son gobernados. Este es un sistema donde los políticos electos por algunos de los ciudadanos tienen el poder para gobernar sobre todos los ciudadanos.

Claramente, el sistema representativo por elección, no es un sistema en el que los ciudadanos se gobiernan a sí mismos, no es democrático ni eficiente. Por lo que, si deseas ser libre, participar en una sociedad libre, elegir, determinar o influir las circunstancias en las que te desarrollas, vives y a las que te enfrentas, entonces tienes que rechazar el sistema de representación por elección. Si consideras que es injusto que pocas personas tengan la mayoría del poder de la sociedad y que es injusto que un pequeño grupo de personas influencien, modifiquen o determinen las circunstancias en las que vives y las oportunidades y libertades que tienes, si no deseas ser oprimido u oprimir, es tiempo de buscar un nuevo sistema, de construir una nueva sociedad.

Las sociedades no iniciaron siendo representativas por elección, han cambiado y evolucionado; si tú actúas, si tú decides ser libre, si tú decides no oprimir y limitar las libertades y posibilidades de otros seres humanos, podemos cambiar el sistema actual por uno realmente democrático; en el que nadie te oprima; en el que no tengas miedo cada elección de que pueda ganar un inepto, un corrupto, alguien que trabajará en contra de tus intereses o un opresor; un sistema en el que tú seas parte del proceso de decisión y construcción del mundo en el que vas a vivir, de las circunstancias que te rodean y en las que te desarrollas y a las que te enfrentas. Tienes que decidir, te quedas con el sistema actual, o te unes al proceso de cambiar a uno verdaderamente democrático.

Decide, democracia representativa por elección o libertad.

CAPÍTULO 3

Otras formas de democracia

Si la democracia representativa por elección no es democracia, entonces ¿qué sistema sí puede ser democrático?

Casi todos los seres humanos en el planeta fuimos educados a considerar que democracia significa votar por representantes, pero si este no es el caso, entonces ¿qué sistema sí podría ser democrático?

Cuando hago esta pregunta, comúnmente recibo una respuesta que afirma que todos los sistemas son corrompibles, que en teoría o en papel los sistemas parecen muy buenos y perfectos pero una vez puestos en práctica, la avaricia de los seres humanos los corrompe. Si piensas de esta manera, te pido que te detengas un momento y consideremos los siguientes argumentos.

Es posible que estés cansado y decepcionado de la política en general y lo que le han hecho a tu país los políticos electos "democráticamente", y que, por lo tanto, seas escéptico de la democracia en este momento. Pero ese es mi punto, el sistema de la democracia representativa por elección nunca fue democrático, tú no has vivido bajo una verdadera democracia, ni en teoría, ni en la práctica. Piensa en los problemas que tiene tu país, ahora compararlos con los problemas que le encontramos en teoría a la democracia representativa por elecciones. No es que la democracia representativa por elección no ha sido bien aplicada sino que, desde la teoría no es democrática. Por lo tanto, lo que ha fallado no es la democracia sino los sistemas que concentran demasiado poder en muy pocas manos. Los sistemas donde los ciudadanos eligen a quién darle todo el poder de la sociedad.

¿Tus gobernantes no te representan?

____

¿Tienes miedo de que las elecciones las gane un partido o persona que va a ir en contra de tus intereses?

____

¿Otros deciden las opciones de candidatos que vas a tener?

____

¿No te gusta ninguno de los candidatos y terminas por votar por el "menos peor"?

____

¿Sientes y piensas que los que votan por la oposición o los candidatos de la oposición son estúpidos, ignorantes, malos, opresores o enemigos?

____

¿Piensas que los políticos sólo ven por sus propios intereses y los intereses de sus partidos o grupos de poder?

____

¿Sientes que el estado o el gobierno impone las leyes sobre ti?

____

¿Sientes que no tienes control o injerencia sobre el mundo en el que vives?

____

¿Sientes que estás fuera del proceso político?

____

¿Sientes que sólo le interesas a los políticos los días de las elecciones?

____

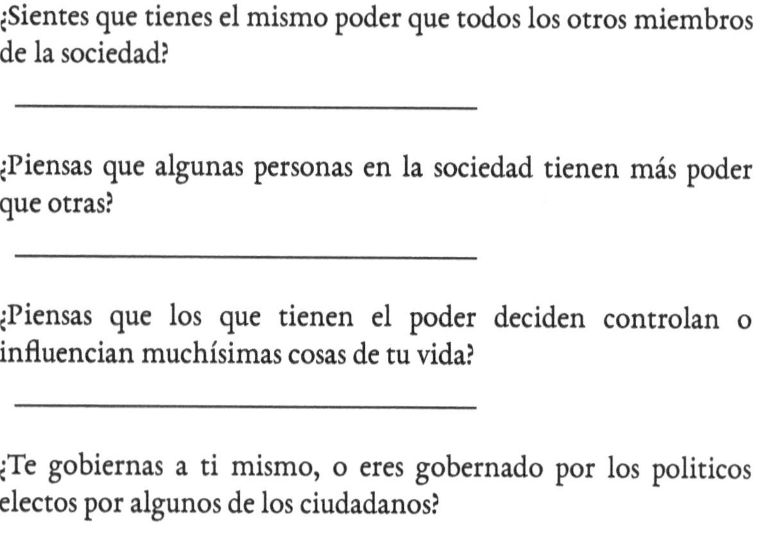

¿Sientes que tienes el mismo poder que todos los otros miembros de la sociedad?

____

¿Piensas que algunas personas en la sociedad tienen más poder que otras?

____

¿Piensas que los que tienen el poder deciden controlan o influencian muchísimas cosas de tu vida?

____

¿Te gobiernas a ti mismo, o eres gobernado por los politicos electos por algunos de los ciudadanos?

____

Todos estos no son problemas de la democracia, son problemas de la democracia representativa por elección, son problemas que aun en teoría podemos detectar. Claro que la corrupción y la avaricia agranda estos problemas; pero estos son problemas y fallas propias del sistema representativo por elección, no de la democracia en sí misma. Claro, que es difícil que los sistemas funcionen tan bien en la práctica cómo funcionan en teoría, pero en el caso de la democracia representativa por elección, no sólo es que la aplicación tenga fallas mejorables, o que en la práctica no sea tan buena como en la teoría, sino que en la teoría misma es un sistema que genera opresión, polarización, desintegración social, concentración del poder en pocas manos y que no es democrático ni eficiente. Si los sistemas pueden no ser tan buenos en la práctica como en la teoría, al menos podemos buscar un sistema que sea mejor en la teoría.

Si te das por vencido en este momento, estás aceptando que otros tengan el poder para controlar la sociedad en la que vives, de tus libertades y responsabilidades, de tus circunstancias, oportunidades y posibilidades; del impacto que tu sociedad tiene en el medio ambiente, del impacto que la sociedad tiene en tu economía, en tu salud, en tu psique, en tu tiempo y tu vida.

¿Puedes pensar en otras formas que la democracia representativa por elecciones no es democrática, limita y oprime las libertades y posibilidades del ser humano? Por favor, dedica un momento para pensar en el sistema de democracia representativa en particular por el que se rige tu país, piensa si hay ciertos mecanismos de cómo funciona que te lleven a concluir o pensar que los ciudadanos no se gobiernan a sí mismos y que estás siendo oprimido?

O ¿Puedes pensar en una razón para permanecer en este sistema?

¿CÓMO ME AFECTA?

Ya concluimos que la democracia representativa por elección no es democrática, pero en este momento te puedes estar preguntando "Pero a mí ¿En qué me afecta?, ¿Qué tiene que ver conmigo la organización política, quién es gobernante o legislador, quien es presidente? ¿Cómo me afecta "el sistema"?". Puedes pensar o tener la idea de que la política no es algo que te concierne, te involucra, te afecta o en lo que valga la pena involucrarse. Sin embargo, la forma en que se organiza tu sociedad te influye aún más de lo que te imaginas.

CAPÍTULO 1

¿Qué es la política?

La política es el proceso por medio del cual se toman las decisiones que afectan a los miembros de una comunidad o una sociedad. [2]

Así de sencillo, el proceso político de tu país es el proceso por medio del cual se toman decisiones que afectan tu vida y la de todos los otros integrantes de tu sociedad.

Si una decisión te afecta a ti ¿No piensas que deberías de estar involucrado en el proceso de tomar la decisión?

CAPÍTULO 2

¿Qué son los sistemas políticos?

Los sistemas políticos son los sistemas, procesos, organizaciones o instituciones que son utilizadas para tomar y ejecutar las decisiones que afectan a los miembros de una sociedad.

En los sistemas tiránicos las decisiones son tomadas por una o pocas personas que tienen el poder para imponer sus decisiones sobre los otros miembros de la sociedad.

En los sistemas democráticos las decisiones son tomadas por todos los miembros de la sociedad y el poder está distribuido equitativamente entre todos los miembros de la sociedad.

Un sistema puede ser más o menos tiránico y más o menos democrático, dependiendo de que tanto involucra a todos los miembros de la sociedad en la toma de decisiones, quién tiene el poder y cuánto poder tienen para imponer las decisiones sobre los otros miembros de la sociedad.

El sistema político determina:

1) Las personas involucradas en la toma de decisiones que afectan a todos los miembros de la sociedad.
    a) ¿Quiénes están involucrados en el proceso de tomar las decisiones?
        i) ¿Están involucrados todos los miembros de la sociedad?

      ii)   ¿Están involucradas sólo un grupo de personas?

      iii)   Sólo una persona toma todas las decisiones?

2) El tipo de participación que tiene cada persona involucrada en el proceso de toma de decisiones.

      i)   No sólo es importante saber quién toma las decisiones sino qué tanto importa o es determinante cada persona involucrada en el proceso.

      ii)   ¿La participación de todos los miembros de la sociedad tiene la misma importancia, el mismo peso y el mismo valor?

      iii)   ¿La participación de una persona o un grupo importa más que la participación de otra persona y otro grupo?

3) Las personas o instituciones que ejecutan las decisiones tomadas.

    a)   ¿Quién tiene el poder para hacer que las decisiones tomadas sean llevadas a cabo?

    b)   ¿Qué tipo de poder y autoridad tienen estas personas para ejecutar las acciones?

      i)   ¿Tienen poder económico, policíaco, político o militar?

      ii)   ¿Cuánto poder tienen los que ejecutan sobre los otros miembros de la sociedad?

      iii)   ¿Pueden forzar a las personas a actuar de acuerdo a las decisiones por medio de la amenaza de violencia física?

      iv)   ¿Pueden ejecutar acciones por medio de inversiones económicas?

    c)   ¿De qué tienen poder? ¿Hasta dónde pueden ejercer este poder?

      i)   ¿Pueden meter a una persona a la cárcel por desobedecer? ¿Pueden golpear a una persona por desobedecer? ¿Pueden quitarle sus recursos económicos y sus pertenencias a una persona por desobedecer? ¿Pueden matar a una persona por desobedecer? ¿Pueden excluir a una persona del proceso de toma de decisiones por desobedecer?

ii)   ¿Qué pueden hacer los que ejecutan las decisiones?

4) A quién rinden cuentas los que ejecutan las acciones y los que toman las decisiones.

a) Los que ejecutan las acciones ¿tienen una autoridad arriba de ellos a quienes tienen que rendir cuentas?

b) ¿Quién es esta autoridad? ¿de dónde deriva su autoridad? y ¿qué poder tiene?

c) Los que toman las decisiones ¿tienen que rendir cuentas?

d) ¿A quiénes? ¿qué autoridad tienen a quienes rinden cuentas los que toman las decisiones? ¿qué tipo de poder tienen?

Básicamente la estructura política determina quién y cuánto es tomado en cuenta a la hora de tomar decisiones; quién, cuánto, qué tipo de poder y sobre quién lo tendrá para ejecutar estas decisiones; y a quién van a rendir cuentas los que toman las decisiones y los que las ejecutan.

Ahora te pido que analices tu situación un momento. ¿Tú eres parte del proceso de toma de decisiones de tu sociedad? ¿Qué tanto eres tomado en cuenta? ¿Todos los miembros de la sociedad son tomados en cuenta de la misma forma? o ¿Algunos tienen más poder y son más tomados más en cuenta que otros? ¿Quién ejecuta las decisiones? ¿Qué tanto poder tienen sobre ti? Si tú estas en desacuerdo con una decisión ¿Te pueden obligar a hacer algo que no quieres o a no hacer algo que quieres hacer? ¿Cómo te pueden obligar?

____

____

____

____

____

____

____

CAPÍTULO 3

¿Cómo te afectan las decisiones políticas?

Participes o no en el sistema político, las decisiones que se toman afectan tu desarrollo personal y tu vida. Las decisiones políticas te afectan directamente al exigirte, prohibirte y al garantizarte ciertas cosas; e indirectamente al establecer las circunstancias en las que te desarrollas y vives.

Las decisiones políticas determinan o influyen:

1) Qué libertades tienes y qué libertades no tienes.

2) Qué poder tienes sobre los otros miembros de la sociedad, y qué poder tienen otros miembros de la sociedad sobre ti.

3) Lo que tienes que dar a la sociedad:
    a) Qué impuestos tienes que pagar.
    b) A qué libertades tienes que renunciar.
    c) En qué actividades tienes que participar.
    d) Qué tipo de poder no puedes ejercer sobre otros miembros de la sociedad.
    e) Qué actividades no puedes realizar o serán reguladas.

4) Lo que la sociedad te va a dar a cambio.
    a) Cuánta seguridad tendrás dentro de la sociedad.
    b) Los servicios que te brindará la sociedad.

   i) A qué infraestructura tendrás acceso.
   ii) A qué servicios públicos tendrás acceso.
   iii) Existe o no educación pública.
   iv) Qué programas sociales existen.
    (1) Seguridad social.
    (2) Seguros de desempleo
    (3) Programas de salud pública
    (4) etc.
  c) Los derechos que te dará la sociedad.
   i) ¿Qué derechos personales serán protegidos por la sociedad?

5) Las posibilidades y oportunidades que te dará la sociedad.
  a) ¿La sociedad te dará la oportunidad de cambiar tu posición o clase social? o ¿Las posiciones y clases sociales están determinadas por nacimiento?
  b) ¿La sociedad te dará la oportunidad y posibilidad de de decidir qué hacer con tu propia vida? ¿La sociedad te exigirá que realices ciertas actividades? o ¿La sociedad solo te permitirá elegir entre ciertas opciones que alguien más decidió de antemano?

6) Los estímulos y oportunidades para que exista participación ciudadana.

7) Los estímulos y oportunidades para que exista interacción entre los miembros de la sociedad y para que exista cohesión social.
  a) ¿Qué tanto y cómo interactúas con los otros miembros de la sociedad? ¿Con miembros de otra clase social?

8) Los estímulos y las oportunidades para que exista desarrollo cultural.

9) El impacto que la sociedad y las actividades sociales tendrán en el medio ambiente y en la salud de las personas.

10) La forma en que la organización política estará involucrada en la economía de la sociedad y por lo tanto de todos y cada uno

de los miembros de la sociedad.

¿Qué tanto afectan a tu vida los diez puntos anteriores? ¿Qué te exige tu sociedad? ¿Qué libertades te limita? ¿Qué tipo de poder limita? ¿Qué oportunidades te da? ¿Qué te da tu sociedad a ti y a los otros miembros de la sociedad? ¿Qué tanto participas en la toma de decisiones para determinar qué libertades vas a tener y qué libertades no vas a tener? ¿Qué tanto participas en la toma de decisiones para determinar qué es lo que la sociedad le va a dar a todos sus miembros?

CAPÍTULO 4

¿Cómo te afecta la economía?

Las circunstancias económicas son parte de tus circunstancias sociales, de la forma en que se organiza tu sociedad. Para los seres humanos la economía es uno de los factores que más influye en nuestro desarrollo y nuestra vida. Pues las circunstancias económicas determinan cuánto tiempo y esfuerzo tiene que dedicar una persona para cubrir sus necesidades, generar suficientes recursos como para satisfacer sus deseos, asegurar o mejorar su posición social y/o las oportunidades y posibilidades que tiene de emprender proyectos personales.

Las circunstancias económicas de una sociedad y su estructura social determinan:

1. El tipo de trabajo que está al alcance de cada persona; qué habilidades, conocimientos, esfuerzo físico e intelectual se tienen que emplear por cuántas horas, y en qué circunstancias tendrá que realizar el trabajo para conseguir:

2. El tipo de remuneración económica que obtiene una persona por su trabajo que le permita acceder a:

3. El tipo de productos o servicios disponibles para él; como vivienda, alimentación, educación, tecnología, entretenimiento, etc, disponible para su consumo y su uso; que a su vez le permiten tener:

4. Posición socioeconómica: las circunstancias económicas de un individuo no son el único factor que determina su posición social. Sin embargo, sí son el factor más importante en una sociedad capitalista. La cantidad y el tipo de productos de los que es dueño, usa o consume una persona y el capital a su disposición, en gran parte determinan la posición social de los seres humanos en la sociedad capitalista mundial en la que vivimos actualmente.

5. Oportunidades y Posibilidades para emprender proyectos personales. La vida de los seres humanos puede no sólo ser trabajar, transportarse al y del trabajo, entrenarse para trabajar, descansar y comer para poder seguir trabajando. Los seres humanos pueden tener proyectos personales como tener familia, hacer arte, viajar, tener relaciones cercanas con amigos, abrir un negocio propio, construir una casa, criar animales, etc.. Los proyectos personales pueden ser tan variados como existen humanos en el mundo. Sin embargo, las circunstancias económicas pueden ser adversas a los proyectos o pueden aumentar las posibilidades y oportunidades.

    1. Si las circunstancias económicas requieren que todos los seres humanos dediquen 10 o 12 horas de su día al trabajo, entonces el tiempo que tendrán para sus proyectos personales será muy poco.

    2. Si las circunstancias económicas hacen que sea imposible que una persona de clase baja o media baja abra un negocio, entonces los proyectos personales se ven completamente afectados o bloqueados por las circunstancias.

Por ejemplo: Si las circunstancias económicas dan como única opción a un grupo de personas el trabajo en minas o fábricas que emiten gases contaminantes y los trabajadores salen del trabajo cansados y enfermos, y por lo tanto no pueden disfrutar de su familia, amigos o emprender otros proyectos personales; y además mueren jóvenes, pues son envenenados por los gases contaminantes de las fábricas, entonces las circunstancias económicas afectan a los trabajadores y sus familias en todos los niveles de la vida.

Ahora reflexiona un poco sobre tu vida ¿Qué tantas oportunidades tienes por haber nacido en tu sociedad en tu posición socioeconómica? ¿Tus oportunidades hubieran sido diferentes si la economía hubiera sido diferente? ¿Cuánto tiempo le dedicas o ves que personas a tu alrededor le dedican al trabajo, y todas las actividades relacionadas al trabajo? ¿Tú has cambiado de nivel socioeconómico durante tu vida? ¿Has podido subir o bajar considerablemente de nivel socioeconómico gracias a tu trabajo y esfuerzo? ¿Cuántas personas conoces que han cambiado de nivel socioeconómico? ¿Cuántos proyectos personales tienes que no estén relacionados al trabajo? y ¿Cuánto tiempo tienes para tus proyectos personales? ¿Qué tanto control tienes sobre la economía de tu país?

CAPÍTULO 5

La economía y el medio ambiente

La economía no sólo determina el tiempo y esfuerzo dedicado al trabajo, la remuneración obtenida, lo que puedes hacer con esta remuneración y tu posición social gracias a tu posición económica; la economía y el sistema económico también determinan el impacto de los productos en el medio ambiente y en tu salud.

El sistema económico y la economía determinan:
1. Los productos que se van a producir
2. Los recursos naturales, humanos, y tecnológicos que requiere la producción.
3. El Impacto ambiental que tendrá la extracción de los recursos naturales.
4. El impacto ambiental que tendrá la transformación de los recursos naturales en el producto final.
5. La vida útil del producto final.
6. El impacto ambiental que tendrá el producto durante su vida útil.
7. El impacto ambiental que tendrá el producto una vez que sea un desecho.
8. El impacto en la salud del ser humano cuando se produce el producto
9. El impacto en la salud del ser humano cuando se consume el producto.
10. El impacto en la salud del ser humano cuando el producto se convierte en un desecho.

CAPÍTULO 6

La política y la economía

Los gobiernos de los países de todo el mundo estimulan y regulan la economía por medio de leyes, regulaciones, subsidios, impuestos, tratados de comercio, gasto público, control de algunos sectores de la economía, las políticas monetarias del banco central que decide cuanto dinero crean o destruyen y por que medios lo van a inyectar o substraer de la economía, y la definición legal de la propiedad privada., etc.

El proceso político influye o determina la economía de la sociedad y tu economía al decidir:

1) A quién y cuántos impuestos va a cobrar.
2) El gobierno va a pedir préstamos o no.
3) El gobierno va a imprimir más dinero o no.
4) En qué se va a gastar el dinero del gobierno.
5) Qué acciones económicas no se van a permitir.
6) Qué tanto se va a permitir que la posesión de dinero se transforme en poder, sea poder económico, político o militar.
7) Cómo se va a regular el impacto que la actividad económica tiene en el medio ambiente.
8) Cómo va a regular el impacto que la actividad económica tiene en la salud de los miembros de la sociedad.
9) Cómo va a regular el poder que tienen los empleadores sobre los trabajadores.
10) Qué derechos van a tener los trabajadores.
    a) Horas de trabajo máximas.
    b) Salario mínimo.

    c) Seguridad en el trabajo.
    d) Vacaciones
    e) Días de la semana trabajados.
    f) Protección contra despidos injustificados y discriminación, etc.
    g) Qué tanta desigualdad económica va a permitir o cómo va a fomentar la igualdad.

11) Cómo va a proteger la economía de los miembros de la sociedad.

12) Qué tratados de comercio va a realizar con otros países.

13) Va a fomentar la inversión extranjera, cómo y sobre qué sectores de la población.

14) En qué actividades y decisiones económicas se va a involucrar la sociedad.

15) Qué acciones va a realizar la banca nacional.
    a) Imprimir más dinero o sacar dinero de circulación?
    b) Dar préstamos y con qué intereses a los ciudadanos, corporaciones o grupos?
    c) Va a introducir el nuevo dinero por medio del gasto público o por medio del sistema financier?

16) Qué es considerado propiedad privada y que derechos y responsabilidades tienen los propietarios.

Entre otras cosas.

Por medio del sistema de organización social se toman decisiones políticas que afectan la economía, incluyendo desde el tiempo dedicado al trabajo y qué trabajos puedes tener hasta el impacto que tu sociedad y su economía tendrán en el medio ambiente. Si vives en un sistema democrático, en teoría tú eres parte del proceso de toma de decisiones que determina desde tus libertades, tu poder, tu economía y tu medio ambiente. Si vives en un sistema tiránico, otros toman las decisiones y tú vives en el mundo y las circunstancias que sus decisiones generaron.

¿Tú eres parte del proceso de toma de decisiones que determina o influye qué tipo de economía tienes? ¿Qué trabajos hay disponibles? ¿Dónde se va a realizar la inversión pública? ¿Cuáles son los derechos de los trabajadores? ¿Cuánto poder tienen los que tienen más dinero en la sociedad? ¿Cómo va a afectar la actividad económica al medio ambiente y a la salud de las personas? ¿Tú estas involucrado en la toma de decisiones que determina o influye la actividad económica que tanto te afecta en tu vida?

CAPÍTULO 7

La política y tus circunstancias

El sistema político en el que vives determina o influye casi todas las circunstancias en las que has vivido, te has desarrollado y a las que te has enfrentado durante tu vida; pues controla o influencia la economía, la seguridad, la educación, el medio ambiente, la alimentación, la salud, la cohesión social y todos los otros aspectos anteriormente mencionados.

Las circunstancias te afectan de las siguientes maneras:
1. Las circunstancias afectan tu desarrollo.
2. Las circunstancias te afectan en tu vida, tus libertades, oportunidades y posibilidades.

¿Cómo están relacionadas las circunstancias con mi desarrollo?

Tú eres un ser humano y como todo ser humano eres un ser vivo compuesto por los elementos Oxígeno, Carbono, Hidrógeno, Calcio, Fósforo, Potasio, Sulfuro, Sodio, Cloro y Magnesio. Estos 11 elementos se unen de distintas maneras para generar el cuerpo del ser humano. El ADN de cada humano, al igual que de cada ser vivo que conocemos hasta ahora, tiene la información que organiza estos 11 elementos para formar cada parte del cuerpo de cada ser humano.

El ADN de cada ser humano contiene suficientes similitudes como para que cada ser humano sea considerado ser humano, pero suficientes variaciones como para que cada ser humano sea considerado individuo.

Todos los seres humanos comparten al menos el 99.9% de su ADN y tienen máximo 0.1% de sus genes organizados de una forma única.

Este 99.9% de similitud entre los seres humanos es lo que nos proporciona cualidades humanas, nuestra piel, rango de estatura, manos, pies, órganos internos, músculos e inclusive cerebros. Parte del restante 0.1% determina ciertas diferencias entre nuestras cualidades humanas como el color de piel, pelo, ojos, y ciertas tendencias específicas para cada individuo. Sin embargo, la similitud en ADN que compartimos los seres humanos no quiere decir que todos seamos 99.9% similares. Las diferencias entre cada uno de nosotros se incrementan porque no todos los genes se "expresan" de la misma manera. Esto quiere decir que un ser humano puede compartir un gen con otro ser humano, pero en uno, el gen se expresa de una forma y en otro de otra. Los genes tienen una gran gama de información que permite cierto rango de posibilidades, dentro de las posibilidades de cada gen, se "expresa" una sola posibilidad. La expresión del gen se llama epigenética y depende de 2 factores:

1) Información hereditaria pasada por la madre: En el óvulo se encuentra información sobre cómo interpretar el ADN de la propia madre y del padre. Esto quiere decir que la madre pasa a su descendiente cierta información sobre qué genes se van a expresar de qué manera. La madre no solo da parte de su ADN, además da parte del código que determina cómo será interpretado el ADN para que se desarrolle el cuerpo del hijo. Esta información sobre cómo interpretar el ADN es una combinación entre lo que ella recibió de su propia madre, y el desarrollo personal de la madre en sus propias circunstancias.

Aquí inicia la forma en que las circunstancias afectan quién eres tú. Las circunstancias en las que vivió tu madre afectan el código que ella te pasó a ti para interpretar tu ADN; y por lo tanto, las circunstancias en las que vivió tu madre determinan ciertas características que tú tienes: puede ser tu altura, tu tendencia a guardar grasas, tu capacidad de concentración y de abstracción, tu tendencia violenta, etc..

2) Las circunstancias: En cada etapa de su vida, el ser humano se desarrolla, vive y se enfrenta a sus circunstancias. El ADN de cada

individuo desarrolla su cuerpo de acuerdo a sus circunstancias. En el ADN de cada individuo existe un rango de opciones que se pueden desarrollar, y es la interpretación que el organismo hace de sus circunstancias las que determinan qué información del ADN se utiliza para desarrollar el cuerpo del individuo. Esto es, qué genes se van a expresar en el desarrollo del individuo. Dos genes exactamente iguales en circunstancias diferentes se pueden expresar de diferente manera. Las circunstancias, sobre todo del feto y durante la infancia, determinan qué parte del ADN se va a expresar. [3]

Por ejemplo, en el ADN de un ser humano está la información que le proporciona su rango de estatura, pero su estatura específica dependerá de los nutrientes que recibió el feto, la alimentación del bebé y el niño, el ejercicio y el espacio en el que vive los primeros años de su vida. La misma información genética con respecto a la estatura pero circunstancias completamente diferentes, puede tener como resultado personas con alturas muy diferentes.

En el ADN de un ser humano puede estar el potencial para ser un gran atleta, pero depende de la alimentación y del entrenamiento si su potencial de gran atleta se va a desarrollar o si su cuerpo será uno débil, obeso y flácido.

En el ADN de un individuo puede estar el potencial para desarrollar un cerebro con capacidades muy altas de abstracción y racionalización, pero será la combinación entre el código pasado por la madre, la alimentación durante la gestación, la infancia, la adolescencia y la juventud, y el uso que el individuo haga de su cerebro, lo que determinará las capacidades de abstracción del cerebro desarrollado.

Las circunstancias en las que eres gestado, en las que te desarrollas, vives y a las que te enfrentas, sobre todo los primeros años de tu vida, determinan e influyen qué parte de tu ADN se va a expresar. Esto quiere decir que tus circunstancias han influido y determinado algunos de tus aspectos físicos, intelectuales y psicológicos. Eres quien eres, en parte, gracias a tus circunstancias.

Si las circunstancias en las que se desarrolla cada ser humano sólo determinaran su altura, complexión, peso, el estado en el que se encuentra su piel, cabello y órganos internos, entonces las circunstancias podrían no ser tan consecuentes para el desarrollo de cada individuo y de cada sociedad. Sin embargo, las circunstancias también influyen en las capacidades intelectuales, sociales o antisociales, las tendencias violentas o empáticas, el desarrollo sexual, la salud y el estado psicológico de cada ser humano; por lo que las circunstancias son tan importantes como el ADN en el proceso del desarrollo y la vida de los seres humanos.

Por ejemplo: Si se hiciese un experimento y se clonase 3 veces a una persona y a una de ellas se le da una nutrición muy saludable, balanceada, llena de vitaminas y minerales; a otra se le da suficiente comida como para llenar el estómago pero comida que es considerada chatarra y a otra se le priva de alimento constantemente y se somete a hambruna y desnutrición; las tres personas, aun cuando tengan la misma información genética, van a desarrollar un cuerpo y un cerebro distinto; habría una gran similitud entre los tres, pero, el cambio de alimentación provocaría que el desarrollo de los tres sea desigual.

Si se hiciese un experimento similar y a las tres personas se les da la misma alimentación nutritiva, pero uno de ellos crece y se desarrolla en un hogar y un ambiente sin cariño y lleno de violencia; otro se desarrolla en un ambiente lleno de cariño, aceptación y educación intelectual; y otro crece en un ambiente sin violencia pero sin cariño, ni atención, ni educación; podemos asumir que las cualidades intelectuales y emocionales que cada individuo va a desarrollar son distintas.

Esto no significa que el ser humano sea un ser 100% determinado por sus circunstancias, sino que las circunstancias juegan un papel fundamental en el desarrollo de todo ser humano.

Tú eres quien eres, en parte gracias a las circunstancias en las que te has desarrollado, y las circunstancias en las que te has desarrollado son determinadas o influidas por el sistema de organización social y económico, las decisiones políticas y la forma en que se ejecutan estas decisiones.

Las circunstancias en las que te desarrollaste dependen del sistema y las decisiones que se toman y se ejecutan dentro de este sistema; tú eres quien eres gracias a este sistema. Las decisiones que se están tomando en este momento van a determinar o influir las circunstancias en las que se van a desarrollar todos los bebés, niños, jóvenes y adultos a partir de ahora. Estas circunstancias van a afectar, no sólo lo que pueden y no pueden hacer, sino cómo y quiénes van a ser.

Teniendo en cuenta la forma en que las circunstancias han afectado a tu desarrollo personal. ¿Piensas que la decisión de cuáles serán las circunstancias en las que vives tú, todos los integrantes de tu sociedad y vivirán todas las generaciones por venir deberían de estar en las manos de unos pocos políticos? ¿Piensas que unos pocos deberían tener el control de las circunstancias que tanto te afectan a ti y a todos los otros seres humanos?

¿Cómo están relacionadas las circunstancias con la política, las libertades, oportunidades y posibilidades de todos los seres humanos?

Las circunstancias sociales no solamente determinan o influyen todas las circunstancias en las que te desarrollas física y psicológicamente sino que son las circunstancias en las que vas a vivir, en las que vas a actuar durante tu vida. Primero las circunstancias son parte de la razón por al que eres quien eres y después las circunstancias limitan o potencializan tus oportunidades y tu libertad de actuar con respecto a lo que deseas hacer o a los proyectos qué te gustaría tener.

Gracias a las circunstancias en las que te desarrollaste eres quien eres, y gracias a las circunstancias que enfrentas hoy y a las decisiones que tomas, mañana serás quien serás mañana. Tú te sigues desarrollando, parte de tu desarrollo al futuro depende de quien eres ahora por consecuencia de tu pasado y de las decisiones que tomas al enfrentarte a las circunstancias en las que vives. Lo que puedes o no hacer, las oportunidades que vas a tener o las que no vas a tener, las posibilidades de que tus proyectos personales sean exitosos, si vas a ser oprimido, explotado o utilizado, si vas a tener la opción de oprimir y explotar a otros, si vas a tener tiempo para socializar, para dedicarte a aprender, al arte, a establecer relaciones cercanas y estrechas, o si todo tu tiempo será pasado trabajando y procurando productos o si tendrás que tener miedo de las personas a tu alrededor, todo esto depende de las circunstancias en las que vives y estas circunstancias dependen de la organización de tu sociedad, sobre todo de la organización política y económica.

Quien eres hoy es, en parte, consecuencia de tus circunstancias pasadas, que fueron consecuencia de sistemas y de decisiones políticas y económicas. Quien serás mañana depende de las circunstancias que te permiten tener ciertas opciones, posibilidades y libertades; solo podrás elegir entre las opciones, posibilidades y emplear tu voluntad y tu libertad dentro de lo que te permiten tus circunstancias, y estas circunstancias que tienes hoy y que tendrás mañana, son el resultado de sistemas y desiciones políticas y económicas.

Esto parece obvio, pero las repercusiones son inmensas.

Vamos a hacer un pequeño ejercicio para determinar cómo te afectan las circunstancias en este momento:

Piensa en la comida que te gusta y sabes que es nutritiva y saludable para ti:

____

____

____

Piensa en lo que más te gustaría hacer con tu tiempo si tuvieras la oportunidad de hacerlo:

____

____

____

Piensa en el lugar al que te gustaría ir para pasar un buen rato:

____

Piensa en tus planes para los próximos 5, 10 y 20 años, ¿Qué te gustaría hacer con tu vida durante este tiempo?

____

____

____

____

____

____

____

____

Estas cosas, tan sencillas y obvias, están completamente relacionadas a tus circunstancias. Lo que vayas a lograr hacer de tu vida, sí depende de ti, tu esfuerzo y tus capacidades, pero también de tus circunstancias. Las oportunidades y las posibilidades de lograr hacer lo que deseas hacer, dependen de tus circunstancias, en que tipo de sociedad vives, cuál es tu posición socioeconómica dentro de esta sociedad y qué oportunidades te da esta sociedad.

Piensa ahora si tuvieras todo el dinero del mundo, si fueras el hijo de un millonario o de un rey:

¿Qué comerías?

____

____

¿Qué podrías hacer con tu tiempo libre?

____

____

____

____

¿A dónde irías a pasar un buen rato?

____

Piensa en los planes que podrías tener en 5, 10 y 20 años, ¿Qué te gustaría hacer con tu vida durante este tiempo?

____

____

____

____

____

____

____

Piensa ahora si estuvieras en un país tercermundista, hay crisis económica, tu mamá trabaja pero gana poco porque es un país machista y tu papá tuvo un accidente en el trabajo, por lo que no se puede mover. Ahora piensa:

¿Qué comida podrías comer en esas circunstancias?

____

____

____

¿Cuánto tiempo libre podrías tener? O ¿A qué dedicarías todo tu tiempo?

¿A dónde podrías ir a pasar un buen rato?

¿Qué tipo de planes podrías tener para los próximos 5, 10 y 20 años, ¿Qué podrías hacer con tu vida durante este tiempo?

Las posibilidades, las opciones que tienes en tu vida dependen de las circunstancias en las que vives.

¿Quieres formar una familia? Piensa cómo sería eso si vivieras en una monarquía donde el rey tiene derecho a acostarse con la novia en la noche de bodas. Piensa cómo sería formar una familia si vivieras en barrios llenos de violencia, muerte y las violaciones son cosa de todos los días. Piensa en cómo sería formar una familia si los precios de la educación, de las rentas de las casas, de los seguros de gastos médicos suben y suben, los salarios no suben o bajan y tienes que pasar 10 o 12 horas al día en el trabajo.

Las circunstancias no sólo te afectan de una forma abstracta en tu desarrollo físico y psicológico, afectan cada momento de tu vida diaria. No sólo es posible que aspiramos a distintas cosas si estás en circunstancias distintas, sino que, aunque aspires a algo tan abstracto como tener una familia, las opciones que tienes frente a ti, las posibilidades de lo que puedes o no hacer, van a ser completamente diferentes de acuerdo a tus circunstancias sociales.

Piensa ahora en tu plan de vida o en un proyecto en tu vida:

____

____

____

____

____

____

¿Podrías lograr ese plan de vida o ese proyecto en otras circunstancias?

____

¿Tendrías ese plan de vida o ese proyecto si estuvieses en otras circunstancias?

____

¿Hay otras circunstancias políticas o económicas que te permitirían realizar con más facilidad este plan de vida? ¿Hay otras circunstancias políticas y económicas que te imposibilitarían realizar tu plan de vida? ¿Podrías aspirar a "un mejor plan de vida" en otras circunstancias políticas y económicas?

____

____

____

____

____

Todas las circunstancias en las que te desarrollas, en las que vives y a las que te enfrentas, son afectadas o determinadas por el sistema de organización social en el que vives y por las personas con poder en este sistema.

¿Quiénes tomaron las decisiones que determinaron las circunstancias en las que te has desarrollado hasta este momento? ¿Quién va a tomar hoy las decisiones que van a determinar las circunstancias que afectaran tu desarrollo a futuro y que determinarán qué oportunidades, posibilidades y libertades vas a tener? ¿Quién toma las decisiones que determinan las circunstancias qué tanto te influyen? ¿Eres parte del proceso que toma decisiones?

____

____

____

____

____

____

____

____

____

____

____

____

____

____

En resumen

La forma en que se organiza tu sociedad determina quién tiene poder para tomar y ejecutar decisiones que van a afectar todas tus circunstancias. Estas circunstancias afectan tu desarrollo, afectando cómo y quién eres. Estas circunstancias también van a determinar qué oportunidades, posibilidades y libertades tienes ahora y vas a tener en el futuro; por lo tanto influyen en quien eres y lo que podrás hacer con tu vida.

En estos momentos tienes la posibilidad de decidir si vas a seguir permitiendo que otros tomen y ejecuten todas las decisiones políticas y económicas que determinan tus circunstancias que te influyen tanto a ti, o si vas a cambiar el sistema para poder ser parte del proceso de toma de decisiones y de ejecución de estas decisiones para determinar las circunstancias que deseas tener, para tener las opciones, posibilidades que deseas tener, para poder elegir libremente tu plan de vida y poder llevarlo a cabo.

CAPÍTULO 8

¿Por qué formar sociedades?

El ser humano es un ser social por naturaleza. Esto no significa solamente que los seres humanos buscan estar cerca unos de otros o interactuar. Sino que al entablar relaciones sociales, los seres humanos buscan formar proyectos en común. Formar proyectos en conjunto es una de las actividades que más ha ayudado a los seres humanos a desarrollarse más allá de seres que viven en cavernas. La capacidad de abstracción de los seres humanos, sus capacidades intelectuales, su libertad y su capacidad de colaborar, permite a los seres humanos desarrollar proyectos en común que hubiesen sido imposible lograr solos. Esta capacidad de desarrollar proyectos en conjunto, lleva al ser humano a pasar de las cavernas a los pueblos, de ser recolectores a desarrollar sociedades agrícolas, a la revolución industrial, a desarrollar economías, ciudades, naciones, etc. Esta capacidad de desarrollar proyectos en común nos lleva a dejar de estar completamente en manos de las circunstancias, al nosotros trabajar en conjunto obtenemos la capacidad de controlar o influir sobre nuestras circunstancias.

La unión de dos personas para desarrollar un proyecto en conjunto puede llevar a la elaboración de proyectos más complejos que los que puede realizar una sola persona. Por lo que formar sociedad con otra persona abre muchísimas posibilidades al ser humano.

Cada persona que se suma a una sociedad implica una gran gama de posibilidades extras que se abren para todos los seres humanos en la sociedad. Cada ser humano nuevo en una sociedad trae consigo conocimientos, puntos de vista subjetivos, capacidades físicas e intelectuales, tiempo, energías y esfuerzo, y un mundo interior libre que puede aportar al proyecto en conjunto y a la puesta en marcha de dicho proyecto.

Por ejemplo: Un ser humano solo difícilmente construirá una casa. Una sociedad de muchos humanos puede construir edificios, presas, etc..

Un ser humano solo difícilmente podrá desarrollar la medicina que ha salvado tantas vidas; o la tecnología que nos abre tantas posibilidades.

Piensa en cómo sería tu vida si no tuvieses contacto con ningún otro ser humano y no tuvieses acceso a ninguno de los beneficios de la colaboración de todos los seres humanos antes que tú. No tendrías idioma, no tendrías arte, no tendrías tecnología, no tendrías familia, ni amigos, no leerías novelas ni verías cine y series, no sabrías de cocina, no conocerías lo que se puede comer y lo que no, no sabrías de técnicas de caza, ni de agricultura, no sabrías medicina, etc. ¿Puedes pensar en tu vida así? ¿Sería algo deseable vivir una vida así? No una vida en la que, con todos los conocimientos que tienes del mundo natural y con tecnología y herramientas desarrolladas por otros seres humanos, vas a una cabaña a vivir de ermitaño, pues esa es una vida en la que haces uso de lo que se ha desarrollado gracias a la colaboración humana; sino una vida en la que no hay colaboración humana nunca, en la que siempre estuviste aislado de todo ser humano. Piensa en las cosas que quieres, lo que disfrutas y amas de la vida ¿Cuántas de estas cosas son posibles gracias a la interacción y colaboración entre seres humanos?

CAPÍTULO 9

La libertad y la sociedad

Todas las ventajas que se pueden conseguir gracias a la cooperación entre personas, no quita el hecho de que para poder cooperar tienen que existir cierta organización que determina ciertas reglas de convivencia y ciertas cosas que los individuos tienen que hacer o a las cuales tienen que renunciar, para poder pertenecer a la sociedad. Lo que tiene que hacer o lo que no puede hacer cada miembro de la sociedad para ser parte de la sociedad, y lo que va a ganar cada miembro de la sociedad, es parte de lo que determina el sistema político y las decisiones que se toman en él.

Si los miembros de una sociedad son obligados a:

- Pertenecer a una sociedad.

- Se les impone un sistema social.

- En este sistema social otros y no ellos toman las decisiones que afectan a la sociedad, y a las circunstancias en las que van a vivir y desarrollarse.

- En este sistema otros tienen el poder para obligarlo a actuar de ciertas formas, a no actuar de otras formas, o para establecer unas opciones limitadas entre las que la persona puede elegir.

- En este sistema social otros, los que tienen poder, deciden qué ventajas, beneficios, derechos, oportunidades, posibilidades y libertades tendrán los miembros de la sociedad, que han sido obligados a pertenecer a la sociedad.

Entonces esta sociedad no es libre, es una sociedad tiránica.

Una sociedad libre es una en que:

- Los miembros de la sociedad deciden libremente ser miembros o no de la sociedad.

- Los miembros de la sociedad pueden elegir o modificar el sistema por medio del cual se va a organizar la sociedad.

- En el sistema social elegido, todos los miembros de la sociedad pueden participar y son tomados equitativamente en cuenta en la toma de decisiones que afectará la vida y las circunstancias de todos los miembros de la sociedad.

- Por medio de esta toma de decisiones, los miembros de la sociedad deciden a qué renuncian, o que están dispuestos a hacer para pertenecer a la sociedad.

- Por medio de la toma de decisiones los miembros de la sociedad también deciden qué beneficios y derechos tendrán todos los miembros de la sociedad; qué proyectos desean realizar en conjunto y qué circunstancias van a desarrollar con sus acciones.
  - Esto implica que los miembros de la sociedad deciden libremente no hacer algunas cosas y sí hacer otras cosas para poder obtener circunstancias, posibilidades, oportunidades y libertades que sólo pueden conseguir si colaboran con los otros miembros de la sociedad.

Los seres humanos libres, al desarrollar una sociedad libre, limitan ciertas libertades propias, pero al hacerlo potencializan otras libertades, amplían sus opciones y posibilidades y al mismo tiempo viven en sociedad.

La formación de sociedades libres, que desarrollan y deciden libremente sus proyectos, sus futuros y que unidos desarrollan un plan de acción y lo ponen en marcha, actuando y esforzándose por él, es una de las actividades más gratificantes y que más potencializan las posibilidades, opciones y libertades del ser humano.

¿Qué tan libre es tu sociedad? ¿Qué tanto estás involucrado en el proceso de toma de decisiones? ¿Qué tanta libertad tienes para pertenecer o no a tu sociedad? ¿Puedes decidir los beneficios que obtienes por pertenecer a la sociedad? ¿Puedes decidir las circunstancias que se van a crear gracias a la colaboración de los miembros de la sociedad?

CAPÍTULO 10

Libertad Individual vs Libertad Social

La libertad social, implica la restricción de la libertad de acción de cada individuo de acuerdo a lo acordado libremente por todos los miembros de la sociedad. Esto quiere decir que si solo, o fuera de la sociedad, el individuo puede realizar ciertas acciones, o que si en una sociedad no libre el individuo puede hacer uso de su poder para realizar ciertas acciones, en una sociedad libre, el poder del individuo es necesariamente restringido para que no resulte opresor para los otros miembros de la sociedad o para alcanzar un objetivo de la sociedad, y la libertad de acción del individuo se ve limitada de acuerdo a lo acordado de forma libre por todos los integrantes de la sociedad. Esto implica que para pertenecer a una sociedad libre, el ser humano, de forma voluntaria y libre, decide actuar de cierta forma y a no actuar de ciertas otras. Al haber sido una decisión libre y voluntaria del se humano la de pertenecer a la sociedad, y la de qué acciones realizará y cuáles no, dentro de esta sociedad, entonces la libertad social en realidad no limita la libertad individual. Sino que es una decisión propia, libre, voluntaria y premeditada, de comprometerse a realizar ciertas acciones y de no realizar ciertas otras acciones.

La sociedad es opresiva a las libertades del ser humano cuando este no es parte del proceso de toma de decisiones que determina qué puede y no puede hacer cada miembro de la sociedad, qué necesita hacer para pertenecer y qué va obtener a cambio. Si la sociedad es libre, el individuo retiene su libertad de acción incluso si hay ciertas acciones que decide no realizar para pertenecer a la sociedad, pues no actuar es su decisión; pero si la sociedad no es libre, cada restricción que la sociedad haga sobre las libertades individuales, es una opresión de la libertad de cada individuo.

Para entender estas distinciones de forma sencilla podemos imaginar a una persona que voluntariamente decide subirse a un avión. Al decidir subirse al avión, decide el destino y está consciente de que tendrá que estar en el espacio del avión por un tiempo determinado y que después de ese tiempo va a llegar a su destino. Si en el avión la libertad física de la persona se ve restringida, pues tiene que permanecer en su asiento y no puede salir del avión por un tiempo, esta restricción no es una opresión. Esta restricción es una consecuencia de sus decisiones, esta persona decidió restringir su libertad de movimiento por un par de horas para lograr el objetivo de llegar a su destino. Por el contrario, si esta persona es secuestrada y subida a un avión por la misma cantidad de horas y llega al mismo destino, en este caso sí se está oprimiendo la libertad de acción y de movimiento de la persona.

En una sociedad libre, los integrantes deciden libremente limitar ciertas libertades, para lograr ciertos objetivos en común y potencializar otras libertades. En una sociedad opresiva un grupo decide limitar las libertades de todos para alcanzar un objetivo impuesto por dicho grupo opresor.

¿Qué tan libre eres en tu sociedad? ¿Qué tienes que hacer para pertenecer a tu sociedad? ¿Qué no puedes hacer por pertenecer a tu sociedad? Lo que no puedes hacer ¿Es una limitante a tu libertad? ¿Lo que tienes que hacer es una obligación y opresión a tu libertad? ¿Quién decide lo que puedes o no puedes hacer y lo que tienes que hacer? ¿Lo decidiste tú de forma libre u otros lo decidieron y te obligan a obedecer?

CAPÍTULO II

La colaboración vs la opresión

La libertad de acción del ser humano es su capacidad de decidir qué hacer con su tiempo, energía, cuerpo y capacidad intelectual. La libertad del ser humano se expande y potencializa o se limita y contrae de acuerdo a las circunstancias en las que se encuentra. Si el ser humano se encuentra completamente solo y no forma sociedades, entonces las posibilidades y opciones que el ser humano tendrá serán muy limitadas y será libre de actuar dentro de las opciones limitadas que su soledad le permite tener.

Si el ser humano decide formar sociedades para colaborar con otros seres humanos, puede generar circunstancias y proyectos que le permitan ampliar sus oportunidades y posibilidades; esto quiere decir que uniendo sus esfuerzos, tiempo y capacidades con otros seres humanos, se abren muchas más opciones entre las cuales puede elegir cada ser humano. Claro que unas de las opciones que se abre para el ser humano es la de oprimir y utilizar a otros seres humanos como herramientas y objetos. Cuando una persona oprime a otra, usualmente lo hace para aumentar sus posibilidades y oportunidades a costa de la libertad, las oportunidades y posibilidades de la otra persona. Esto quiere decir que el opresor utiliza el tiempo, la inteligencia, la energía y el esfuerzo del oprimido para incrementar sus propias oportunidades, posibilidades y libertades mientras reduce las del oprimido. Si un ser humano amplía sus oportunidades, posibilidades y libertades reduciendo las oportunidades, posibilidades y libertades de otro ser humano, entonces está oprimiendo. Si dos seres humanos deciden colaborar libremente y con la combinación de su tiempo, esfuerzo, inteligencia y energías generan oportunidades para ambos que no serían posibles sin la colaboración, entonces ambas personas colaboran y aumentan sus libertades, oportunidades y posibilidades. Una sociedad libre es una en la que dos o más personas libremente se unen para colaborar y aumentar sus oportunidades, posibilidades y libertades.

Claro que la convivencia y la formación de sociedades no aumenta absolutamente todas las libertades, también restringe otras. Para formar una sociedad libre, los integrantes de la sociedad deben de decidir por su propia cuenta qué libertades van a limitar, a qué libertades van a renunciar, qué actividades se comprometen a realizar y qué libertades, oportunidades y posibilidades desean obtener gracias a que son parte de la sociedad. Es muy importante que pongamos especial atención a lo que renuncia un ser humano, o a lo que se compromete para poder ser parte y disfrutar de los beneficios de la sociedad; pues gran parte de las libertades a las que el ser humano tiene que renunciar para ser parte de una sociedad libre, en realidad son libertades de utilizar su poder para quitar las libertades de otros.

En una sociedad libre, los seres humanos deciden de forma libre:

1. Las circunstancias, oportunidades, posibilidades y libertades que desean obtener por medio de la colaboración y formación de sociedades.

2. Restringir o eliminar una libertad, opción o posibilidad que tenían antes de formar una sociedad o que tendrían si no formaran parte de la sociedad.

3. Restringir o eliminar una libertad, opción o posibilidad que surge gracias a que el ser humano pertenece a una sociedad.

4. Restringir o eliminar el uso de poder que un ser humano tiene sobre otros seres humanos.

5. Realizar ciertas acciones para que, en conjunto con las acciones de otros miembros de la sociedad, se logre generar las circunstancias, las oportunidades y las posibilidades que los

miembros de la sociedad buscan generar por medio de la colaboración.

A continuación desarrollaremos estas ideas con más profundidad:

I.   En una sociedad libre, los seres humanos deciden de forma libre las circunstancias, oportunidades, posibilidades y libertades que desean obtener por medio de la colaboración y formación de sociedades.

La colaboración entre seres humanos genera las circunstancias que abren ciertas posibilidades y oportunidades que están fuera del alcance del ser humano que vive o actúa solo. Sin embargo, no se puede tener oportunidades y posibilidades infinitas, la estructura social y las acciones de los individuos dentro de la sociedad generan las circunstancias que determinan qué oportunidades y posibilidades estarán disponibles para los miembros de la sociedad y cuáles no; por lo que en una sociedad libre, los integrantes de la sociedad deciden qué circunstancias quieren generar para lograr obtener las oportunidades, posibilidades y libertades que desean obtener; reconociendo que no pueden obtener todas, que la elección de abrir una posibilidad, de recibir un beneficio, puede implicar no recibir otro beneficio o cerrar otras oportunidades. En una sociedad libre, los seres humanos deciden libremente qué es lo que desean obtener gracias a que viven en sociedad.

Por ejemplo, una persona que vive sola, sin sociedad, tendría que construir su propia casa, hacer su propia ropa para cuidarse del frío, hacer sus propias herramientas de cacería, crecer su comida solo, defenderse de los depredadores solo y no podría disfrutar de la compañía de otros seres humanos, de la convivencia, del arte, de la literatura, del entretenimiento, de la cultura, de las emociones que surgen por medio de la convivencia, del amor, del cariño, de la atracción a otras personas, de emprender proyectos con otros seres humanos, de disfrutar de lo que otros seres humanos hacen, de disfrutar del sexo y de todas las otras actividades que sólo son posibles cuando conviven dos o más seres humanos.

Una persona puede decidir que desea vivir en sociedad para, por medio de la colaboración con otros seres humanos, asegurar su seguridad contra depredadores, facilitar su acceso a la comida, mejorar su vivienda, disfrutar de la compañía de otros seres humanos, etc..

2. En una sociedad libre, los seres humanos deciden de forma libre restringir o eliminar una libertad, opción o posibilidad que tenía antes de formar una sociedad y que tendría si no formara parte de la sociedad.

El ser humano solo, sin sociedad, puede tener ciertas libertades que se restringen cuando forma parte de una sociedad. En una sociedad libre, el ser humano decide libremente cuáles de sus libertades que tenía antes de formar parte de la sociedad va a restringir o eliminar para poder formar parte de la sociedad.

Por ejemplo: Si un ser humano que no vivía en sociedad tiene la libertad de defecar en cualquier lugar, al formar una sociedad los otros integrantes de la sociedad le pueden pedir o exigir que defeque sólo en lugares designados.

La restricción de las libertades que se tendrían si no se perteneciera a una sociedad, son en realidad libertades muy básicas; pues sin sociedad, las posibilidades del ser humano son muy básicas.

3. En una sociedad libre, los seres humanos deciden de forma libre restringir o eliminar una libertad, opción o posibilidad que surge gracias a que pertenece a una sociedad.

Cuando el ser humano une sus esfuerzos, inteligencia, tiempo y talento al de otros seres humanos, sus posibilidades, oportunidades y libertades se multiplican , de pronto existen frente a él opciones que no existían antes; sin embargo, para poder formar una sociedad libre y lograr los objetivos de todos los miembros de la sociedad, los integrantes de la sociedad pueden pedir a sus miembros que no hagan uso de ciertas opciones, libertades y posibilidades.

Por ejemplo: Gracias a que el ser humano colabora en sociedad, tiene la posibilidad de producir en cantidades industriales productos, pero para hacerlo tiene que utilizar muchos recursos naturales. El ser humano tiene la posibilidad de producir en cantidades industriales gracias a que vive en sociedad, por lo que la posibilidad de producción industrial es un resultado directo de que el ser humano vive en sociedad. Si los integrantes de la sociedad deciden limitar la explotación de los recursos naturales, se está limitando la capacidad de producción industrial, pero como la producción industrial es un resultado de la colaboración social, entonces sólo se está limitando una posibilidad y oportunidad que se tiene gracias a la sociedad. Esto es, gracias a la existencia de la sociedad existe una posibilidad, que es limitada por los miembros de la sociedad. Aunque esta oportunidad es limitada por la sociedad, la oportunidad sólo existe gracias a la formación de la sociedad, por lo que en realidad el ser humano sigue ganando más por participar en la sociedad que por no participar.

Si el ser humano sin sociedad únicamente tiene la posibilidad de hacer diez cosas, y el ser humano en sociedad gana la oportunidad y posibilidad de hacer veinte cosas, pero los otros miembros de la sociedad le piden que no haga cinco cosas, entonces ahora el ser humano en sociedad puede hacer quince cosas. Sólo, el ser humano puede hacer diez cosas, en sociedad sin limitantes, puede hacer veinte cosas, en sociedad con limitantes y restricciones puede hacer quince, por lo que aún con las limitantes, el ser humano gana oportunidades y posibilidades gracias a que vive en sociedad.

El proceso por el que se decide qué libertades, oportunidades y posibilidades se van a limitar, determina qué tan libre y democrática es una sociedad.

4. En una sociedad libre, los seres humanos deciden de forma libre restringir o eliminar el uso de poder que un ser humano tiene sobre otros seres humanos.

Al formar sociedades se generan relaciones de poder. Esto es, se generan diferencias entre las características o circunstancias de cada individuo que le dan la posibilidad a unos de infringir un daño a otros o de obligarlos a que actúen o no de acuerdo a lo que ellos quieren, o de determinar las circunstancias en las que todos van a vivir. En una sociedad libre, los miembros eligen libremente qué relaciones de poder van a permitir y cuánto poder y su uso van a permitir.

Por ejemplo: para ser parte de una sociedad, se le pide a un hombre que no fuerce a una mujer a tener relaciones sexuales; pero si no viviera en sociedad ni siquiera existiría la posibilidad de que el hombre tuviese la oportunidad de tener relaciones sexuales. Si el ser humano está completamente solo y no forma parte de una sociedad, no existe la posibilidad ni oportunidad de que tenga relaciones sexuales. Como el ser humano está en sociedad, existe la posibilidad de que tenga relaciones sexuales. Si el hombre obliga a la mujer a tener relaciones sexuales, está haciendo uso de su poder para satisfacer su deseo mientras está oprimiendo y quitando la libertad de la mujer de hacer con su tiempo, su cuerpo, su esfuerzo, su energía y su vida lo que ella quiera. Gracias a que vive en sociedad el hombre tiene la posibilidad de tener relaciones sexuales consensuales con una mujer que decide libremente dedicar cierta cantidad de su tiempo, energía y vida a la actividad sexual con él. Pero esta posibilidad que se genera gracias a la formación de la sociedad no quiere decir que exista la obligación. Gracias a que se vive en sociedad existe la posibilidad de que las personas tengan relaciones sexuales; si la sociedad es libre nadie puede obligar a alguien más a tener relaciones sexuales; si la sociedad es libre las relaciones sexuales sólo se dan entre personas que deciden libremente tener relaciones sexuales; si una persona obliga a otra a tener relaciones sexuales, está quitando la libertad del obligado, por lo que deja de ser una sociedad libre. Si como condición para pertenecer a la sociedad se le pide a todas las personas que sólo tengan relaciones sexuales consensuales donde las dos personas decidan libremente tener sexo, no se les está quitando una libertad, sino que se está limitando su poder de oprimir. Si el hombre está solo no tiene la posibilidad de tener sexo, si está en sociedad tiene la posibilidad de tenerlo, si se le exige que solamente tenga sexo mientras se respete la libertad de la otra persona, el hombre sigue teniendo más opciones y posibilidades que si no estuviera en la sociedad, por lo que la sociedad no lo está limitando u oprimiendo, sino que está dando una oportunidad y posibilidad, siempre y cuando respete la libertad de la otra persona. Si el hombre hace uso de su fuerza física, económica o política para forzar a una mujer a tener sexo con él, entonces no está haciendo uso de su libertad sino uso de su poder.

Si un ser humano sin sociedad sólo puede hacer una cosa y estando en sociedad tiene la posibilidad de hacer veinte, pero de esas, cinco involucran quitar la libertad de las otras personas por medio del uso del poder, entonces las otras personas, al unirse a la sociedad obtienen las nuevas posibilidades, oportunidades y libertades, pero también las posibilidades de ser oprimidas. Esto es, una persona sin sociedad sólo puede hacer una cosa, pero no es oprimida por nadie, si esta persona entra a una sociedad que le permite hacer diez cosas más, pero que genera circunstancias en las que puede ser oprimida de cinco distintas maneras, entonces la persona por pertenecer a la sociedad gana diez oportunidades de libertad y cinco oportunidades de opresión. Si la sociedad es formada por las dos personas de las que ya hemos hablado hasta el momento, entonces en la sociedad habría una persona que gana quince oportunidades de aumentar su libertad sin oprimir, y cinco oportunidades de aumentar su libertad oprimiendo, mientras la segunda persona gana diez oportunidades sin oprimir y cinco posibilidades de ser oprimida. La primer persona está ganando de forma desproporcionada a la segunda y está ganando gracias a que tiene poder para oprimir, no gracias a la colaboración libre de ambas personas. Si para formar la sociedad, ambas personas llegan a un acuerdo en el que determinan que no se puede oprimir y hacer uso del poder dentro de la sociedad, entonces la segunda persona pierde la posibilidad de ser oprimida, y la primer persona pierde las cinco oportunidades de ser opresora y ambas personas ganan oportunidades gracias a que viven en sociedad.

Perder la oportunidad o posibilidad de oprimir, no es perder la libertad de acción, sólo es perder el poder para oprimir.

5. En una sociedad libre, los seres humanos deciden de forma libre realizar ciertas acciones para que, en conjunto con las acciones de otros miembros de la sociedad, se logre generar las circunstancias, y obtener las oportunidades y las posibilidades que los miembros de la sociedad buscan generar por medio de la colaboración.

La formación de las sociedades implica la colaboración entre seres humanos, la unión de esfuerzo, de talento, de inteligencia, de tiempo y de capacidades para lograr los objetivos buscados, para lograr generar las circunstancias buscadas por los integrantes de la sociedad que les permitan tener las oportunidades, posibilidades y libertades que desean obtener en una sociedad libre, los seres humanos deciden libremente qué es lo que van a hacer cada uno de ellos o todos en conjunto para lograr los objetivos de la sociedad.

Por ejemplo: los integrantes de la sociedad deciden libremente que para lograr el objetivo de tener seguridad todos van a dedicar cierta cantidad de tiempo de su vida a patrullar las calles de su ciudad o que para poder realizar ciertos proyectos en conjunto todos van a dar cierta contribución económica o un impuesto para financiar a personal de seguridad.

La formación de sociedades involucra trabajo en conjunto, no solamente compartir cierto espacio físico. Si el trabajo en conjunto es decidido libremente por todos los miembros de una sociedad, la sociedad es libre. Si una persona o un grupo poderoso determina que los miembros de la sociedad tienen que realizar ciertas actividades, entonces es el uso del poder el que determina qué acciones tienen que realizar las personas para pertenecer a la sociedad y no una decisión libre de todos los miembros de la sociedad.

La diferencia entre la libre formación de sociedades libres y la formación de sociedades opresivas es que en la sociedad libre las personas deciden libremente qué desean obtener de la sociedad, qué libertades, oportunidades o poderes van a limitar o restringir y qué actividades van a realizar para poder pertenecer y lograr los objetivos de la sociedad. Mientras que en una sociedad opresiva una persona o un grupo obliga a otros a pertenecer a la sociedad y determinan qué es lo que los otros miembros de la sociedad pueden obtener por pertenecer a la sociedad, qué es lo que tienen que hacer y a qué tienen que renunciar para pertenecer a la sociedad.

Una sociedad opresiva se da cuando una persona o un grupo tienen el poder para:

1.   Obligar a otros a pertenecer a una sociedad.

2. Determinar las circunstancias que se van a generar dentro de la sociedad.

3. Establecer qué es lo que cada persona obtiene por pertenecer a la sociedad.

4. Decidir qué es lo que cada persona tiene que hacer para poder pertenecer a la sociedad.

5. Fijar qué es lo que las personas no podrán hacer dentro de la sociedad.

6. Excluir de la sociedad, quitar la libertad, ejercer violencia física, y privar de los medios de subsistencia a quienes no se sometan a las decisiones de los poderosos.

Se forma una sociedad opresiva cuando una persona o un grupo de personas controlan todos o la mayoría de los recursos económicos, el uso de la fuerza física y los procesos políticos, y por lo tanto tienen el poder para reducir las opciones de las otras personas entre morir de hambre, sufrir violencia física, quedar excluidos de cualquier tipo de sociedad o someterse. En este caso someterse implica aceptar realizar ciertas acciones y renunciar a libertades y a las posibilidades generadas gracias a la formación de la sociedad, para poder permanecer con vida, con sustento y poder disfrutar de un mínimo de los beneficios que la sociedad genera.

Se forma una sociedad opresiva cuando unas personas utilizan su poder, sea físico o de control exclusivo de recursos, para aumentar sus propios beneficios por pertenecer a la sociedad, sus propias posibilidades, oportunidades y libertades, mientras reducen los beneficios de los otros miembros de la sociedad, reducen o limitan sus libertades, posibilidades y oportunidades.

Una sociedad democrática es una en que los integrantes de una sociedad no hacen uso del poder para imponer sobre los otros las reglas de la sociedad, sino una en la que todos los integrantes de la sociedad, de forma libre, participan en el proceso de toma de decisiones que afectan a los miembros de la sociedad.

CAPÍTULO 12

La decisión privada vs la decisión social

La decisión privada es la que toma una persona para su propia vida, que lo afectan principalmente a él, que no requieren de cooperación, consentimiento, acuerdo y que no va a limitar las libertades y oportunidades de otras personas.

La decisión social democrática es la decisión que dos o más personas con el mismo poder y el mismo valor toman en conjunto, buscando cooperar, colaborar o llegar a acuerdos para generar unas circunstancias o lograr un objetivo en común y para lograrlo deciden hacer o no hacer algo de forma voluntaria.

La decisión social tiránica es la decisión que una persona, o grupo, toma por su propia cuenta e impone sobre otros, sin el consentimiento de quienes son afectados por dicha decisión; esta decisión influencia o afecta las circunstancias, las libertades, las oportunidades y las vidas de personas que no estuvieron involucradas en el proceso de toma de decisión, o que tenían menos poder para negociar.

En la vida privada cada persona decide, dentro de lo que sus circunstancias le permiten, qué tipo de oportunidades va a buscar y va a generarse para sí mismo, qué tipo de acciones va a realizar para alcanzar los resultados o los objetivos que busca, en qué áreas de su vida se va a restringir o limitar para ser quien desea ser y para abrirse ciertas oportunidades y posibilidades. En la vida privada, la persona decide, dentro de lo que sus circunstancias permiten, qué es lo que busca, y qué va a hacer, o no, para lograr lo que busca.

Una sociedad libre es una en la que todos los integrantes tienen el mismo valor y el mismo poder para influir y determinar las circunstancias en las que viven, los objetivos de la sociedad, los proyectos sociales, los términos y condiciones del contrato social, las libertades, oportunidades, posibilidades, restricciones, limitaciones y deberes de todos sus integrantes. Una sociedad democrática es una en que las decisiones individuales de todos los miembros de la sociedad son tomadas en cuenta para generar la decisión social que establece las razones por las que existe la sociedad, los objetivos en común y proyectos por los que todos los miembros de la sociedad van a colaborar y cooperar, qué es lo que tienen que hacer y qué libertades o poder van a limitar o restringir para generar las circunstancias que buscan o lograr sus objetivos en común.

Una sociedad tiránica es una en la que una persona o grupo, por medio de una decisión social tiránica, deciden que es lo que él mismo y los otros miembros de la sociedad van a poder hacer o no dentro de la sociedad, la razón por la que la sociedad existe, los objetivos de la sociedad y los términos y condiciones del contrato social.

Una sociedad libre no es una en la que todos los ciudadanos hacen absolutamente todo lo que desean cuando tienen el poder, la oportunidad y posibilidad de hacerlo, pues en este caso no existe sociedad, sino un espacio donde cada persona puede hacer decisiones privadas o decisiones sociales tiránicas. En este caso no habría mecanismo para limitar el poder de unos para oprimir a otros; y no habría mecanismo para generar cooperación, colaboración y acuerdos entre los miembros de la sociedad para buscar generar circunstancias comunes que les permitan desarrollarse y generar oportunidades y posibilidades para todos. Un espacio sin procesos y mecanismos para tomar decisiones sociales de forma democrática es un espacio donde todas las relaciones y sociedades se establecerán con base en el poder y solo existirán decisiones privadas y decisiones sociales tiránicas.

Los diversos sistemas y procesos políticos no son más que distintas formas en que se toman y ejecutan decisiones sociales. Los sistemas democráticos buscan empoderar a cada individuo para que tome una decisión individual, pero al mismo tiempo buscan que las decisiones individuales de todos tengan el mismo valor para que ninguna pueda imponerse sobre los demás. El proceso democrático es el que toma las decisiones individuales de todos y dándoles el mismo valor y peso, las convierte en decisiones sociales democráticas.

La búsqueda del mejor sistema democrático es la búsqueda del sistema más equitativo, participativo y eficiente para llegar a acuerdos, tomar decisiones, generar colaboración y cooperación. Dicho sistema es una herramienta que puede ser utilizada por los ciudadanos para tomar cualquier decisión menos la de oprimir. El sistema mismo genera circunstancias para todos los ciudadanos, pues limita el poder para oprimir y empodera a los individuos a participar, y, al mismo tiempo, es el mecanismo por medio del cual los ciudadanos toman decisiones sociales para determinar sus propias circunstancias.

La libertad es el camino y el fin

Cuando los seres humanos deciden que la formación de una sociedad libre es uno de sus proyectos personales y se enfrentan a otros seres humanos libres que tienen el mismo proyecto; juntos desarrollan un sistema social por medio del cual van a esforzarse para establecer una sociedad libre, y deciden las circunstancias en las que desean vivir por medio de este sistema, y los proyectos que van a emprender en conjunto, entonces la sociedad, y todo lo que se hace dentro de ella, es un logro y un fin en sí mismo. Para el ser humano libre, la sociedad libre puede ser tanto el fin en sí mismo, o sea un proyecto de vida compartido, y el medio por el que logra generar las circunstancias que le permiten tener las posibilidades y oportunidades para desarrollar sus proyectos personales. La formación de una sociedad libre puede ser en sí mismo un proyecto colaborativo que a su vez logra generar las circunstancias para que cada miembro de la sociedad pueda emprender proyectos individuales gracias a estas circunstancias y esta sociedad.

La forma en que una sociedad libre puede ser el objetivo y el medio es similar a cuando un joven planea y tiene como proyecto de vida tener y ser parte de una familia feliz. El fin último puede ser la familia feliz, pero cada paso que da, cada acción que realiza para lograr este fin es también el propósito y el fin por el que actúa. Conocer parejas potenciales, salir con una u otra persona, establecer una relación estable, planear juntos el futuro, tener los hijos, etc.. Todo eso son acciones para lograr el proyecto de tener la familia feliz, pero son objetivos en sí mismos y son parte de la vida y de vivir. Por otro lado, este proyecto no tiene un fin y no se logra en ningún momento, sino que se vive en él. El proyecto de la familia feliz no involucra solamente tener los bebés, ser feliz por un día y morir. Involucra un plan de vida, acciones que se realizan día con día, satisfacciones e insatisfacciones en cada momento, miles de decisiones, planes y otros proyectos dentro del proyecto principal. Por lo que la satisfacción del proyecto de vida está siempre en el presente y en el futuro. El proyecto puede ser satisfecho en cada momento; y al mismo tiempo permanecer insatisfecho siempre, pues mientras estén vivos estos seres humanos tendrán más futuro en el cual aspirar ser felices en familia, y por estar feliz un momento no se garantiza la felicidad de los momentos futuros; cada momento es vivir, es el objetivo y es una construcción y un paso para lograr el siguiente objetivo y el siguiente futuro.

Desarrollar y construir libremente futuros con otros seres humanos libres es una de las actividades más recompensantes que puede emprender el ser humano. Pues afirma su libertad personal, es reconocido y aceptado por otros seres humanos libres, construye un proyecto en común con ellos y por medio de las acciones de su sociedad influye en sus circunstancias; circunstancias en las que se desarrollará y ampliarán sus opciones y posibilidades para desarrollar y construir sus proyectos sociales y personales.

¿Quieres vivir en una sociedad que no es libre, en la que otros determinan todas tus circunstancias, opciones y posibilidades sin tomarte en cuenta? ¿Quieres vivir sin formar sociedades con otros seres humanos? O ¿Quieres vivir libremente en una sociedad libre? ¿Qué tipo de sociedad te gustaría construir? ¿Qué te gustaría que esté presente en esa sociedad? ¿Qué le pedirías a los miembros que no hicieran para poder pertenecer a la sociedad? ¿Qué te gustaría que tu sociedad le pudiera dar a todos sus integrantes?

¿Piensas que puedes pertenecer o desarrollar una sociedad que se organice por medio de un sistema social que te permita a ti y a los otros miembros decidir las razones por las que pertenecen a la sociedad, lo que van a hacer en conjunto, lo que buscan lograr en conjunto, y genere las circunstancias que te permita tener tus propios proyectos de vida?

SECCIÓN 3

OTROS SISTEMAS POLÍTICOS

En los últimos diez años me he topado con muchas personas que están enojadas o decepcionadas con los resultados que el sistema de la democracia representativa por elecciones ha producido en su país; algunas de estas personas culpan a los partidos y a los políticos, otras culpan al sistema y piden un cambio en el sistema. Dentro de los que culpan al sistema, algunos proponen otras formas de democracia, sistemas que ellos consideran que realmente sí son democráticos; otros abogan por dictadores u otros sistemas en los que pocos tienen todo el poder y gobiernan sobre muchos.

En esta sección del libro analizaremos distintas formas de gobierno, algunas democráticas y otras no, para aprender de las fortalezas y debilidades de cada sistema.

CAPÍTULO I

Monarquía

El gobierno del rey sobre sus súbditos.

La monarquía es un sistema de gobierno en el que una persona es la cabeza del estado. Usualmente esta persona llegaba a su puesto de monarca por medio de la conquista violenta o heredaba el puesto de un antepasado que había obtenido el puesto gracias a la conquista violenta. Los monarcas solían mantener su poder y su reinado gracias a una combinación de los siguientes factores:

1. La amenaza y el uso de la fuerza.

La forma más fácil y primitiva utilizada para obligar y motivar a las personas a cumplir las leyes de la sociedad es la amenaza y el uso de uno u otro tipo de poder. Cuando esto sucede, la sociedad que se forma no es libre.

El poder físico consiste en la capacidad que tiene un grupo para matar, infringir sufrimiento físico o vulnerar físicamente, para quitar posiciones y los medios de subsistencia y para quitarles su libertad física, de acción y de expresión a una persona o a un grupo de personas. Esto implica que cualquiera con poder físico puede reducir las opciones de la persona sin poder, de tal forma en que tenga que elegir entre obedecer o perder la vida, sufrír violencia, perder sus pertenencias o perder aún más libertades.

Como esta autoridad no está basada en una aceptación de la ley por parte del ciudadano, es de esperarse que si los individuos no han sido sometidos por otros medios, busquen formas para no cumplir la ley y evitar el castigo; si el miedo a la autoridad no es suficiente, la ley no se cumple; si otra emoción como el odio o la avaricia gana al miedo, la ley no se cumple. Mantener la obediencia a las leyes solamente por medio de la amenaza del uso de la violencia física requiere grandes cantidades de esfuerzos y medios para mantener la amenaza presente y activa en cada momento.

2. La tradición moral y la adoctrinación de sus súbditos a obedecer a la autoridad.

Esta es posiblemente una de las fuerzas más grandes que impulsa a los individuos a mantener el *status quo* de su sociedad. La tradición moral puede ser pasada de generación en generación, a través de códigos concretos y consientes o, más comúnmente, puede ser pasada por las experiencias y el ejemplo, como una forma de ver el mundo y de entender el lugar del individuo dentro de dicho mundo.

Gran parte del sentimiento moral que tenemos los seres humanos es condicionado en la temprana infancia. Lo que la mayoría de las personas consideran bueno o malo, sus deberes o sus derechos, su honor, su "valor" no suele ser un producto de un análisis consciente sino un condicionamiento generado en el subconsciente del ser humano que aprende en la infancia: cómo es el mundo y cuál es su lugar en él. El ser humano es condicionado desde la temprana infancia a interpretarse a sí mismo como alguien que sostiene un lugar en la sociedad, que debe de actuar de acuerdo a ciertas normas; y la sola intención de no cumplir el rol o las normas sociales puede generar en él angustia existencial pues se cuestionan qué es la sociedad, quién es él ante la sociedad y cómo debería de actuar.

Por ejemplo: Una persona puede considerar como su deber y honor evidente y justo dedicar su vida al servicio incondicional de un rey, e inclusive dar su vida por el rey. Otra persona puede sentir que es evidente que no hay un deber que obligue a otro ser humano a servir incondicionalmente a otro ser humano y menos a un rey.

La tradición moral viene de una predisposición de nuestro organismo a entender el mundo que lo rodea desde una temprana edad y a entender cuál es el comportamiento adecuado para su supervivencia. En una sociedad primitiva ignorar el instinto o las normas de la comunidad podía poner en riesgo de muerte al individuo o a toda la comunidad. Nuestra capacidad de razonar ha reforzado la tradición moral al dotarla de argumentos y justificaciones. Al punto en que un mecanismo que existía para la preservación del individuo ahora puede ser utilizado en contra de la preservación de dicho individuo y a favor de una persona o grupo que obtiene beneficios de los sacrificios que otros tienen que hacer por la tradición moral.

La tradición moral puede tomar la forma del honor o el deber, del deseo de ser un miembro funcional dentro de la sociedad, del deseo de tener un lugar alto en la jerarquía social, o simplemente puede condicionar a los individuos de tal forma que les sea imposible o muy difícil percibirse a sí mismos actuando en contra de la tradición moral.

Generación con generación, monarcas y clases gobernantes han predicado y promocionado la sumisión y la obediencia como una virtud. La virtud de la obediencia, y la virtud de la sumisión han sido predicadas con tanta consistencia a través del tiempo que se han convertido en tradición moral. El respeto y la reverencia a la autoridad es una tradición moral presentada como virtud por la autoridad misma. Esta virtud, evidentemente beneficia a la o las personas con poder que son obedecidos.

3.   Un carácter religioso que se le atribuía a su reinado.

Las personas con poder usualmente intentan justificar su poder, y una de las formas en que lo hacen es por medio de un carácter religioso que se le daba a la monarquía. La idea de que Dios decidiría quién sería el monarca y que obedecer al monarca era equivalente a obedecer a Dios. Esto es sumamente curioso, pues recordemos que los monarcas solían llegar al poder por medio del uso de la violencia o heredando de un antepasado que llegó a ser rey gracias al uso de la violencia. Bajo esta perspectiva, Dios permite y fomenta el uso de la violencia para llegar al poder.

¿Quieres que un monarca que llegó a obtener su título gracias a que él o sus antepasados fueron los mejores asesinos y estrategas de la opresión, sea quien decide en qué circunstancias vives, cuales son tus responsabilidades, tus derechos y libertades? ¿Por qué?

____

____

____

____

____

____

____

____

____

____

Monarquía Absoluta

En una sociedad regida por una Monarquía Absoluta, el monarca tiene poder absoluto para determinar los objetivos de la sociedad, los proyectos, los términos y las condiciones del contrato social, todo lo permitido y lo prohibido y todas las circunstancias de la sociedad. En una monarquía absoluta no existe una institución o grupo que pueda frenar de forma efectiva el poder del monarca.

En términos simplificados la monarquía absoluta es el gobierno de uno solo que posee el poder para obligar a otros a pertenecer a la sociedad, para decidir qué va a obtener cada quien por pertenecer a la sociedad y que libertades pueden y derechos pueden tener y cuales no. En una monarquía absoluta se le quita libertad a otros seres humanos, se les oprime, para dar poder al monarca.

En una monarquía absoluta el sistema y las decisiones del monarca determinan absolutamente todas las circunstancias en las que se van a desarrollar los ciudadanos. Del monarca y del sistema depende la seguridad alimentaria y la seguridad física de todos en su reino. El monarca puede ser "bueno" y respetar la vida de sus ciudadanos y tener como objetivo de su reinado la generación de alimento y riqueza para todos. Sin embargo; si el monarca no es "bueno" o "capaz", no existe institución o poder que lo frene y evite que abuse y oprima a todos los miembros de la sociedad.

El monarca absoluto tiene el poder para matarte, para robarte, para exigir impuestos, para no dar seguridad o para controlar todos los aspectos de tu vida.

En una monarquía absoluta los súbditos son excluidos por completo del proceso de toma de decisiones. Esto significa que los ciudadanos tienen que vivir en las circunstancias que el monarca elige. Que no pueden tener una influencia sobre el mundo en el que se desarrollan, viven, al que se enfrentan y en el que van a nacer y vivir sus descendientes. Casi todas sus circunstancias dependen del monarca.

Algunos abogan por una monarquía absoluta o algo por el estilo, argumentando que es un sistema altamente eficiente. Lo que el monarca ordena, se ejecuta; por lo tanto, es efectivo en ejecutar órdenes, pues no existe una fuerza de resistencia ante los mandatos del rey, esto podría parecer que lo hace altamente eficaz. Sin embargo, la ineficiencia del sistema de monarquía absoluta recae en las limitaciones del monarca. Si el monarca tiene un objetivo, pero sus conocimientos y capacidades son limitadas (como la de todos los seres humanos) entonces podrá decidir planes de acción y dar órdenes para cumplir sus objetivos que en realidad no sean eficientes o que tengan resultados contrarios a los objetivos del monarca. Claro que han existido monarcas muy dotados que logran hacer que el aparato del Estado funcione de forma efectiva para cumplir sus objetivos. Esta eficacia puede funcionar tanto para cumplir un objetivo o proyecto que el monarca considere "bueno" para el "pueblo", o un proyecto que el monarca considere "bueno" para él, aunque sea "malo" para el "pueblo". Cabe recalcar que aún y cuando el monarca considere que un objetivo es "bueno para el pueblo" por el simple hecho de no dejarlos participar en el proceso político los está oprimiendo, controlando todas sus circunstancias y obligándolos a actuar y a no actuar de ciertas maneras; por mucho progreso económico que el monarca le pueda dar a sus súbditos, al negarle su libertad lo está tratando como a un animal enjaulado o un objeto, no como seres humanos con voluntad propia.

Además, el monarca difícilmente será un "santo" desinteresado que establezca los objetivos y las leyes del Estado pensando en el bienestar de sus súbditos, y sin pensar aprovechar su posición de absoluto poder para poner su bienestar, sus intereses y deseos personales por encima de los de sus súbditos. Pero, aún y cuando el monarca absoluto esté interesado solamente en el cumplimiento de lo que él considera su deber y el deber que considera propio es el bienestar de sus súbditos y de su nación, no existe ni ha existido un ser humano infalible. Aun cuando el monarca absoluto busque el bien de su pueblo, al no ser infalible, es probable que su percepción del bien de su pueblo sea una errónea. Al no ser infalible el monarca y al no tener quién lo frene, sus acciones y legislaciones, aun cuando sean fruto de la mejor de las intenciones, pueden ser equivocadas. El error de uno tiene consecuencias devastadoras para todos.

Un monarca absoluto tiene poder absoluto sobre casi todas las circunstancias en las que se desarrolla un ser humano, sobre la política, sobre la economía, sobre la ley, sobre la seguridad, sobre la infraestructura, sobre todo; en las circunstancias creadas por este monarca absoluto todos sus súbditos se ven forzados a vivir.

Algunos pretenden justificar la monarquía absoluta con la noción romántica de que el valor del monarca es tal, que sobrepasa al valor de todos sus súbditos combinado y por lo tanto tiene el derecho a vivir plenamente él, y a exigirle a sus súbditos que vivan de una forma limitada para favorecerlo a él. Sin embargo, recordemos que es lo que otorga al monarca absoluto su poder y cómo lo mantiene. El monarca obtiene su poder por medio del sometimiento, la conquista, del uso de la fuerza o el puesto le fue heredado por aquél o aquellos que hicieron uso de la fuerza para obtenerlo y mantenerlo. Por lo que si aceptamos la premisa de que el monarca vale más que sus súbditos y por lo tanto les puede exigir que limiten sus capacidades intelectuales y libertades para servirlo de la mejor manera, aceptamos que el valor de las personas y su derecho a ser humanos libres está directamente relacionado a la cantidad de poder que tienen y utilizan para oprimir a otros. De ser este el caso consideraríamos que los inventores, los filósofos, los escritores, los científicos, los artistas y los líderes y maestros religiosos son menos valiosos para la humanidad y deberían tener menos derechos, oportunidades, posibilidades y libertades que las que tiene el ser humano que ha logrado amasar grandes cantidades de poder sobre los demás y lo utiliza para matarlos, limitarlos y oprimirlos. Si este fuese el caso, tendríamos que considerar a Sócrates, Cristo y Buda como inferiores a Nerón, Enrique VIII y Hitler.

Estar a favor de la monarquía absoluta es estar a favor de una sociedad en la que la libertad, el desarrollo y las capacidades de todos son limitadas y restringidas para ampliar la libertad y el poder del monarca; es estar a favor del uso de la fuerza para oprimir y valorar más al que logra oprimir a más personas.

¿Quieres vivir bajo una monarquía absoluta?

____
____
____
____
____
____
____

Monarquía constitucional

Habiendo reconocido que el monarca no es infalible, que la autoridad moral o divina que tiene sobre su mandato no tienen sentido, que sus intereses pueden ser contrarios a los del resto de la sociedad y que cualquier acción suya es opresiva a los ciudadanos, en muchos países, la unión de nobles o plebeyos, sea por medio de la guerra, por presión económica o por otro tipo de presión, lograron imponer limitaciones a los poderes del monarca y establecieron una monarquía constitucional.

La monarquía constitucional es una en la que los objetivos de la sociedad, los proyectos, planes de acción y términos y condiciones son establecidas por negociaciones entre un monarca y otro u otros grupos de poder. El objetivo y los términos y condiciones de la sociedad son un balance entre los intereses del monarca y los intereses del otro grupo que unido obtiene un poder equiparable con el suyo. El poder y las funciones del monarca y la forma de organizar el Estado son acordadas entre el monarca y otros grupos de poder y puestas sobre la constitución. En este tipo de organización social, el monarca está sujeto a las leyes de la constitución, usualmente tiene poder sobre los ciudadanos, pero su poder está limitado por las leyes.

Usualmente estos grupos son los nobles, los burgueses, o toda la población unida.

1.   Nobles: Los nobles unen su poder militar para poner límites legislativos al monarca.

Esta forma de gobierno reconoce que el monarca no debería de tener poder absoluto sobre sus súbditos; pero no lo hace por una consideración a todos los que rige, sino porque un puñado de súbditos con grandes cantidades de poder, obtenido mediante el uso de la fuerza, la violencia y la opresión, consideran que el rey no tiene derecho absoluto sobre ellos; pero que el rey y ellos sí tienen poder absoluto sobre todos los otros súbditos por lo que todas las críticas a la monarquía absoluta aplican a la monarquía constitucional cuando la constitución es acordada entre negociaciones del monarca con grupos de nobles.

2.   Burgueses: Cuando la clase mercantil logra obtener suficiente poder económico como para hacerle frente al poder del monarca, o del monarca y la nobleza, pueden negociar una constitución que proteja sus intereses y les dé ciertos poderes políticos.

Este tipo de constitución es diferente a la anterior pues en este caso, quienes hacen la negociación no necesariamente llegaron a tener poder a través del uso de la violencia. Sin embargo, sí es un tipo de constitución que ve sólo por los intereses de unos cuantos y sigue respetando en gran parte el poder del monarca. Por lo que, si no todos, muchos de los argumentos en contra de la monarquía absoluta se mantienen.

Este sigue siendo un sistema que considera que quien tiene más poder tiene más valor y más derechos.

Este es un sistema donde los que están protegidos son los distintos grupos de poder mientras logren mantener su poder, pero los intereses, la vida, la alimentación, el hogar, la seguridad de los que no pertenecen a los grupos de poder no necesariamente están protegidas. Aun cuando la constitución proteja la vida de todos los ciudadanos, sigue considerando a unos inferiores que a otros y sigue limitando sus libertades, oportunidades y posibilidades en favor de las del monarca y las clases gobernantes.

Este es un sistema en el que a una gran parte de la población se les priva de la oportunidad de tomar decisiones que alteren sus circunstancias y su sociedad; pues ese derecho está reservado para los grupos con poder y éstos seguramente pondrán en la constitución sus intereses personales y no los intereses de la población en general. Además, aun cuando quisiesen tomar en cuenta los intereses de la población en general, difícilmente podrían saberlos.

En este sistema, básicamente toda la población salvo por estos grupos de poder, sigue sometida.

3. Toda la población: mediante la elección de un parlamento, los ciudadanos negocian con el monarca y los nobles.

Si de alguna manera los integrantes de una población votan por representantes que se reúnen con el rey y en conjunto desarrollan una constitución, esta constitución, en el mejor de los casos, será un balance entre los intereses del monarca y la nobleza y los intereses de la población. Para este punto ya habríamos concluido que el monarca no tiene derecho a imponer su voluntad sobre todos sus súbditos y sería sólo el poder militar, o económico, o la tradición lo que mantendría al monarca en el poder. Por lo que este sería un sistema en que un individuo, tiene el derecho de ser tomado más en cuenta que todos los otros individuos en el desarrollo de las leyes y la formación del Estado, pues los antepasados de este individuo fueron mejores matando, conquistando y oprimiendo.

Este es un tipo de gobierno que básicamente dice: Todos valen, pero uno, vale más y debe de tener mayor poder.

Esta es sólo una forma intermedia entre la idea de que nadie debería tener poder absoluto sobre los demás y la imposibilidad de quitar por completo a las personas que obtuvieron y mantienen su poder mediante la violencia y la opresión.

¿Piensas que un solo noble, monarca o burgués valga lo mismo que 100,000 o 1,000,000 de ciudadanos? ¿Piensas que los intereses y el criterio de uno deberían ser tomados más en cuenta o ser más importantes que los intereses de 100,000 o 1,000,000? ¿Piensas que descender de asesinos, violadores, estrategas de la opresión, da más valor de una persona?

____

____

____

____

____

____

____

____

____

Monarquía parlamentaria

En teoría, en una monarquía parlamentaria, el monarca sólo tiene un papel ceremonial. Sin embargo al monarca y a los nobles se les permite mantener sus posesiones, poder económico y "honores" que sus familias lograron congregar durante el tiempo en que usaron la violencia para oprimir a sus súbditos. No sólo se le da un puesto de honor al monarca en la sociedad y se le permite mantener sus posesiones, sino que además los ciudadanos mantienen, por medio de sus impuestos, al monarca y a los nobles. Básicamente es un sistema en el que se les dice a los ciudadanos que ellos podrán tener el control del estado pero que tienen que reverenciar y pagar dinero para mantener la vida de lujos de los descendientes de quienes oprimieron a sus antepasados. No sólo es este el caso, sino que la gran mayoría de las veces, la idea de que el rey es sólo una figura ceremonial termina por ser mentira, pues sí retiene al menos algo de poder político y económico.

Por ejemplo en Inglaterra el poder legislativo está dividido en dos. La cámara de los Lores y la cámara de los Comunes. Los miembros de la cámara de los comunes es votada por los ciudadanos y los miembros de la cámara de los lores sólo son los descendientes de nobles que desean participar. Esto quiere decir que los descendientes de los opresores de la sociedad tienen el poder de crear o detener leyes que van a afectar la vida de todos los individuos del país.

Además, aunque en realidad la figura del monarca sea una meramente simbólica, el símbolo del monarca es uno dañino para los integrantes de una sociedad que desean vivir libremente. Pues es el símbolo de que unos son considerados más valiosos porque sus antepasados fueron mejores en matar y oprimir.

¿Crees que es justo que parte de tus impuestos vayan a mantener el estilo de vida lujoso de los descendientes de los asesinos y opresores de tus antepasados? ¿Crees que es justo darle honor a estas personas?

____

____

____

____

____

____

____

____

____

____

Monarquía electiva

En algunos casos los monarcas eran elegidos por los ciudadanos o por los nobles de sus reinos; usualmente los monarcas electos solían ser miembros de la nobleza; y usualmente ocupaban el tiempo durante toda su vida. Muchos de estos monarcas electos hacían lo posible por que sus hijos heredaran el trono, pero en algunos casos las constituciones y leyes de sus reinos prohibían heredar el trono y a la muerte del monarca se convocaban elecciones done los nobles, o todos los ciudadanos votaban para elegir al rey. Durante sus vidas estos reyes tenían el mandato ejecutivo y judicial del gobierno, eran los lideres militares y financieros de sus reinos y en ocaciones tenían el poder para legislar. La legitimidad y autoridad de este rey provenía del consenso de la mayoría de los nobles o ciudadanos que le otorgaban el poder para gobernarlos. Una vez en el poder el rey podía utilizar todos los recursos financieros y militares del reinado para establecer su reino e imponer su voluntad, dentro de lo permitido por la constitución o la convención, sobre sus súbditos. El monarca electo podía oprimir a quiénes no votaron por el para beneficiar a los que sí votaron por él, o inclusive oprimir a todos si los poderes que se le otorgaban eran suficientes. En estos casos estos monarcas funcionaban más como lo que hoy en día llamamos dictador que llega al poder por medio de votaciones que lo que popularmente se entiende por Rey. En el Rey se concentraba la gran mayoría del poder del estado y del reino. En la práctica, no hay mucha diferencia entre un monarca electo y un dictador como Hitler o Stalin quienes oprimían a parte de la población pero mantenía la aprobación de las mayorías durante su mandato.

Para finales de la edad media, la gran mayoría de las monarquías electorales habían desaparecido, pues, con tanto poder concentrado en sus manos, los monarcas usualmente encontraban la forma de pasar su mandato a sus descendientes y de establecer una monarquía hereditaria.

La monarquía electiva es un sistema que nace de la atención de dos ideas opuestas: La idea de que el ser humano debe de ser libre y debe de estar involucradas en las decisiones que afectan sus vidas y sus circunstancias; y la idea de que algunas personas merecen más que otras, que algunas personas son superiores a otras y que las "masas" deben de ser controladas. Esta tensión se institucionalizó en la república Romana y aún está presente en las repúblicas modernas.

¿Quieres ser gobernado por un rey al que tú elijas? ¿quieres darle a una persona control sobre el ejercito, sobre la policía, sobre el sistema judicial, obre las finanzas públicas y sobre el sistema legislativo? ¿Piensas que es conveniente que la gran mayoría del poder de la sociedad se concentre en un rey? ¿Quieres votar para dar poder a una persona para decidir las opciones que vas a tener disponibles durante tu vida? ¿Para decidir cuáles serán tus circunstancias?

CAPITULO 2

Aristocracia

El gobierno de la nobleza sobre los súbditos.

Hablar de las monarquías automáticamente nos lleva a hablar de la aristocracia. La aristocracia es una clase social que está por encima de las otras clases sociales, tiene más poder político y usualmente económico y militar. No se llega a ser parte de la clase aristócrata simplemente por amasar poder económico, político o militar. Usualmente una serie de rituales y requisitos elevaban al simple caudillo de guerra, al mercader rico o a quien tenía talento político a ser parte de la aristocracia. Estos requisitos eran decididos por los que formaban la clase aristócrata, por los que heredaron su estatus en esta clase. Estos requisitos son completamente arbitrarios y están diseñados a elevar a un estatus de "más que humanos" a los aristócratas. Sin embargo, casi todos los aristócratas llegaron a serlo simplemente porque sus antepasados fueron suficientemente efectivos en matar y oprimir, pero no tanto como para convertirse en reyes. Su poder les permitió gobernar y oprimir a muchos, pero no a todos. Este poder les otorgó un título nobiliario que luego pasaron de generación en generación. Las generaciones subsecuentes de aristócratas se encargaron de inventar una mitología que daba un valor "ontológico", "natural", "por nacimiento" mayor a los descendientes de aristócratas que a los que no son descendientes de aristócratas.

Hay quienes están a favor de la aristocracia argumentando que la sociedad debería de ser regida por las personas de más altas capacidades, y que los aristócratas son estas personas con más altas cualidades. Sin embargo, con un mínimo análisis se podría desechar a la nobleza como estos seres de más altas cualidades. La única cualificación necesaria para convertirse en noble en la temprana edad media era la de ser el mejor en matar, conquistar, reprimir y oprimir. Cuando los nobles de los países europeos ya no podían tan fácilmente explotar a todos sus ciudadanos, los usaron para conquistar colonias en las que explotaban o mataban a las poblaciones locales.

Cuando la aristocracia ha tenido poder, la aristocracia ha asesinado, conquistado, explotado y oprimido a su propia población y/o a la población de otros países. Si los nobles que quedan realmente fuesen personas de cualidades extraordinarias que no se guían por el interés personal, sino por el interés de la sociedad, entonces se disculparían en nombre de las atrocidades que cometieron sus antepasados, dimitirían y regresarían todas sus fortunas a los ciudadanos de sus propios países y de los países colonizados por ellos; de lo contrario, no habrán demostrado que sus intereses son el bien de todos y no sólo el bien personal, y tampoco habrán demostrado que tienen capacidades superiores a las del resto de la población, salvo la capacidad de aprovecharse de las circunstancias, del sistema y de sus súbditos, para obtener un beneficio personal.

Al igual que en una monarquía, en una aristocracia las circunstancias completas de los seres humanos súbditos, son decididas o influidas por los aristócratas. La economía, la violencia, la paz, la guerra, la delincuencia, la cantidad de riqueza, la alimentación disponible, los impuestos, todos son decididos por los aristócratas, usualmente para favorecerse a sí mismos. Al igual que en una monarquía, los seres humanos comunes, su tiempo, su trabajo, su esfuerzo, sirve sólo para dar poder a los nobles. Los seres humanos comunes sólo pueden hacer lo que les permiten los nobles; y toda su vida es directamente dependiente de los nobles. Los aristócratas oprimen a los otros seres humanos, quitando la libertad y oportunidades de los otros seres humanos para ellos obtener poder. Prácticamente, contra la aristocracia aplican los mismos argumentos que contra las monarquías.

La aristocracia de las personas con las mejores cualidades

Si uno quisiera argumentar que las personas con las mejores cualificaciones deberían de estar en el poder, primero tendría que definir a estas cualidades, y habrá tantas definiciones en este caso, como habrá seres humanos con libre pensamiento: sin embargo, lo primero en lo que se podría acordar es que el hecho de ser un descendiente de nobles asesinos y opresores no le da más altas cualidades a una persona, si acaso, lo contrario sería verdad.

Si se quisiera explorar en nuevas formas para decidir quienes son estas personas con mejores cualidades se tendría que lanzar la pregunta, ¿Quiénes son las personas con las mejores cualidades?, ¿Los empresarios? ¿Todos ellos? ¿Incluidos los empresarios nazis, los dueños de las empresas de armas, los empresarios chinos, los americanos, Trump, o cuáles? ¿Son las personas con más dinero? ¿Los que poseen tierras o pagan cierta cantidad de impuestos?, ¿Son los filósofos? ¿Todos ellos? ¿Incluido Epicuro, Marco Aurelio, Nietzsche, Sartre y Derrida, o cuáles?, ¿Son los campesinos, los obreros? ¿Cuáles de entre ellos?, ¿Son los que estudiaron una carrera en específica y sacaron las mejores calificaciones? ¿Pero qué carrera y en qué escuela y quién tiene acceso a esta escuela?, ¿Son los más empáticos?, pero ¿De acuerdo a qué criterio? ¿Y es esa la única cualidad?, ¿Son los del IQ más alto?, pero el IQ no determina grados de empatía ni los valores o la ética o carácter moral de una persona. ¿Quién determina qué cualidades tienen que tener las personas de altas cualidades que nos deben de gobernar a todos?

La pregunta en este caso no es sólo sobre la monarquía o la aristocracia proveniente de la nobleza, sino en general. ¿Por qué un ser humano tiene derecho sobre los otros seres humanos? ¿Por qué uno o un puñado de seres humanos son los únicos con el derecho de expandir su libertad y poder mientras reducen las libertades y el poder de todos los demás? ¿Por qué unos pocos tienen el derecho a decidir cuál será el mundo y las circunstancias en las que se desarrollarán y vivirán todos? ¿Por qué un ser humano tiene más valor que otro o muchos otros seres humanos? ¿Por qué un ser humano tiene derecho para decidir en qué circunstancias van a vivir todos los otros seres humanos? ¿Por qué un ser humano puede obligar a otro ser humano a obedecerlo? ¿Por qué un ser humano o un grupo pueden limitar y oprimir las libertades de otros seres humanos?

¿Cuáles son las altas cualidades que separan tanto a un ser humano del resto de los seres humanos? ¿Quién decide quiénes son los hombres con las más altas cualidades? ¿Quién le da poder a estos seres humanos? ¿Por qué la posesión de estas altas cualidades da a un grupo de seres humanos el derecho de limitar la libertad y determinar las circunstancias en las que van a vivir todos los otros seres humanos?

La objeción en este caso no es que todos los seres humanos tengan las mismas cualidades, sino que todos los seres humanos tienen el mismo derecho a ser seres humanos completos; a desarrollar su mundo interior de forma libre y sin restricciones, a establecer sus propios objetivos de vida, a establecer sus propios proyectos personales y sociales, a esforzarse en el mundo por realizar sus proyectos personales y sociales; a ser parte de la toma de decisiones que afectan su vida. Si a un ser humano se le oprime su libertad, se le está intentando quitar su humanidad, se le está reduciendo a ser esclavo, herramienta, animal de carga u objeto.

Además, en todos los tipos de aristocracia se le da el poder a un grupo selecto de personas para controlar la vida del resto de la población y al hacerlo se les da el poder para trabajar por sus intereses personales, que en este caso sería la consolidación de la estructura social que les permita a ellos tener poder sobre los demás y que les permita desarrollarse plenamente como humanos mientras oprimen al resto de la población. Aun cuando todos los aristócratas fuesen santos desinteresados, serían santos opresores.

Ahora decide: ¿Piensas que unos por ser descendientes de asesinos valen más o tienen más cualidades que tú? ¿Piensas que por tener algunas cualidades específicas, otros tienen el derecho de quitarte libertades? ¿Tienen derecho a no dejarte influir el mundo a tu alrededor? ¿Crees que ellos tienen el derecho a establecer todas las circunstancias en las que te vas a desarrollar? ¿Piensas que otros deberían de tomar todas las decisiones que te afectan a ti? ¿Quieres vivir gobernado por los descendientes de asesinos y opresores? ¿Quieres vivir gobernado por un puñado de personas que tienen "mejores cualidades" que tú?

CAPITULO 3

Dictadura

El gobierno de uno o unos con mucho poder sobre otros con poco poder.

La dictadura consiste en un gobierno unificado bajo el mando de una persona o un grupo de poder, que no permite y castiga la oposición y la disidencia.

A una dictadura se puede llegar a través del uso del poder militar o económico o a través de elección popular en una democracia representativa por elecciones.

1. Por medio del poder militar: Una persona o grupo utilizan su poder militar para quitar al gobierno en turno y se ponen a la cabeza del Estado. Usualmente los dictadores eliminan toda oposición por medio del uso de la fuerza. La eliminación de la oposición en estos casos es conducida casi totalmente por el uso de la fuerza militar y policiaca, los asesinatos y el encarcelamiento de los que apoyaban al gobierno anterior, de los disidentes y de cualquier grupo de personas que no se sometan.

2. Por medio de elecciones: en una democracia representativa por elección o una república, se puede dar el caso que un individuo o un grupo llegue al poder gracias a las elecciones, y que una vez en el poder, modifiquen la constitución para expandir su poder y hagan uso de su poder para elimina a la oposición y a la

disidencia, convirtiéndose en dictadores. En estos casos los dictadores suelen trabajar por los intereses o las ideas de una parte de la población, mientras someten y eliminan la disidencia, la oposición, y a otras partes de la población.

Los problemas de la democracia representativa por elecciones como la polarización pueden llevar a la radicalización de ciertos grupos de la sociedad, y esto los puede llevar a justificar la opresión del sector de la población que consideran que son enemigos. Es natural, más no inevitable, que en una democracia representativa por elecciones se generen dictadores.

Aunque el dictador entre al poder por medio de la elección de la mayoría, e incluso si la mayoría lo sigue apoyándolo durante toda su dictadura; el hecho de que utilice su poder para oprimir y eliminar a la disidencia, a la oposición y a las minorías, lo convierte en un dictador.

Los dictadores usualmente llegan a gobernar o retienen el gobierno por medio del uso de un poder. Su poder es tan desmedidamente superior al de todos los otros integrantes de la sociedad, que el dictador puede tomar todas las decisiones que afectan a todos los miembros de la sociedad, estableciendo los objetivos de la sociedad y cómo se lograrán, y al hacerlo es el responsable de todas las circunstancias dentro de la sociedad.

Usualmente en una dictadura la vida de los ciudadanos depende al 100% de su adherencia al régimen, e incluso, en estos casos, su vida puede no estar asegurada. Los dictadores suelen justificar sus acciones opresivas diciendo que son sacrificios necesarios para el bien del Estado o las mayorías. Sin embargo, una minoría sigue siendo un grupo de seres humanos y la opresión, el asesinato o "sacrificio" de seres humanos por la idea particular que el dictador tiene de "bien" y de "Estado" no justifica el sufrimiento, la opresión o el asesinato de seres humanos. La opresión por las mayorías a las minorías sigue siendo opresión.

Aunque el dictador tenga como objetivo el "bien común" su definición del bien común puede ser contraria a la de otros ciudadanos, por lo que terminará por trabajar a favor de una idea del bien común que es opresiva para algunos ciudadanos. Pero aun cuando la mayoría de los ciudadanos, o los grupos de poder y el dictador tengan la misma idea de que es el bien común, por ser una dictadura, el proceso de toma de decisiones excluye, y la ejecución de las decisiones oprime; por lo que independientemente de cualquier idea o acción que tome el dictador, el sistema en sí es opresivo e involucra que el ser humano no sea libre y sea un ser sometido a la autoridad. Aun cuando el objetivo sea el bien común, los medios o los métodos por los que alcanza este bien común el dictador son opresivos y deshumanizantes.

Existen quienes argumentan que al ser humano se le debe de quitar su libertad por su "propio bien". Sin embargo, este argumento quita la libertad de la ecuación de lo que es "bueno" o el "bien" para el ser humano. Si este fuese el caso, tal vez la mejor sociedad sería una en que cada ser humano viviese en una jaula y unas máquinas les diesen todo lo necesario para comer, de esta forma cada ser humano tendría lo necesario para sobrevivir y viviría de forma "segura". Un ser humano no es una computadora que todo lo que requiere es estar conectada a la electricidad. Un ser humano no es un animal que va a estar "mejor" si está enjaulado y no sufre ni violencia física ni hambre. En este libro no entraremos a detalles sobre lo que hace al ser humano ser ser humano, ni sobre el carácter moral, ético y filosófico de la libertad, pero sí podemos llegar a la conclusión sencilla de que sin libertad, la prosperidad económica, la seguridad física y alimenticia no son un "bien" para el ser humano. La seguridad física y la alimentación son sólo necesidades que, de ser cubiertas, nos permiten vivir la vida por el propósito o la razón que decidamos. Pero la seguridad física y la seguridad alimenticia no son el fin de la vida del ser humano. Tenemos que tener cuidado en no confundir lo que es necesario para la vida del ser humano con lo que da sentido y propósito a la vida del ser humano.

En una dictadura los ciudadanos tienen que vivir en las circunstancias que las decisiones y las acciones de los dictadores generan; no pueden tener una influencia sobre el mundo en el que se desarrollan, viven, al que se enfrentan y en el que van a nacer y vivir sus hijos. Todas sus circunstancias dependen de los dictadores, cualquier intento por ir en contra de los dictadores, usualmente tiene consecuencias graves como la pérdida de la seguridad física, alimenticia o de incluso más libertades o la vida. Los seres humanos en una dictadura reducen su libertad a obedecer o ser castigados.

Algunos argumentan que una dictadura es un sistema más eficiente que la democracia, sin embargo, los dictadores suelen llenar los puestos de poder con amigos y familia que consideran leales, no los más capacitados o aptos; pues en una dictadura, la lealtad de las personas con poder es el requisito más necesario para mantener la jerarquía social con poder. Simplemente por esto, las dictaduras pasan a ser sistemas perfectos para oprimir, pero no necesariamente los mejores para ejecutar y lograr los objetivos de los dictadores; pues el requisito más importante para subir en una jerarquía es la lealtad y no las capacidades. Este es un sistema que podría ser eficiente si los miembros de la organización dictatorial son inteligentes y capaces y todos tienen un solo objetivo. Usualmente el objetivo en común que tienen es el de establecer un orden social estricto y fijo en el que se reprime a algunos y se levanta a otros o se enaltece la idea del "Estado". Esto quiere decir que aunque sea efectivo el sistema dictatorial, sería efectivo para eliminar las libertades de los ciudadanos.

En una dictadura, la estructura social sacrifica las libertades y oportunidades de los individuos y potencializa sólo las libertades y el poder de los dictadores o del Estado. Por una idea del "bien común" o "bien del Estado" los dictadores suelen sacrificar no sólo el bienestar, sino las libertades e incluso la vida de los ciudadanos. En una dictadura, el tiempo, la vida, el talento y el esfuerzo de cada ciudadano está al servicio del Estado y/o del dictador. No es el Estado quien está al servicio de los individuos, sino los individuos quienes están al servicio del Estado.

Tal vez por medio del gobierno de un dictador se pueda controlar la economía para que exista cierta prosperidad, al menos para ciertas clases, pero el crecimiento económico no es el objetivo de una sociedad de humanos. Si acaso, el crecimiento económico es un medio para permitir más libertades, oportunidades y posibilidades a los seres humanos. Si para lograr el crecimiento económico se permite la represión, la violencia y opresión, se está considerando al crecimiento económico como algo más valioso que el ser humano, su libertad y su humanidad.

Algunas personas consideran que un dictador es necesario para resolver los problemas de la democracia representativa por elecciones. Pero la dictadura sólo puede hacer más grandes estos problemas, no reducirlos. Si en una democracia representativa por elecciones se compite para ver quién será el opresor, el representado y el oprimido, en una dictadura, todos siempre son oprimidos. Algunos podrían pensar que un dictador que piense igual que ellos sería la solución, pero incluso estas personas pueden reconocer que es imposible que un dictador piense en todo igual a ellos; por lo tanto el dictador terminaría por imponer leyes o llevar a cabo acciones que la persona que lo apoyaba considere injustas o malas.

El dictador no puede pensar 100% igual que tú, por lo que tomará decisiones que son contrarias a lo que tú piensas y terminará por oprimirte.

¿Crees que el dictador y tú tendrían las mismas opiniones? ¿Crees que tus ideas y opiniones deban de ser impuestas sobre miles y millones de personas? ¿Que tu idea de lo justo o de la economía valen más que la libertad de todos los ciudadanos? ¿Crees que la idea de una persona de cómo debería de funcionar la sociedad debería de ser impuesta sobre todos los demás?

CAPÍTULO 4

Epistocracia

El gobiernen de los que conocen.

La epistocracia es la idea de que las personas con conocimiento son las que deberían de gobernar. Existen distintas formas de aplicar la epistocracia pero el principio básico es que quien tenga el conocimiento debería de tener el control o el poder.

Al enfrentarnos a esta forma de organización social lo primero que debemos preguntarnos es: ¿Conocimiento de acuerdo a quién? Hay muchísimo conocimiento en el mundo; algunos tienen conocimiento sobre psicología, otros sobre economía, otros sobre agricultura, otros sobre culturas antiguas, otros sobre los sufrimientos a los que se enfrentan las clases bajas, otros tienen un título que asegura que tienen un conocimiento académico específico, otros estudian por su cuenta y otros aprenden empíricamente. ¿Qué tipo de conocimiento es el válido? La persona o grupos que determinan cuál es el "conocimiento válido" determina los objetivos y el rumbo de la sociedad completa; pues se está decidiendo que esos conocimientos son los importantes y que van a ser los útiles para lograr los objetivos de la sociedad. Si se determina que el conocimiento que se está buscando es conocimiento económico, entonces queda implícito que el objetivo de la sociedad es el crecimiento económico. La persona o grupo que determina el tipo de conocimiento necesario para gobernar, está determinando los objetivos y, hasta cierto punto, el rumbo de su sociedad.

Otra pregunta que hay que hacer es ¿Además del conocimiento se juzgará si la persona tiene una postura específica de acuerdo al conocimiento o sólo que tenga el conocimiento? Por ejemplo, una persona puede saber lo básico de las diferentes escuelas filosóficas, pero considerar solamente una de ellas como la correcta. El que considere que el estoicismo es la mejor filosofía tomará decisiones muy diferentes que quien considere que los epicúreos tenían la respuesta, o que los que se adscriben a la filosofía del poder de Nietzsche, incluso los que adoptan la filosofía existencialista de lo absurdo de Camus tomarán diferentes decisiones que los que se adscriben a la filosofía existencialista de la libertad de De Beauvoir. Saber de filosofía, tener un título de filosofía, no dice nada sobre las posturas filosóficas que tiene el filosofo.

Los economistas socialistas, liberales, neoliberales, capitalistas y comunistas todos podrán tener ciertos conocimientos en común pero algunos se inclinarán por una u por otra filosofía política y económica. En una epistocracia ¿es el conocimiento o la postura de acuerdo al conocimiento la que determina si una persona tiene o no poder? Si se decide que los economistas deberían de tomar las decisiones de un país ¿serán los economistas marxistas, los capitalistas, los socialistas o cuales de entre todas las otras opciones? Incluso si se decide que son economistas capitalistas, entonces se tendía que preguntar si son de la escuela de Friedrich Hayek, de la de John Maynard Keynes, si serán Neo Liberales o si seguirán las recomendaciones de la Teoría Monetaria Moderna.

Usualmente no es solamente la falta de información la que lleva a unos a denominar ignorantes a otros sino el hecho de que tienen posturas opuestas. Por ejemplo, los que ven un canal de noticias de derecha suelen considerar cómo ignorantes a los que ven un canal de noticias de izquierda, y lo contrario también es verdad.

Otra pregunta que nos tenemos que hacer al enfrentarnos a la epistocracia es: ¿Tener conocimientos hace que una persona tenga más capacidad para distinguir el bien y el mal o para decidir siempre de acuerdo al bien común? Tener conocimientos no tiene implicación moral. Esto es, el conocimiento es información y en el caso de la epistocracia, literalmente poder, qué se hace con esta información y con este poder, no depende del poder en sí mismo, sino de qué considera justo, bueno o malo, cuales son sus objetivos y del carácter moral de la persona con poder.

Basta con estudiar un poco de historia para saber que las personas o clases sociales con conocimientos no necesariamente son las más humanitarias. La nobleza de todos los reinos solía tener mejor conocimiento de filosofía, lenguaje, política, arte y literatura que sus súbditos, y de hecho, esta diferencia, usualmente justificaba la opresión constante de "los ignorantes". Los países colonizadores usualmente se auto-denominaban a sí mismos como "civilizados" y sus "conocimientos y educación", justifican la opresión y las matanzas.

Por ejemplo, los altos oficiales Nazis o fascistas bajo Mussolini y Franco solían ser personas "educadas" y con muchos "conocimientos", y fueron también los asesinos en masa y opresores más famosos del siglo XX.

El hecho de que una persona tenga conocimientos de economía, no significa que su objetivo será que todos los integrantes de la sociedad generen ganancias económicas, o que parte de su objetivo sea disminuir la desigualdad económica de los integrantes de la sociedad. El conocimiento de un tema no vuelve a las personas conocedoras de todos los temas, de las vidas y los intereses de todas las personas; los conocimientos que tenga una persona no tienen nada que ver con su empatía o compasión; el hecho de que una persona tenga ciertos conocimientos y poder, no asegura que entienda el bien común o que actúe buscando el bien de los otros miembros de la sociedad.

Otra pregunta que es indispensable hacer al enfrentarnos a la epistocracia es ¿quién tiene mayor conocimiento que yo sobre mis circunstancias, mis deseos y mis proyectos a futuro? Con esto lo que quiero decir es que aunque una persona tenga conocimientos académicos sobre uno u otro tema, no tiene conocimientos prácticos sobre la vida, las circunstancias a las que se enfrentan, los deseos y proyectos de todos los individuos de la sociedad. Un economista podrá tomar decisiones para subir el PIB del país que tengan como consecuencias destruir el estilo de vida de los agricultores, o reservas ecológicas.

Una persona o grupo de personas pueden considerar que tener tiempo para estar con sus amigos, familia, para el arte o en la naturaleza es más importante para ellos que trabajar sólo para generar más dinero; pero si los objetivos de los gobernantes sólo son subir el PIB, entonces seguramente generarán circunstancias en las que las personas tengan que trabajar más tiempo y puedan dedicarle menos tiempo a la naturaleza, los amigos, la cultura, la familia, el arte, etc.. Los objetivos propios, no son los objetivos de otros.

Otra pregunta que hay que hacer al enfrentarnos a la idea de la epistocracia es: ¿Por qué unas personas tendrán un conocimiento y otras no? Esta pregunta es muy importante, pues determina quienes tienen el poder y el derecho a ser libres en la sociedad.

La mayoría de las personas que logran títulos académicos suelen ser personas de la clase media, media alta y alta, pues suelen tener los recursos para pagar la educación y/o para no tener que trabajar para mantenerse a sí mismos y a sus familias durante el periodo que dedicaron a estudiar. En las circunstancias actuales, en las que sólo los miembros de las clases sociales medias y altas tienen acceso a cierto tipo de educación, si se instituyese una epistocracia, se generaría una aristocracia y se incementaría y justificaría la desigualdad social, de poder y de libertad por medio del conocimiento. Sin embargo, quien tiene ciertos títulos o cierto conocimiento no necesariamente es una persona que tiene el desarrollo o las libertades humanas como su objetivo y puede ser alguien que vea por los intereses personales y de su clase.

La epistocracia reduce las posibilidades de quienes no tienen conocimiento, a las posibilidades que antes tenían los súbditos de una monarquía, o las mujeres antes de obtener el derecho a votar. Por carecer ciertos conocimientos en específico, no se les permite ser participes del proceso de toma de decisiones que determinará todas las circunstancias en las que van a vivir

Criticar la epistocracia no es criticar la idea de que ciertas personas están más capacitados que otros para realizar ciertos trabajos. Criticar la epistocraca es criticar la idea de que el conocimiento automáticamente convierte a una persona en un ser que verá por el bien común y no por el bien personal; criticar la idea de que solamente un sector de la población tiene la capacidad de establecer los objetivos, los proyectos, los planes de acción y las circunstancias de la sociedad completa. Criticar la epistocracia es criticar la idea de que un tipo de conocimiento es más valioso que otro para determinar los objetivos de la sociedad y para generar las circunstancias en las que van a vivir y desarrollarse todos los integrantes de la sociedad.

¿Tú crees que los conocimientos, los objetivos y los planes de acción de un indígena en la sierra de Chiapas tienen menos valor que los conocimientos, los objetivos y planes de acción de un ingeniero que trabaja para una armadora internacional de autos o que los del hijo de un millonario? ¿Tú crees que por tener ciertos conocimientos y títulos, el hijo de un rico va a saber qué es "mejor" para el indígena en la sierra, qué es lo que desea hacer con su vida, etc.? ¿Tú crees que porque alguien tiene un título o más conocimientos en un área específica debería de tener derecho a decidir cuáles son las circunstancias a las que te vas a enfrentar?

CAPÍTULO 5

Tecnocracia

El gobierno de los técnicos.

La tecnocracia es el gobierno de los técnicos, pero más abiertamente el gobierno de los especialistas. Bajo este sistema, especialistas en cada sector del gobierno y la vida pública sostienen el poder.

Con este sistema de organización social, un especialista en salud sería el encargado del área de salud, un especialista en tecnología del área de telecomunicaciones, un especialista en economía sería el encargado de la economía del país, etc.. este tipo de estructura social, como muchos otros, se salta el proceso del desarrollo de los objetivos de la sociedad y propone un sistema en el cual los objetivos de la sociedad parecen haber sido aceptados de antemano. Sin embargo incluso una tecnocracia depende de los objetivos de la sociedad que determinan qué áreas de la sociedad serán consideradas más importantes y que técnicos serían necesarios. La tecnocracia solo sirve para organizar a la sociedad para cumplir ciertos objetivos pero no es un sistema por medio del cual se pueden determinar o decidir los objetivos de la sociedad. Por otro lado, tener conocimientos técnicos de un tema no determina el carácter moral del técnico, ni que tenga capacidad para determinar lo justo, o el derecho para decidir las circunstancias en las que se van a desarrollar todos los seres humanos de su sociedad. Contra la idea de la tecnocracia en general aplican las críticas que aplican contra la epistocracia.

Tecnocracia de los directores empresariales

Algunos afirman que las personas mejor capacitadas para guiar o gobernar a una sociedad son los directores de empresas exitosas que han administrado de tal forma sus empresas que han maximizado ganancias y logrado un gran crecimiento de la empresa. El argumento es que si estos directores empresariales han tenido éxito en el gobierno empresarial, lo tendrán en el gobierno de la sociedad. Esto quiere decir que los empresarios son los que establecen los objetivos, los proyectos y los planes de acción para lograr estos objetivos que generarán las circunstancias en las que viven y se desarrollan los ciudadanos.

Los empresarios han sido exitosos gobernando sus empresas con objetivos y términos y condiciones muy específicos; por lo que, si los objetivos, términos y condiciones de la sociedad son los mismos que los de las empresas, entonces es razonable pensar que los empresarios podrían tener éxito gobernando. Sin embargo recordemos cuáles son los objetivos, los términos y las condiciones de una empresa.

Objetivos: Los objetivos de una empresa son medidos principalmente en el ámbito económico, no entran factores culturales, sociales o humanos en consideración. Los objetivos de una empresa son los de maximizar ganancias para los dueños de la empresa. Esto quiere decir que los directores empresariales sólo están capacitados para lograr los objetivos económicos de la sociedad y específicamente, sólo están capacitados para generar ganancias económicas a unos pocos. Si el objetivo de la sociedad es el beneficio económico equitativo de la sociedad, un director empresarial ya no tiene la preparación ni la experiencia adecuada para lograr esto. Si el objetivo de la sociedad pretende tener algo de desarrollo intelectual, social, cultural o personal, entonces el director de una empresa ya no es la persona más preparada para guiar a dicha sociedad. Además, un empresario trabaja con objetivos preestablecidos y no esta preparado para determinar los objetivos de toda la sociedad. En una empresa, el objetivo principal es la generación de riquezas para los dueños, y el empresario trabaja persiguiendo ese objetivo, en una sociedad, la determinación de los objetivos de la sociedad es parte del proceso político.

Términos y condiciones: Los términos y condiciones en una empresa son muy específicos y totalitarios: Los de arriba deciden, los de abajo ejecutan y la disidencia es castigada con el despido. En una empresa, en una corporación, la autoridad es completamente vertical y viene de los dueños a los directores, de los directores a los gerentes, a los supervisores, a los trabajadores y la crítica a la autoridad es castigada. Esto quiere decir que un director de una empresa sólo está capacitado para gobernar un estado totalitario donde no se cuestione su autoridad, donde todos ejecuten sus mandatos y donde se pueda castigar la disidencia, de lo contrario, no es la persona mejor capacitada para gobernar. Un director empresarial, sólo está capacitado para gobernar bajo un sistema totalitario y por lo tanto, contra su gobierno aplican las críticas que aplican contra las otras formas de gobiernos totalitarios como los son las dictaduras.

¿Piensas que deberías de ser gobernado por directores empresariales? ¿Crees que el único objetivo de la sociedad debería de ser el de generar riqueza para un grupo de personas? ¿Piensas que todos en la sociedad deberían de obedecer a los empresarios? Quisieras que tus gobernantes se comporten como tus "jefes"?

Tecnocracia de los científicos

Existe también la idea de que quienes están mejor capacitados para guiar una sociedad son los científicos. En primer lugar hay que tener cuidado de denominar científicos a todos los ingenieros, químicos y médicos, pues muchos de ellos no son más que técnicos de sus disciplinas y no científicos o sea, que no siguen el método científico para investigar y descubrir información del mundo físico. La mayoría de los médicos, ingenieros, químicos etc., han aprendido ciertos principios y los aplican sin hacer un uso amplio del método científico. Usar las herramientas desarrolladas por la ciencia no hace de uno un científico; el científico es sólo el que usa el método científico y solo esta siendo científico cuando está empleando el método científico.

Por otro lado hay que notar que el objetivo del método científico es el del entendimiento del mundo natural y en sí mismo no tiene otro valor que el del descubrimiento de información del mundo natural. La aplicación de la información obtenida bajo el método científico depende de objetivos y los valores de las personas que poseen dicha información.

Por ejemplo: La información científica se puede utilizar para desarrollar bombas nucleares, energía nuclear, radioterapia o radiografías. La información científica es la misma, pero la aplicación que se da a la información científica depende de los objetivos de los científicos o ingenieros del momento o de quienes los contrataron o financian sus proyectos.

La información que lleva al desarrollo de un medicamento para curar una enfermedad puede ser utilizada para curar la enfermedad en todos los humanos, o para generar ganancias económicas para una empresa que vende el medicamento a precios muy altos. La aplicación que se le dé a la información y al descubrimiento depende de los objetivos de los que tienen el conocimiento y el poder para aplicar el conocimiento.

Los científicos y quienes tienen el conocimiento técnico para aplicar los conocimientos científicos en el mundo natural, si tienen conocimientos y herramientas, que podrían ser muy útiles para lograr algunos objetivos de algunas sociedades. La información sobre el mundo natural es una herramienta que puede ser utilizada de muchas maneras y para muchos fines. El empleo del método científico es una herramienta, no un fin en sí mismo. Los científicos pueden ayudar a cumplir los objetivos de la sociedad y pueden brindar información que ayude a la sociedad a determinar sus objetivos, proyectos y planes de acción para lograr estos objetivos, pero no tienen una mayor facultad que otros individuos para desarrollar juicios de valor que determinen los objetivos o el carácter de lo justo y lo moral de una sociedad.

¿Piensas que los científicos deberían de decidir las razones por las que perteneces a una sociedad, lo que la sociedad te va a dar, lo que la sociedad te va a prohibir, etc.? o ¿Piensas que el método y conocimiento científico deberían de ser herramientas para alcanzar los objetivos de la sociedad?

____

____

____

____

____

____

____

Tecnocracia de Abogados

Otro tipo de tecnocracia propuesta es el gobierno de los abogados. El argumento a favor es que ellos son los que mejor conocen la ley y que han dedicado su vida al estudio de la justicia. Esto podría funcionar si el concepto de justicia sería uno estático y si las leyes no requiriesen actualizaciones, modificaciones o ser cambiadas o eliminadas por completo. Los abogados sólo están capacitados para tratar con la ley ya establecida y a interpretar dicha ley bajo su percepción moral, sus intereses personales y los de sus clientes. Pero como la justicia, la moral y los objetivos de los seres humanos, son conceptos que evolucionan con el tiempo los abogados no están más capacitados que cualquier otro ciudadano para comprender su evolución. Las cualificaciones de los abogados los hacen expertos en las leyes presentes y pasadas, sin embargo, eso no quiere decir que sean los mejores para determinar nuevas leyes o que tengan el derecho de elegir por el resto de la ciudadanía los objetivos de la sociedad, las leyes, las libertades, las responsabilidades y obligaciones de los ciudadanos y las circunstancias en las que se van a desarrollar y en las que van a vivir todos los individuos.

¿Piensas que los abogados son las personas que deberían de decidir qué es justo y qué no es justo? ¿Qué libertades y que obligaciones vas a tener? ¿En qué circunstancias vas a vivir? o ¿Qué beneficios te va a dar la sociedad?

____

____

____

____

____

____

____

Tecnocracia en general

El argumento en contra de la tecnocracia no es que no existan ciertas personas más capacitadas que otras para realizar ciertas acciones o tomar ciertas decisiones. Sino que estas personas no tienen el derecho de decidir y determinar los objetivos de una sociedad, lo permitido y lo prohibido, las oportunidades y las circunstancias donde se van a desarrollar y van a vivir todos los seres humanos. En este caso, la crítica no es la de determinar quién está más o menos capacitado para lograr un objetivo de la sociedad, sino quién tiene derecho para determinar el objetivo de la sociedad. Pues, si los integrantes de una sociedad no pueden determinar los objetivos de su sociedad, no son libres.

¿Piensas que alguien más debería decidir qué es lo que la sociedad te va a dar a ti, las circunstancias que la sociedad va a generar, los beneficios que te va a dar, lo que te va a exigir y las libertades que te va a restringir?

CAPÍTULO 6

Meritocracia

El gobierno de los méritos.

Existen muchos tipos de meritocracias en el mundo, pero la idea base es la misma para todas. Una meritocracia es un sistema en el cual un individuo puede subir en la jerarquía social cuando logra cierto mérito. La justificación siendo que si una persona logró ciertos méritos que otros no lograron, entonces esta persona tiene más capacidades o es más dedicada, por lo tanto debe de ser recompensada y tiene las capacidades para sostener uno u otro tipo de poder sobre los que no lograron los méritos.

Si logras algo, tienes una recompensa. Si logras algo, es que tienes más cualidades que los demás y por lo tanto deberías de estar arriba, y sostener poder sobre ellos.

En un inicio la meritocracia era una idea que iba en contra de la aristocracia y se planteó como una idea bastante progresista. Pues en lugar de establecer que el poder, el dinero y el gobierno sería heredado de padres a hijos, establecía que una persona debería de ser recompensada por sus propios méritos.

En una meritocracia el objetivo de los integrantes de la sociedad suele ser subir de nivel en la jerarquía por medio de sus méritos; y gracias a sus méritos justifican el poder que tienen sobre los otros miembros de la sociedad; pues ellos se lo merecen.

En una meritocracia los que tienen poder lo justifican con la siguiente argumentación:
"Yo estoy aquí gracias a mis logros, tú no has subido de nivel porque no te has esforzado suficiente o porque no eres una persona capaz, por lo tanto yo soy mejor que tú y merezco tu obediencia."

Al enfrentarnos a la idea de la meritocracia, tenemos que hacernos un par de preguntas: ¿Quién determina qué méritos son los necesarios para subir en la jerarquía y obtener la recompensa?, ¿Quién determina los objetivos hacia los cuales están dirigidos estos méritos?

En una corporación los méritos necesarios para subir en la jerarquía son establecidos por el director de la empresa y están enfocados para lograr un solo objetivo, generar ganancias económicas para la empresa. Sin embargo, en una sociedad ¿Quién definiría los objetivos de la sociedad y los méritos necesarios para subir en la jerarquía social? ¿Cuáles serán estos objetivos y estos méritos?

Otra pregunta que hay que plantear es: ¿Todos los seres humanos en una meritocracia inician con igualdad de circunstancias y oportunidades o unos tienen alguna ventaja competitiva? En el mundo en que vivimos actualmente los seres humanos no iniciamos con igualdad de oportunidades y circunstancias. Algunas personas tienen circunstancias privilegiadas que les permiten tener acceso a buena educación, a dedicar tiempo y esfuerzo al estudio y a que su preocupación principal sea lograr los méritos para subir en la jerarquía. La realidad es que en la mayoría de los casos quienes han subido en las jerarquías sociales usualmente inician con una ventaja competitiva que les permite dedicarse al 100% al objetivo de escalar la jerarquía social; que les da más oportunidades por su educación privilegiada o por su capital social. Por las circunstancias de nacimiento, algunas personas tendrán más obstáculos y otras más oportunidades, por lo que sigue siendo un sistema que favorece a las clases sociales con más poder; pues los "méritos" que una persona de clase alta tiene que lograr para "merecer" una posición social alta o incluso para "merecer" poder, son mucho menores que los "méritos" que tiene que lograr una persona de clase baja. Una meritocracia real solo es posible cuando todas las personas inician con completa igualdad de circunstancias y tienen completa igualdad de oportunidades.

En una meritocracia usualmente se puede subir en la jerarquía social gracias a un esfuerzo sobresaliente. Usualmente esto implica dedicar más tiempo y esfuerzo que los otros miembros de la sociedad a lograr los "méritos" para escalar en la jerarquía social. Esto implica que una meritocracia se vuelve una carrera por dedicar más y más tiempo de la vida de cada ser humano a alcanzar los méritos de la meritocracia, de lo contrario, permanecerán en las jerarquías inferiores y serán gobernados por otros. Esto hace que una meritocracia sea un sistema que estimule al ser humano a abandonar sus objetivos y proyectos personales en favor de los objetivos del sistema. El ser humano que no desee ser sometido y gobernado por otros, que desee tener "valor" dentro de su sociedad, debe de abandonar todo objetivo personal y dedicarse a obtener los méritos necesarios para subir en la jerarquía social.

Si en una meritocracia se pide a todos los integrantes de la sociedad trabajar ocho horas diarias, lo más seguro es que sobresalga quien trabaje ocho horas y media, si todos comienzan a trabajar "voluntariamente" ocho horas y media, entonces quien quiera sobresalir tendrá que trabajar nueve horas, después nueve horas y media, hasta llegar a diez, doce o más horas diarias, a trabajar los fines de semana, y hacer del trabajo y del esfuerzo por subir en la jerarquía social el único objetivo socialmente aceptable y laudable para las personas.

El sistema de meritocracia recompensa a las personas cuyo único objetivo es subir en la jerarquía social. Las relaciones personales, disfrutar la vida, tener proyectos propios diferentes a los que pide la meritocracia, tener objetivos que no sean los de la meritocracia, va en contra de dedicar más y más tiempo, esfuerzo y talento a los objetivos y méritos de la meritocracia.

La meritocracia recompensa a los que inician con una ventaja competitiva y a los que hacen de subir la jerarquía su único objetivo u el objetivo más grande de su vida. Las personas que no dedican toda su vida a obtener los méritos necesarios para obtener poder, son gobernados, y los objetivos de su sociedad, las leyes, las circunstancias y todo en la sociedad será decidido por las personas que rechazan todo en la vida salvo subir en la jerarquía social.

En una meritocracia, la empatía y la solidaridad suelen ser rechazadas en favor del interés personal y usar a las personas como un medio para lograr el mérito necesario para subir de nivel.

En el mundo en que vivimos actualmente hay una meritocracia cuyo objetivo son las ganancias económicas. Quien tiene más poder económico puede influenciar o determinar las circunstancias de todos los integrantes de la sociedad. Los que tienen mayor poder económico son aquellos que lo han heredado, aquellos que tuvieron oportunidad de estudiar y prepararse más en mejores universidades, aquellos que tienen contactos que les dan oportunidades, aquellos que son mejores explotando el trabajo de otros y los recursos naturales, y aquellos que dedican todo en su vida a la generación de riqueza, que rechazan todo, o casi todo, en su vida personal para obtener riqueza económica. En la meritocracia se valora y da más poder a la persona que rechaza todo con tal de generar más dinero. Se considera más inteligente, sabia y digna de poder a la persona que no pone atención a su familia, amigos y vida personal por dedicarse a la generación de dinero.

Por otro lado una meritocracia no necesariamente tiene como objetivo la vida, la salud, el desarrollo y la libertad de los seres humanos. Depende del objetivo y los méritos establecidos si la meritocracia será o no una que proteja la vida de los seres humanos. La meritocracia tiende a justificar la desigualdad y las carencias de las clases bajas, al asegurar que es culpa de quien no ha subido en la jerarquía que se encuentre abajo en ella y por lo tanto tiene carencias. Esta idea justifica perpetuar y agrandar la desigualdad social de generación en generación, pues se culpa a quien no está arriba en la jerarquía de ser inferior y no esforzarse suficiente, y, por lo tanto, de tener menos y de que sus hijos tengan menos oportunidades y posibilidades. Todo, desde el tipo de alimento disponible para cada sector y clase de una sociedad suele estar definido por su posición dentro de la meritocracia. Quien tiene una buena posición dentro de la meritocracia, tiene acceso a buena alimentación, quien no lo tiene, puede sufrir carencias o sólo tener acceso a alimentación carente de nutrientes. La única forma en que en una meritocracia se asegure la alimentación nutritiva de todos los integrantes de la sociedad es si la alimentación es uno de los objetivos expresos de la sociedad. Pero en la meritocracia del capitalismo actual el objetivo de la sociedad es generar riqueza personal, no asegurar la alimentación nutritiva de todos los integrantes de la sociedad. Por lo que cuando se genere una gran cantidad de riqueza para algunos, no necesariamente asegura la alimentación nutritiva para todos.

En la meritocracia los objetivos de la sociedad son impuestos por los que ocupan los altos puestos en la jerarquía social; y todos los integrantes de la sociedad se ven obligados a trabajar por esos objetivos de lo contrario son alienados de la sociedad, son gobernados completamente por los "merecedores" y tal vez pierden económicamente, pierden su posición social, su seguridad alimentaria, de hogar y física. Esto quiere decir que no hay libertad ni para que los integrantes de la sociedad elijan los objetivos de la sociedad en general, ni para que elijan sus propios objetivos y proyectos de vida. Los objetivos de la sociedad son elegidos por los "merecedores" y el individuo los adopta o sufre las consecuencias.

La meritocracia puede ser una de las formas de organización social más efectiva para lograr sus objetivos. Pues todos en la estructura son incentivados, o condicionados a sacrificar sus proyectos personales que no sean los de la meritocracia y a dedicar todo el tiempo posible a obtener los méritos necesarios para subir en la jerarquía social.

¿Piensas que porque una persona dedica más tiempo que tú a generar más dinero o a subir en la jerarquía social tiene el derecho a elegir los objetivos de tu sociedad y los objetivos de tu vida? ¿Piensas que porque una persona obtuvo más facilidades y oportunidades al inicio de su vida que le dieron una ventaja competitiva debería de tener poder sobre ti? De acuerdo a tu criterio ¿Una persona es "mejor" por dedicar más tiempo al trabajo, a generar dinero y menos tiempo a su vida social, familiar, personal, intelectual o artística? ¿Quieres ser gobernado por los que rechazan todo en su vida menos subir en la jerarquía de la meritocracia? ¿Realmente consideramos que es sabio, bueno y justo dar más poder a las personas que dedican toda su vida a lograr los méritos del sistema y rechaza sus otros objetivos en la vida? ¿Crees que quien dedicó toda su vida a subir en la jerarquía social debería de tomar las decisiones que te afectan en tu vida y en tus circunstancias?

¿Sigues teniendo dudas sobre el gobierno de pocos sobre muchos? ¿Sigues creyendo conveniente que pocos decidan los objetivos de todos? ¿Es conveniente que pocos decidan qué pueden hacer y qué no pueden hacer todos? ¿Conviene que pocos determinen o influyan las circunstancias que tanto afectan quién eres, tu vida, la vida de todos los seres humanos y todos los seres vivos del planeta? ¿Conviene que pocos sostengan todo el poder de una sociedad? Si tu respuesta es afirmativa, por favor, escribe tu justificación y envíamela por correo para que pueda responder directamente a tus argumentos, tal vez ambos podemos aprender de este debate.

Escríbeme a objetivocracia@gmail.com o visita la página: www.wejustcoop.org

CAPÍTULO 7

Democracia

El gobierno del pueblo

Regresamos al tema con el que iniciamos, la democracia. Antes de continuar recordemos por qué la democracia representativa por elección no es un sistema que nos conviene mantener.

Un sistema de democracia representativa por elección no es un sistema verdaderamente democrático, concentra todo el poder en muy pocas manos, polariza y divide a la sociedad, es ineficiente y muy fácil de corromper, pues:

1. El representante no representa a todos los ciudadanos, por lo que puede ignorar, trabajar en contra de los intereses, y oprimir a los que no votaron por él.
2. Los candidatos y partidos no tienen que representar ni siquiera a su electorado, sólo tienen que pedirle que voten por ellos para protegerse de la oposición.
3. Los candidatos y partidos suelen polarizar a la sociedad destruyendo el tejido social al satanizar y condenar a la oposición y a los que votan por la oposición.
4. Los representantes no representan en todo a sus representados. Un representante puede representar a su electorado en un solo tema y actuar en contra de sus intereses en muchos otros temas.
5. Los representantes suelen balancear sus propios intereses con los de sus partidos, los grupos que les permiten estar en poder y los de su electorado.

6. Los representantes son seres humanos limitados y una equivocación de ellos afectará a toda la sociedad a la que gobiernan.

7. Los ciudadanos se ven forzados a elegir entre las opciones que los partidos les presentan. Por lo que no todos los ciudadanos "valen" lo mismo, ni tienen el mismo poder dentro en un sistema de democracia representativa por elección.

8. El sistema de la democracia representativa por elección es uno altamente ineficiente pues cada gobierno electo puede eliminar los avances logrados por la administración pasada.

9. El sistema de la democracia representativa por elección es uno altamente ineficiente porque estimula a los gobernantes y representantes a trabajar por resultados a corto plazo y a actuar buscando ganar popularidad entre su electorado y no para lograr los mejores resultados.

10. La separación de poderes puede hacer que el representante de una localidad no pueda trabajar por los intereses y objetivos de sus representados.

11. Una vez que se elige un gobierno, algunos, o todos los ciudadanos pierden su poder y su derecho a participar. Para que existan representantes, los representados tienen que estar ausentes. Es un sistema en que los representantes tienen todo el poder y gobiernan y los representados no tienen poder y son gobernados.

12. Democracia es gobierno por el pueblo, no gobierno por los políticos elegidos por algunos del pueblo.

Algunos críticos de la democracia afirman que la democracia ha fallado, cuando en realidad lo que ha fallado es el sistema de democracia representativa por elección, que en sí mismo no es un sistema democrático, y además es un sistema al que le podemos encontrar un sinnúmero de problemas aún en teoría. No es que el sistema ha fallado porque ha sido democrático, es porque el sistema nunca ha sido democrático que ha fallado. Los problemas generados por la falta de democracia en una "democracia representativa por elecciones" no se soluciona regresando a sistemas menos democráticos, donde se agranda el poder de pocos sobre muchos, donde se facilita y justifica la explotación y la opresión; la solución a los problemas a los que nos enfrentamos están en la democracia, no en sistemas más autoritarios.

Los sistemas democráticos son los únicos que aspiran a proteger al ser humano de la opresión y a potencializar las libertades, posibilidades y oportunidades de todos los miembros de la sociedad por igual. Sólo un sistema democrático protege a los que tienen menos poder de los que tienen más poder. Esto no quiere decir que todos los sistemas democráticos lo logren, pero sólo un sistema democrático tiene la aspiración de proteger a todos sus integrantes de la opresión y a potenciar las libertades, posibilidades y oportunidades de todos los integrantes de la sociedad.

Sólo un sistema democrático da la oportunidades a todos los miembros de la sociedad para que decidan, influyan o determinen las circunstancias en las que viven, se desarrollan y a las que se enfrentan. Esto no quiere decir que todos los sistemas democráticos lo permitan o logren por igual, pero que sólo por medio de una democracia se puede lograr que cada ser humano que pertenece a una sociedad influya en las circunstancias en las que vive.

Sólo un sistema democrático permite a los miembros de la sociedad decidir a qué libertades van a renunciar, qué poder van a restringir, cuáles son las responsabilidades y deberes de cada quien y qué tienen que hacer para pertenecer a la sociedad. Sólo una democracia le permite a los miembros de la sociedad participar en la toma de decisiones que determina cuales son los beneficios que la sociedad dará a sus integrantes, cuáles serán los objetivos y los proyectos por los que se esforzará la sociedad y cómo impactarán las acciones de la sociedad en el medio ambiente y en las circunstancias en las que se desarrolla y vive cada miembro de la sociedad.

Sólo un sistema democrático permite que los ciudadanos elijan o decidan los objetivos de su sociedad. Sólo un sistema democrático permite la posibilidad de que la sociedad, la nación, el Estado, sea un proyecto en conjunto y común para todos los ciudadanos. Sólo por medio de la democracia es que la sociedad se convierte en un proyecto en común para todos los ciudadanos y propio para cada uno de ellos como individuos.

¿Has decidido ser un ser humano libre que vive y se desarrolla en una sociedad libre y que influye o determina las circunstancias en las que se desarrolla? ¿Piensas que es posible vivir en una verdadera democracia? ¿Que tú puedes participar en el proceso de toma de decisiones que te afectan y te involucran? ¿Quieres ser parte de una sociedad libre donde puedas colaborar con otros seres humanos libres para generar las circunstancias, oportunidades y posibilidades que todos quieren tener? ¿No quieres que otros tengan poder para oprimirte o tú tener poder para oprimir a otros?

____

____

____

____

____

____

____

____

____

____

Las verdaderas democracias

Si has decidido ser libre, si has decidido que quieres tomar control de tu vida, ser parte del proceso de toma de decisiones, decidir e influir el mundo en el que vives y en el que te desarrollas, si has decidido no oprimir a otros, si has decidido que quieres ser una persona libre entre personas libres, ahora sigue encontrar un sistema de organización social que te lo permita. Sabemos que este sistema tiene que ser democrático, pero ¿Cómo sería esta democracia? ¿Cómo funcionaría? ¿Cómo estaría organizada esta sociedad que sí sea democrática?

Ya existen algunas propuestas de sistemas democráticos que no tienen los problemas de la democracia representativa por elección, algunos presentan otros problemas, algunos pueden no ser eficientes, pero hay que considerarlos todos, hay que considerar incluso la combinación de sistemas, algo de este sistema, algo más de aquél. Vamos a analizar distintos sistemas democráticos que ya existen y posteriormente voy a proponer un nuevo sistema de organización social democrático que pienso que es más eficiente, más democrático y más participativo que los demás. Pero esto no se trata de tener una sola respuesta, de imponer un sistema sobre los demás... eso no sería muy democrático ¿o sí?

El objetivo en este momento es usar nuestra capacidad de abstracción, nuestro razonamiento, nuestra creatividad, nuestros conocimientos y experiencias para pensar sobre la mejor forma en la que nos podemos organizar en sociedades libres. No tiene que existir un solo sistema, puede haber varios. A una comunidad le puede funcionar un sistema, a otra otro. Un pueblo de menos de 10,000 habitantes puede decidir que hay un tipo de democracia que funciona para ellos. Una ciudad de 15 o 20 millones puede necesitar un sistema diferente, un país, pueden optar por otro sistema.

Es importante considerar cómo se van a relacionar todas estas sociedades entre sí, pero no es necesario que todas se organicen de la misma forma. El objetivo no es homogeneizar, es permitir la libertad, es aumentar las posibilidades de todos los seres humanos por medio de la creación de sociedades libres, de seres humanos libres que cooperan entre sí para lograr sus objetivos en común; no la restricción, no el sometimiento, no la homogeneización y la eliminación de las diferencias, sino la celebración de las diferencias, la defensa de la individualidad de cada ser humano, de cada sociedad, y la colaboración libre entre seres humanos y sociedades distintas para lograr generar más oportunidades, posibilidades y libertades para todos.

"Queremos un mundo donde quepan muchos mundos" EZLN 5

Ahora analizaremos otras propuestas de sistemas democráticos. Evalúalos, piensa cuál te convence a ti, si piensas que sería la forma en que te gustaría que esté organizada tu sociedad. Toma la bandera de este sistema, organízate, habla con personas, discute el sistema, y busca la manera en que puedes cambiar el sistema actual a ese sistema que te convence.

Democracia Directa

La democracia directa es un sistema bajo el cual cada miembro de la sociedad elige y vota él mismo sobre todos los asuntos públicos. En este sistema no existen representantes, cada ciudadano elige y vota y tiene el derecho de proponer acciones y leyes. Cada ciudadanos vota, no por un representante, sino por cada ley, y por cada asunto que va a afectar a la sociedad completa y tiene la capacidad de proponer leyes o correcciones a leyes.

Esta forma de democracia resuelve casi todos los problemas de la democracia representativa. Al no tener representantes, la democracia directa no tiene el problema de que sus representantes dividan a la población con retórica inflamatoria; que los representantes abusen de su puesto para ganar más poder político, militar o económico; que los representantes se representan a sí mismos, a su partido y a los grupos que los mantienen en el poder y no a todos los ciudadanos; que se genere una oligarquía de la clase política; y que los representantes de un sector de la población excluyan por completo los intereses y opriman al sector de la población que no votó por ellos. La democracia directa quita al intermediario entre la decisión y el ciudadano. La democracia directa es un sistema en el cual los ciudadanos realmente tienen control de su sociedad; en que los ciudadanos deciden e influyen las circunstancias donde viven, se desarrollan y a las que se enfrentan.

Dentro de las democracias directas existen dos tipos de sistemas que vale la pena separar.

Democracia directa por mayoría simple

La democracia directa por mayoría simple es el sistema por medio del cual una mayoría de votos es suficiente para que se apruebe una ley sobre la cual van a ser regidos todos los miembros de la sociedad.

En contra de la democracia directa por mayoría simple se puede argumentar que se genera una dictadura de facto de la mayoría sobre la minoría. Esto es, los miembros de la sociedad que pierden la votación tienen que aceptar las leyes impuestas y que ellos no aprueban. Esto quiere decir que, aunque todos votaron, algunos miembros de la sociedad serán gobernados por las decisiones de otros miembros de la sociedad.

En una democracia directa por mayoría simple, si la sociedad es de 10 millones de personas, y 6 de ellas deciden una ley, los otros 4 millones tendrán que aceptar lo decidido por estas 6 millones de personas. Si estas 4 millones de personas consideran que es opresivo o contrario a sus intereses la decisión de estos 6 millones de personas, la sociedad podrá polarizarse y dividirse, pues no existe un punto medio o un consenso entre todos los integrantes de la sociedad.

En una democracia directa por mayoría simple, no es el conjunto de todos los ciudadanos que llegan a un acuerdo, sino es la victoria de un grupo de ciudadanos sobre otros la que impone la ley, los objetivos y las circunstancias en las que se van a desarrollar todos. Al igual que en la democracia representativa por elección, en este sistema también existen ganadores y perdedores, por lo que la sociedad también tenderá a polarizarse. Este es un sistema en que las mayorías gobiernan sobre las minorías. Esto podría parecer ser una consecuencia natural de un sistema de votaciones o algo natural de una democracia, pero no lo es. Existen sistemas democráticos en los que la mayoría no puede imponer su voluntad sobre la minoría.

Por otro lado, las naciones que actualmente tenemos son de cientos de miles, millones o cientos de millones de personas, lo más seguro es que en una sociedad grande que se rige por democracia directa por mayoría, las decisiones tomadas en conjunto afectan de manera desproporcionada a la población; por lo que algunos, si no es que muchos miembros, de la sociedad estarán votando por cuestiones que no les afectarán de manera visible, directa o a corto plazo. Al no percibir de forma directa o inmediatamente los impactos de las decisiones, se eliminan muchos de los incentivos para que todos los ciudadanos estén correctamente informados de todos los temas a votar y sus consecuencias; para que se tomen el tiempo para deliberar, debatir y considerar distintas opciones y posturas.

Como todos los ciudadanos votan por todo, todo el tiempo, ningún ciudadano es verdaderamente responsable y a nadie se le pueden pedir rendir cuentas de una decisión incorrectamente tomada o de los resultados negativos de una decisión. Cuando todos los ciudadanos deciden en una situación y las consecuencias no son las deseadas, no hay quién se haga responsable por la decisión tomada. Por lo que los ciudadanos podrían tomar algunas decisiones sin la información, el análisis y la deliberación correcta, pues no tienen la responsabilidad de los resultados, sobre todo si ellos mismos o las mayorías no sufren los resultados negativos de sus decisiones inmediatamente.

En una democracia directa se espera que todos los ciudadanos voten por absolutamente todas las cuestiones públicas. Sin embargo, es de esperar que aunque los ciudadanos hagan el esfuerzo por informarse, no puedan ser expertos en todas las cuestiones y que voten sin conocimiento de causa la gran mayoría del tiempo.

Por otro lado, si los integrantes de la sociedad no tienen un objetivo claro y en común, sus decisiones serán erráticas y no habrá una medida objetiva para juzgar las decisiones y los resultados de las decisiones de los ciudadanos. Hoy tomarán una decisión que lleve a la sociedad hacia un rumbo y mañana otra decisión que los lleve hacia otro rumbo y no hay medidas claras para poder medir los resultados de las desiciones.

Además, la sociedad no es efectiva, pues los miembros de la sociedad tendrían que estar involucrados en absolutamente todos los asuntos públicos. Esto requiere una gran cantidad de tiempo por parte de los ciudadanos sólo para conocer las propuestas y votar, no se diga el tiempo necesario para que cada ciudadano logre informarse y deliberar sobre cada tema a legislar. Es un tipo de sistema en el que no está establecido un objetivo de la sociedad, por lo que las desiciones y las acciones de la sociedad tenderán a ser reaccionarias, enfocadas en solucionar los problemas a los que se enfrentan los ciudadanos, quienes, al tener tantas decisiones frente a sí, al no tener una responsabilidad real de los resultados, al tener un impacto individual realmente pequeño, y al tener otras preocupaciones en su vida, difícilmente podrán disponer del tiempo para informarse y deliberar sobre todos los temas a considerar.

Sin embargo, vale la pena recalcar que este es un sistema verdaderamente verdaderamente democrático en el que el poder esta distribuido equitativamente entre todos los ciudadanos; el problema en este sistema no es la distribución de poder, como lo es en todos los otros sistemas que hemos considerado hasta el momento, sino en la eficiencia del sistema y en los incentivos que genera. Este es un sistema en el que el poder esta distribuido de forma equitativa entre todos los miembros de la sociedad, pero se pueden generar dictaduras de las mayorías sobre las minorías, además los ciudadanos son incentivados a tomar decisiones sin conocimiento de causa, sin investigar y deliberar, son abrumados por una gran cantidad de decisiones que tienen que estar tomando constantemente y las decisiones tenderán a ser reaccionarias y no constructivas.

¿Piensas que la democracia directa por mayoría simple es mejor que la democracia representativa por elecciones? ¿Piensas que la democracia directa por mayoría simple es mejor que los sistemas de gobierno en los que unos pocos gobiernan a muchos? ¿Puedes pensar en ejemplos y razones por las que te gusta o no te gusta la democracia directa por mayoría simple?

Democracia directa por consenso

Una democracia directa por consenso es un sistema en que se busca generar un consenso entre todos los integrantes de la sociedad. En este caso, no es una mayoría la que es necesaria para tomar una decisión, sino que, aunque la mayoría desee una cosa, si una minoría no está convencida, entonces la mayoría no puede imponer su decisión y tiene que llegar a un acuerdo con la minoría; un acuerdo satisfactorio para absolutamente todos los miembros de la sociedad. Estos acuerdos usualmente requieren un proceso de deliberación y debates en los que se exponen distintos puntos de vista y se negocia entre todos los miembros de la sociedad para llegar a un consenso.

La democracia directa por consenso resuelve muchos de los problemas de la democracia representativa por elección y el problema de la dictadura de las masas presentado por la democracia directa por mayoría simple. Sin embargo no se puede esperar que en absolutamente todos los casos se llegue a un consenso o a un acuerdo y en este caso, las minorías siempre tendrían un peso mucho más grande que las mayorías, pues si ellos no aprueban una resolución o ley, está no entra en efecto. Esto quiere decir que las minorías en realidad tiene más poder, pues pueden bloquear las propuestas de la mayoría. La minoría no podrá pasar sus leyes y gobernar sobre la mayoría, pero la mayoría tampoco podrá pasar una ley sin la aprobación de la minoría. Esto es algo que protege a todos los miembros de la sociedad, pero también es algo que favorece a las minorías y favorece a la inacción. En este sistema es más fácil que no se apruebe una resolución, que no se adopte un objetivo o plan de acción a que sí se apruebe. Por lo que se favorece la permanencia del status quo.

Por ejemplo: Si se genera demasiada desigualdad económica y el 1% de la población tiene todo el poder económico, la sociedad no podrá realizar cambios a sus leyes de impuestos que desfavorecen a este 1%, si el 1% no está de acuerdo. Se tendría que llegar a un consenso entre lo que el 1% quiere y l que el 99% busca.

Habiendo hecho la crítica anterior, cabe recalcar que la democracia directa por consenso es el tipo de estructura social que hemos analizado hasta ahora que más protege a los individuos y que más fomenta la participación e interacción social, el debate y la deliberación; pues para lograr un consenso, todos los sectores de la sociedad deben de reunirse, interactuar, exponer sus puntos de vista, sus argumentos y negociar con los otros miembros de la sociedad.

Sin embargo, el problema más grande de la democracia directa por consenso es el tamaño de las sociedades en las que puede funcionar y el tipo de proyectos que se pueden desarrollar con una democracia directa por consenso funcional.

En la actualidad se puede generar la tecnología para que todos los miembros de la sociedad puedan votar todo el tiempo por absolutamente todos los temas que afectan a la sociedad; sin embargo, si la sociedad es muy grande, de cien mil, un millón, 100 millones de personas, etc. difícilmente se logrará un consenso entre todos los miembros de la sociedad, por lo que en la práctica sería imposible implementar un sistema de consenso para sociedades muy grandes, sólo se podría aplicar un sistema de mayoría. La deliberación necesaria, el debate, las concesiones y consideraciones necesarias para que cada miembro de la sociedad llegue a un consenso son efectivamente imposibles de realizar para sociedades grandes en las que existen múltiples opiniones en ocasiones irreconciliables entre sí. Justo este problema de la democracia directa por consenso es uno que la democracia directa por mayoría no tiene.

Para que una democracia directa por consenso pueda funcionar, que se puedan organizar negociaciones en las que participen todos los miembros de la sociedad, y en las que todos los miembros de la sociedad unidos puedan llegar a un acuerdo, la sociedad debe de ser pequeña. La democracia directa por consenso puede funcionar de forma perfecta en pequeñas sociedades, sobre todo si la mayoría de las personas en dichas sociedades tienen similitudes en educación y objetivos. Sin embargo una sociedad pequeña regida por democracia directa difícilmente tendrá la capacidad de generar proyectos y objetivos en común de grandes dimensiones. En un mundo completamente conectado como en el que vivimos actualmente, es necesario contar con un sistema de organización social que pueda organizar pequeñas y grandes sociedades, que pueda emprender proyectos de pequeña y gran escala y que pueda enfrentarse a los problemas y situaciones que afectan a millones de personas, a cientos de millones e inclusive a todo el planeta.

Para que funcione la democracia directa por consenso, se tendría que dividir a la sociedad actual en pequeñas unidades en las cuales los miembros se puedan reunir, debatir, deliberar, negociar y llegar a un consenso en común. Pero si se dividen las sociedades actuales, los estados actuales, en unidades tan pequeñas que la democracia directa por consenso sea posible, se estará generando un sistema en el que difícilmente las sociedades pequeñas podrán formar sociedades entre sí para resolver problemas de gran escala o para emprender proyectos de gran escala. Pues si una pequeña comunidad llega a un consenso y se desea relacionar con otra comunidad ¿De qué forma podrán llegar a un consenso entre ambas comunidades o entre 5, 10 u otras 1000 comunidades? Si entre ellas existe una democracia directa por consenso, eso implica que absolutamente todos los miembros de cada sociedad se unan para deliberar, debatir, negociar y llegar a un consenso, proceso que será prácticamente imposible cuando están involucradas cientos de miles, millones, o billones de personas. Si cada pequeña sociedad envía un delegado a negociar con las otras sociedades, entonces se estaría generando un sistema representativo con todos los problemas que eso conlleva.

Tal vez en este punto te estás preguntando ¿Por qué es necesario que se generen sociedades entre las sociedades? ¿No sería mejor que la humanidad se limitara a organizarse en pequeñas sociedades?

1. Los problemas a los que nos enfrentamos son de escala monumental y global.
2. La restricción de la colaboración entre comunidades limita las libertades y oportunidades de todos los seres humanos.

Algunos de los problemas a los que nos enfrentamos los humanos no son exclusivos de una pequeña sociedad y no se van a resolver limitando la cooperación entre sociedades y entre personas. Problemas como pandemias, enfermedades que afectan a todos los humanos como el cáncer y el sida, sequías en una región que generan hambrunas, la pobreza extrema, la crisis climática, etc. no se van a resolver aislando a los seres humanos en pequeñas comunidades.

Si se desea cerrar por completo a cada sociedad del mundo exterior, para que no tenga que relacionarse con las otras sociedades, para no enfrentarse al problema de la forma en que se relacionarán cada sociedad entre sí, entonces no sólo será imposible la colaboración para enfrentar problemas de gran escala sino que será imposible la colaboración para emprender proyectos de gran escala que logren generar más oportunidades, posibilidades, bienestar y libertades para todos los seres humanos.

Por otro lado, uno de los propósitos de la democracia es la libertad del ser humano y si se le exige que no se relacione con otras comunidades, se están limitando sus libertades y oportunidades. La sociedad en sí, al pedir o exigir que no se relacione la sociedad con otras sociedades estará limitando las oportunidades, posibilidades y libertades de todos sus miembros; la libertad u oportunidad de interactuar y relacionarse con otros seres humanos, de aprender de ellos, de cooperar, competir y de emprender proyectos en conjunto. Aislar a cada comunidad y pedir que no se relacionen entre sí, sería limitar todas las posibilidades, oportunidades y libertades que el ser humano logra adquirir cuando trabaja en conjunto y se relaciona entre sí en pequeña y gran escala. Es trabajando en conjunto y relacionándonos entre todos los seres humanos que logramos aumentar nuestras posibilidades y oportunidades, que logramos aumentar nuestras libertades por medio del conocimiento compartido, por medio de la cooperación, por medio del comercio, por medio de la tecnología desarrollada por unos y disfrutada por todos, por medio de proyectos en conjunto que amplían nuestras oportunidades y posibilidades.

La única forma en que las democracias directas por consenso podrían funcionar, sería cuando el sistema sólo organizara a pequeñas comunidades y estas no se relacionaran entre sí. Pero hacer eso sería limitar las libertades, oportunidades y posibilidades del ser humano. Si la sociedad busca respetar y potenciar las libertades del ser humano y lo intenta hacer por medio de un sistema que limita sus posibilidades y oportunidades, entonces la acción va en contra del objetivo buscado. Para que el ser humano logre ampliar sus posibilidades requiere la libertad para relacionarse con otros seres humanos, entre más seres humanos relacionándose entre sí, compartiendo conocimiento, tecnología, recursos, esfuerzos y experiencias, más se enriquecen las sociedades y más posibilidades, oportunidades y libertades se generan.

Conclusiones sobre la democracia directa

La democracia directa por consenso es un sistema que limita la opresión, pero es un sistema que favorece la inacción y sólo funciona en sociedades muy pequeñas. Es un sistema en el que una minoría puede bloquear las acciones y el progreso de la mayoría y por medio del cual no se pueden organizar sociedades de grandes cantidades de personas.

La democracia directa por mayoría es un sistema que funciona en sociedades grandes pero que puede generar la opresión de las minorías por las mayorías, en el que siempre habrá ganadores y perdedores y por lo tanto una tendencia a la polarización y en la que la toma de decisiones tenderá a ser no informada y sin un proceso previo de deliberación.

Además ambos sistemas exigen muchísimo tiempo y esfuerzo de parte de los miembros de cada sociedad, incluso si éstos no se especializan en cada tema o no se interesan en todos los temas sobre los cuales tienen que votar.

¿Piensas que la democracia directa por consenso es mejor que la democracia representativa por elección o que la democracia directa por mayoría simple? ¿Puedes pensar en una defensa a favor de la democracia directa por consenso? ¿Puedes pensar en más críticas? ¿Qué partes te gustan de estos sistemas? ¿De qué tamaño crees que tendría que ser una sociedad para que funcione la democracia directa por consenso?

____
____
____
____
____
____
____

Democracia por sorteo

La democracia por sorteo es el tipo de democracia organizada e institucionalizada más antigua que conocemos. Este tipo de democracia era el sistema que se utilizaba en Atenas durante su época de oro. Así es, en Atenas no se votaba por representantes, los representantes eran seleccionados por sorteo. [6] De hecho era un sistema combinado, en que funcionarios públicos electos por sorteo organizaban y moderaban las agendas de las asambleas de ciudadanos, donde podían participar todos los ciudadanos quienes exponían problemas, proponían soluciones y votaban por medio de la democracia directa por mayoría simple; las decisiones tomadas por las asambleas eran ejecutadas por los funcionarios públicos elegidos por sorteo. Salvo los generales, todos los puestos públicos eran seleccionados por medio del sorteo y la mayoría de las decisiones se rectificaban o vetaban por medio de la democracia directa por mayoría simple en las asambleas de ciudadanos.

De hecho, desde la antigüedad, los pensadores y filósofos entendían la distinción entre el sorteo y las elecciones como la distinción entre la democracia y la oligarquía:

"Es considerado democrático que los puestos públicos en una democracia sean asignados por sorteo, y oligárquico que sean asignados por elecciones." Aristóteles [7]

"El sufragio por sorteo es de la naturaleza de la democracia, mientras el sufragio por elección es de la naturaleza de la aristocracia" Montesquieu [8]

La democracia por sorteo es un sistema en el cual existen funcionarios públicos que actúan en representación de los ciudadanos pero, a diferencia de la democracia representativa por elección, son elegidos aleatoriamente entre los ciudadanos. En este sistema no existen partidos políticos, políticos profesionales, ni votos por representantes; se busca que todos los ciudadanos estén capacitados para cumplir las funciones públicas, pues cualquier miembro de la sociedad puede ser seleccionado por sorteo para servir como representante de los demás.

Existen distintas formas en que se puede aplicar el principio de la democracia por sorteo. Se pueden armar asambleas donde se deliberan los asuntos públicos y donde llegan a resoluciones por consenso o mayoría simple; se pueden armar asambleas para cada área del gobierno, o para asuntos especiales. Existen distintas formas en que se puede desarrollar un sistema que utilice la democracia por sorteo, pero los principios básicos son:

1. Existen asambleas o comités que dedican todo su tiempo y talento a aprender, deliberar, debatir, proponer y decidir sobre los asuntos que afectan la vida de todos los ciudadanos.

2. Existen asambleas o comités que se dedican a ejecutar o poner en marcha las acciones y leyes decididas y aprobadas.

3. No existe una sola persona que es cabeza del gobierno, todas las decisiones y acciones son tomadas por comités o asambleas, de

esta forma se distribuye el poder y se reduce el riesgo de la corrupción y del abuso del poder.

4. Los miembros de estos comités y estas asambleas son seleccionados por sorteo entre los ciudadanos. No hay votaciones, no hay políticos, no hay partidos políticos. Todos son seleccionados por azar entre todos los ciudadanos.

5. Los puestos públicos tienen poca duración y se le exige a los funcionarios rendición de cuentas.

Usualmente las propuestas de estos tipos de sistemas detectan las distintas demografías de la sociedad y por sorteo eligen una cantidad proporcional de representantes de cada demografía. Por ejemplo, si hay 50% de mujeres y 50% de hombres en una sociedad se elige por sorteo para que existan 50% de mujeres en las asambleas. Si existe en la sociedad 60% cristianos, 30% musulmanes y 10% ateos, entonces se busca que estén representados proporcionalmente.

Las ventajas de este tipo de democracia son:

1. Elimina el proceso electoral y las campañas políticas en las que se suele polarizar a la población. Eliminando algunos de los problemas de los sistemas de representación por elección; y la posibilidad de que un representante elegido por los votos de los ciudadanos se convierta en dictador. El sistema de la democracia representativa por elección tiende a generar dictadores.

2. Elimina o reduce las posibilidades de que grupos de poder controlen a los candidatos y a los representantes, pues los grupos de poder no tienen forma de saber de antemano qué candidato será elegido por el azar. Esto quiere decir que se elimina o reduce la posibilidad de que existan oligarquías o aristocracias de la clase política.

3. Permite que existan representantes de la ciudadanía que dan todo su tiempo a los asuntos públicos y que son responsables de los resultados de todas las decisiones que toman. Eliminando algunos problemas de la democracia directa.

4. Aunque no todos los ciudadanos sean expertos en todos los temas, como los representantes dedican todo su tiempo a los asuntos públicos y son responsable de las acciones públicas, entonces estas personas están estimuladas a informarse, deliberar y participar en debates donde se exponen distintos puntos de vista, se dan argumentos y se negocia para llegar a un consenso o a una mayoría. Estos ciudadanos no son expertos en todo, pero tienen el tiempo y los incentivos para consultar a los expertos en cada tema sobre el cual tengan que tomar decisiones.

5. Permite que se formen sociedades grandes de cientos de miles, millones y cientos de millones de personas, y por lo tanto permite que la sociedad emprenda proyectos de gran escala.

Este sistema es sin duda un sistema democrático y sin duda corrige las deficiencias de la democracia directa. Sin embargo, no es un sistema perfecto.

La objeción más común a este tipo de sistema es que los representantes que han sido elegidos por sorteo, son personas que no necesariamente son competentes para tomar decisiones sobre todos los aspectos de la vida pública de una sociedad. Es imposible que todas las personas que son seleccionadas por sorteo para ser parte de las asambleas tengan los niveles de conocimiento y la capacidad crítica y analítica para tomar decisiones de absolutamente todas las áreas involucradas en una sociedad. Sin embargo, este caso también se da en la elección de representantes, los políticos no son expertos en todos los temas sobre los cuales tienen que deliberar, y la solución en este caso sería la de dar a los miembros de las asambleas equipos de expertos que los asesoren y permitirles un periodo de inmersión en el sistema y en los temas sobre los cuales van a deliberar. Tal cual se hace en los gobiernos actuales cuando se cambia a un político de ministerio o se abre un comité específico dentro de la cámara de legisladores. Actualmente, todos los políticos contratan equipos que los asesoran, lo mismo sucede con los miembros de las asambleas elegidas por sorteo. De hecho, los integrantes de una asamblea elegida por sorteo tendrán más tiempo para informarse y deliberar que los que son elegidos por votos; pues en una democracia representativa por elecciones, gran parte del tiempo de los representantes es destinado a trabajar en su imagen para ganar popularidad y ser reelegidos y a trabajar por sus intereses personales, los intereses de los partidos políticos y de los grupos de poder. Los representantes elegidos por sorteo no tendrán que dedicar tiempo a esas negociaciones partidistas ni a buscar recursos ni atención pública para lograr obtener una reelección u otro cargo político. Por lo tanto, los representantes elegidos por sorteo, tendrán, más tiempo que los elegidos por votaciones para dedicar su tiempo y esfuerzo al trabajo legislativo y gubernamental, sin las presiones de partidos y de grupos de poder.

Por otro lado hay propuestas de sistemas de democracia por sorteo que proponen varios cuerpos legislativos con distintos poderes que se regulan y se revisan entre sí, para evitar que una legislación propuesta por uno o un grupo de legisladores incompetentes u opresivos sea aprobada. El problema de la incompetencia de algunos es resuelto con la participación de muchos en distintos cuerpos de gobierno con distintos poderes que se regulan entre sí.

Por ejemplo: una cámara de legisladores elegidos por sorteo determina los temas sobre los cuales trabajará la siguiente cámara de legisladores quienes proponen una ley, otra cámara evalúa la ley propuesta y presenta sus conclusiones a un jurado compuesto por ciudadanos elegidos por sorteo, quienes deciden si esta ley pasa o no pasa.

Por otro lado, este mismo problema se tiene con los representantes electos. La incompetencia no la quita el haber sido elegido, la incompetencia para legislar no la quita el ser hijo de una gran familia, la incompetencia para legislar no la quita ser un abogado, un gran empresario, un actor o comediante famoso. La principal razón por la que existe incompetencia para legislar en una sociedad democrática es la falta de comprensión, consideración y empatía de unos por otros, del abogado al campesino, del empresario al trabajador, del comediante a la ama de casa, etc. Esta comprensión de la situación que viven otras personas, consideración por ellas y empatía hacia su causa, se ve resuelta cuando el cuerpo legislativo literalmente es compuesto por ciudadanos de todos los estratos socioeconómicos elegidos por el azar.

Otras objeciones al sistema son:

1. En la mayoría de las propuestas de democracia por sorteo, se separa a la ciudadanía por demografías y dentro estas demografías se selecciona a un representante por sorteo. Las demografías suelen ser raciales, económicas, de género o religiosas. Una demografía es una clasificación de características que pueden no tener nada que ver con las posturas en asuntos políticos y públicos que puede tener una persona. En este caso, la selección por demografía es una simplificación de grandes cantidades de personas a una sola categorización.

Por ejemplo: Un latino puede o no ser cristiano, puede ser budista, puede ser ateo, puede ser marxista, capitalista o socialista, puede estar a favor del aborto o en contra. La característica que lo pone dentro de una categoría demográfica no determina sus posturas personales, puede predecir unas, mas no todas.

Por otro lado, si no se separa por demografías a la población, se corre el riesgo de que por azar se elijan más personas de un tipo que de otro; generando un desbalance de intereses en los cuerpos legislativos y ejecutivos del gobierno. Si no se separa a la población por demografías especificas y simplistas, se corre el riesgo que por sorteo se elijan a muchas más personas de una sola demografía y por lo tanto que sus intereses estén más representados que los del resto de la sociedad.

2. En sociedades grandes, de cientos de miles de personas o de millones, la mayoría de los ciudadanos nunca será seleccionada para participar en estos procesos; por lo que la mayoría de ellos nunca estará participando, nunca estará deliberando, nunca estará eligiendo; por lo que sus circunstancias serán decididas por otros ciudadanos elegidos por sorteo, no por ellos mismos.

Por seguir siendo un sistema representativo, la democracia por sorteo no es un sistema participativo. Al no participar directamente en las decisiones o indirectamente por medio de un representante de su elección, la mayoría de los ciudadanos no tendrán ningún tipo de participación en el proceso de toma de decisiones. Al no elegir, los ciudadanos no participan y pueden pensar, percibir o sentir que las leyes son algo impuestas sobre ellos por personas que no conocen y que tienen más que ver con el azar que con algo que ellos quieren. Esto puede generar la percepción de que los objetivos, términos y condiciones de su contrato social, al igual que las circunstancias en las que viven, son determinadas por azar y la suerte y no por acuerdo libre entre ellos y el resto de los ciudadanos. Para los que no han sido elegidos por el azar para participar, puede haber una sensación de que son fuerzas externas a ellos las que los determinan y no ellos mismos. Este sigue siendo un sistema de representación en el que seguramente no se representará a todos; y que, al ser por azar, las conclusiones de los representantes pueden no parecer legítimas para quienes no se sientan representados en los cuerpos legislativos obtenidos por azar.

3. Los ciudadanos trabajando en los cuerpos legislativos tendrán un proceso interno, deliberativo, de debate y crecimiento personal, que los llevará a obtener ciertas conclusiones, que el ciudadano que no está involucrado y que no vive el mismo proceso puede no entender. Esta falta de entendimiento de las conclusiones a las que han llegado estos ciudadanos electos por azar, puede llevar a generar desconfianza en el proceso legislativo. Sobre todo si los resultados de una ley no son muy populares.

4. Al ser un sistema representativo por azar, los ciudadanos no elegidos no tendrán la más mínima participación en la elección de los objetivos, términos y condiciones de su sociedad. En poblaciones grandes, es de esperar que la gran mayoría de los ciudadanos nunca sean elegidos por sorteo para ser representantes, o sean elegidos máximo una vez. El sistema no permitirá que todos los ciudadanos se desarrollen en el ámbito público, no serán gobernados por una aristocracia, un oligarca o un dictador, pero tampoco formarán parte directa del proceso democrático; vivirán en un sistema democrático, pero lo más probable es que no participen en el proceso democrático. Por lo que el sistema por sorteo elimina los problemas de la democracia directa pero regresa un problema de la democracia representativa por elecciones: el hecho de que la mayoría de los miembros de una sociedad no sean participantes activos del

sistema democrático, en la toma de decisiones que los afectan a ellos.

¿Qué opinas de la democracia por sorteo? ¿Piensas que podría ser un sistema bajo el cual puedas vivir? ¿Qué estarías más de acuerdo con las decisiones tomadas por las asambleas de ciudadanos que las decisiones tomadas por políticos? ¿Piensas que podrías confiar más en los ciudadanos que en los políticos? ¿Qué te gusta y qué no te gusta de este sistema?

____
____
____
____
____
____
____
____
____
____
____
____
____
____
____
____
____
____

Combinación de sistemas democráticos

Muchas de las objeciones y problemas de la democracia por sorteo o la democracia directa, se pueden solucionar con una combinación de los sistemas. Como ya dijimos anteriormente, la primer democracia, la de Atenas en el siglo quinto antes de Cristo, era una combinación de la democracia por sorteo con la democracia directa por mayoría simple. Ciudadanos elegidos por sorteo organizaban los temas sobre los cuales se discutiría en las asambleas de ciudadanos donde asistían alrededor de 6 u 8 mil ciudadanos y cualquiera podía debatir y dar sus razones para legislar de una u otra forma y todos votaban a mano alzada. Las decisiones de la asamblea eran ejecutadas por un comité de ciudadanos elegidos por sorteo. Cada año se elegía un comité nuevo y cada miembro del comité era el responsable de la administración del comité por un mes. Este proceso aseguraba que todos los ciudadanos tenían la oportunidad de participar en el proceso legislativo donde se discutían las leyes y las acciones de toda la ciudad; se aseguraba que los que ejecutaban las leyes no tuviesen demasiado poder, no fuesen miembros de una oligarquía y no pudiesen ser corrompidos. Lamentablemente, en el sistema ateniense se siguen presentando algunos de los problemas de la democracia directa, pues se genera una dictadura de la mayoría sobre la minoría, y en sociedades de cientos de miles de integrantes sería imposible generar asambleas donde participen absolutamente todos los ciudadanos. Por lo tanto el sistema ateniense difícilmente sería aplicable a en las sociedades modernas.

Sin embargo, los tres sistemas democráticos se pueden combinar de distintas maneras, lo ideal es que se combinen para solucionar los problemas que un sistema que aplica un solo tipo de democracia tiene.

Por ejemplo, Se puede formar una sociedad donde se elige por sorteo a asambleas legislativas de ciudadanos que deliberan y proponen leyes que presentan al público y todos los ciudadanos votan para aprobar o no aprobar estas leyes. De esta forma, por sorteo se generan cámaras legislativas donde ciudadanos se informan, debaten, deliberan y negocian sobre los asuntos públicos, y cuando llegan a una conclusión, la proponen a los ciudadanos quienes, por medio del uso de la democracia directa aprueban o no la propuesta de la asamblea.

Esto sería una combinación entre la democracia por sorteo y la democracia directa por mayoría. Por sorteo se elige a los legisladores y por mayoría entre toda la población se aprueba o veta una ley.

Las ventajas de este sistema son que:

1. Las personas seleccionadas por sorteo no son políticos profesionales, no son parte de un grupo de poder, no hacen campañas y no reciben dinero de partidos, grupos o empresarios.

2. Las personas seleccionadas por sorteo dedican su tiempo completo a los asuntos públicos por lo que tienen el tiempo suficiente para estudiar los temas a considerar.

3. Las personas seleccionadas por sorteo al tener responsabilidad de los resultados, son incentivados a estar convencidos de sus decisiones, por lo que el debate, la presentación de ideas y argumentos opuestos, la deliberación, los acuerdos y los consensos son necesarios. Esto ayudaría a generar propuestas informadas, que no están alineadas o influidas por intereses partidarios o que favorecen a grupos de poder y que puedan ser aceptadas por la mayoría de la población.

4. Al someter la resolución a votación pública, se asegura que todos los ciudadanos participen en el proceso democrático y por lo tanto que las leyes tengan legitimidad. Que las leyes no sean algo elegido por otros, sino por el propio ciudadano.

La combinación de estos sistemas podría generar un sistema que tenga legitimidad, que sea realmente democrático, que proteja a los ciudadanos de la opresión y que sea eficiente. Vale mucho la pena estudiar y pensar cómo sería la mejor forma de combinar estos sistemas y aplicarlos.

Hasta este momento, la combinación de los sistemas democráticos resuelve los problemas de la democracia representativa, los problemas de la democracia directa por mayorías, y algunos de los problemas de la democracia por sorteo.

Podríamos terminar el libro en este momento y comenzar a hacernos activistas a favor de la combinación de estos sistemas democráticos. Sin embargo, pienso que aún podemos lograr diseñar un mejor sistema, pues aún hay un par de aspectos que pienso que no son cien por ciento convincentes de los sistemas resultantes de la combinación de la democracia por sorteo y la democracia directa por mayoría. A continuación desarrollaré mis argumentos y tú decidirás si estás de acuerdo conmigo o con la combinación de estos sistemas.

Objeciones

Algunos ciudadanos participarán intensamente en el proceso democrático, estableciendo los objetivos de la sociedad, lo permitido, lo prohibido, lo estimulado, lo desestimulando, las libertades, los derechos, las obligaciones y las restricciones de todos los otros ciudadanos. Algunos ciudadanos estarán más involucrados que otros en la construcción del mundo y de las circunstancias en las que todos van a vivir. Todos podrán votar para aceptar o no las resoluciones a las que llegan los representantes elegidos por sorteo, pero su participación es mínima; su única participación es aceptar o rechazar. Esto es mejor que no participar, pero es poca participación. Pienso que puede haber un sistema en el que todos tengan la oportunidad de participar mucho más, no sólo aceptando o rechazando lo que la asambleas de ciudadanos les proponen.

Por otro lado, al pedirle a todos los ciudadanos que voten si quieren o no pasar una resolución, este sistema sigue teniendo los problemas de la democracia directa. Sigue requiriendo una cantidad monumental de tiempo de parte de los ciudadanos para poder decidir de forma informada y deliberada, tiempo que no todos los ciudadanos disponen, e incluso si disponen de él, pueden sentir que su voto en realidad cuenta poco a un lado de los miles o millones de votos; o incluso pueden sentir o pensar que ellos podrían proponer algo mejor; y que reducir su involucramiento a aprobar o no, es algo más limitante que estimulante.

Además, aunque es un sistema en que los ciudadanos votan directamente para aprobar o no la resolución que proponen los comités seleccionados por sorteo, no es un sistema que incentive la participación. Es un sistema que estimula la pasividad, en el que la mayoría de los ciudadanos nunca participaran de forma intensiva para elegir las circunstancias en las que van a vivir, sólo aprueban o no.

La combinación de los sistemas es uno más defensivo que constructivo. Es un sistema que protege y defiende al individuo. Que protege al individuo de aquellos que tienen poder y lo usarían para oprimirlo. Que protege al individuo de las oligarquías, o los tiranos; pero no es un sistema que construya, que invite a sus ciudadanos, no a defenderse del mundo, no a aprobar y desaprobar, sino a construir y a colaborar; a participar activamente en la construcción de un mundo en conjunto con los otros ciudadanos.

Este es un sistema donde pocos proponen y todos deciden si aceptan o no, pero no es un sistema donde todos tienen la oportunidad de construir una sociedad propia; donde la sociedad no sea algo aceptado o negado sino algo en lo que se participa y se construye en conjunto. Este no es un sistema que estimula la participación. No es un sistema que estimula a que todos los integrantes de la sociedad se unan para construir las circunstancias propias y comunes para todos los miembros de la sociedad. Es un sistema democrático, pero no muy participativo.

Este es el mejor sistema que hemos analizado hasta el momento. Es un sistema que vale mucho la pena considerar. Puede ser el mejor sistema que encontremos, o el mejor sistema al cual podamos evolucionar a corto o mediano plazo. Piénsalo y analízalo. Yo personalmente pienso que este es un gran sistema, pero que podemos desarrollar uno mejor. ¿Tú que piensas? ¿Qué ventajas piensas que tiene un sistema donde por sorteo se selecciona a los miembros de asambleas legislativas y donde todos los ciudadanos voten directamente para aprobar o rechazar todas las propuestas presentadas por estas asambleas?

____

____

____

____

____

____

____

____

____

____

———————————————————
———————————————————
———————————————————
———————————————————
———————————————————
———————————————————
———————————————————
———————————————————

Aunque te convenzan los sistemas anteriores te pido que sigas leyendo, pues de aquí en adelante sólo se pone mejor. Si ya estás convencido por la democracia directa o por sorteo o por la combinación de sistemas, te recomiendo buscar en internet partidos y asociaciones que buscan implementar democracia directa o democracia por sorteo en algunos países, tal vez te puedas sumar a un esfuerzo que ya está en marcha, o tal vez puedas iniciar uno nuevo. Recuerda que lo que establezco en este libro son sólo los principios básicos de los sistemas, y que existen distintas formas de aplicarlos, por ejemplo:

1. Los Zapatistas en México tienen una combinación de democracia directa por consenso y por mayoría.

2. Los Kurdos en Rojava han desarrollado un sistema que combina la democracia directa y la representativa.

3. En algunos pueblos de Suiza se utiliza la democracia directa para votar por temas locales.

4. En la ciudad de Porto Alegre, Brasil, los ciudadanos deciden directamente en qué se va a invertir el presupuesto local.

5. Existen partidos que proponen inyectar democracia directa al sistema de democracia representativa en EUA, Canadá, Brasil, Tailandia, Israel, Japón, Holanda, Italia, Irlanda, Croacia, Finlandia, Bulgaria, Alemania, España, Portugal, Suecia, el Reino Unido, Polonia, Australia y Nueva Zelanda.

6. Desde el 2000 al 2020 se han formado 120 asambleas de ciudadanos en todo el mundo, donde los integrantes son elegidos por sorteo y presentan una recomendación a sus gobiernos. Algunas de las más notorias de estas son las asambleas de ciudadanos formadas en Ontario y Vancouver, Canadá, para proponer cambios a la ley electoral; y una convención constitucional en Irlanda.

Independientemente del sistema que te convenza, pienso que lo primero que tenemos que hacer es reconocer que la democracia representativa por elecciones no es democrática y que tenemos que buscar un nuevo sistema. En un mundo donde casi todos los seres humanos vivimos oprimidos de una u otra forma y donde el poder esta concentrado en muy pocas manos, pienso que la conversación más importante que urge tener en este momento es sobre cómo nos vamos a organizar como sociedad, para que podamos ser libres, para que podamos colaborar para ampliar nuestras oportunidades y posibilidades, y enfrentar y solucionar los problemas tan monumentales a los que nos enfrentamos como la desigualdad, la crisis climática.

Analiza la siguiente propuesta, debate, discute y luchemos juntos por ser libres y por el derecho a colaborar y construir el mundo y las circunstancias en las que vivimos.

UN NUEVO SISTEMA

CAPÍTULO 1

Analogía

La democracia es el medio y es el fin en sí mismo.

Tenemos la capacidad para desarrollar un sistema democrático que sea un medio y un fin en sí mismo. Un medio que nos permita vivir en sociedad respetándonos los unos a los otros y nos proteja de poderosos y opresores. Un fin en sí mismo, porque por medio del proceso democrático podemos participar, desarrollar nuestras capacidades humanas, aumentar nuestras libertades y posibilidades, incrementar las oportunidades para interactuar con otros miembros de la sociedad, para desarrollar interacciones personales, para competir contra ellos, para aprender de ellos, para cooperar y construir proyectos a favor de la sociedad, a favor de la democracia, a favor de los involucrados y a favor de ti mismo.

La democracia no tiene que ser algo alejado de nosotros, sino la forma en que nos relacionamos con las otras personas, con los otros miembros de la sociedad, viendo en cada uno de ellos un aliado para desarrollar el mundo y las circunstancias en las que queremos vivir, un posible aliado para emprender un proyecto en común, una persona con la cual se puede interactuar porque sabes que tienen objetivos en común, una persona con la que tal vez vas a competir y discutir, pero, por hacerlo de forma democrática, el proceso de competir y discutir te llevará a aprender y a desarrollar tus capacidades aún más. Vivir en una democracia libre, también es saber que aún los competidores, aún tus oponentes, aún los que piensan diferente a ti, están trabajando por los mismos objetivos que tú y es gracias a la unión entre ellos y tú que puedes ser libre. Es gracias a que vives en una sociedad libre que tienen oportunidades, posibilidades y libertades que no tendrías de otra forma. Es gracias a que vives en la sociedad libre que puedes emprender proyectos de gran escala, de impacto trascendente para ti y para los otros miembros de la sociedad y del planeta. La unión libre entre todos, es lo que protege tu libertad y te permite aumentarla.

Para poder experimentar la democracia, para poder hacer el proceso democrático una experiencia de vida, parte de la razón por la que formamos y pertenecemos a nuestra sociedad, tenemos que tener un sistema que nos permita participar en el proceso democrático constantemente; que el resultado del proceso democrático sea uno unificador y no divisor; que permita la individualidad, la proteja, la celebre, la necesite, pero que también genere unión y cooperación; un resultado que nos permita ser nosotros mismos como individuos y ser parte del todo de la sociedad y que el proceso de la democracia sea uno de vivir y no sólo de esperar, o un requisito necesario para no ser aplastado; el proceso de democracia sea uno de construcción del mundo y las circunstancias en las que vivimos y no sólo un mecanismo para protegernos de la opresión; y que el proceso mismo de la democracia sea una experiencia de vida, sea vivir, parte de nuestros propósitos personales, parte del mundo, parte de las circunstancias donde deseamos vivir. Que el resultado de ser parte de la sociedad siempre nos dé más posibilidades, más oportunidades, más libertades, más experiencia, más vida. Que el proceso democrático sea un medio para alcanzar nuestros objetivos y formar las sociedades y las circunstancias que deseamos tener y al mismo tiempo sea un fin en sí mismo que nos permita colaborar con otros ciudadanos y generar experiencias de vida.

De la misma manera en que una casa puede ser un medio para proteger a una familia de los elementos y un fin en sí mismo al convertirse en un hogar que permite y fomenta la interacción positiva y las experiencias felices de los miembros, la democracia puede ser un medio para proteger a la sociedad de la opresión y un fin en sí mismo, las circunstancias en las que una persona libre desea vivir y en las que tienen más oportunidades para desarrollarse.

CAPÍTULO 2

Características del Nuevo Sistema

1. El nuevo sistema debe de ser verdaderamente democrático.

Esto quiere decir que debe de ser un sistema en el que todos los integrantes de la sociedad, independientemente de su género, raza, religión o posición socioeconómica, tienen los mismos derechos, el mismo valor, las mismas oportunidades, todos tienen el mismo poder y todos están protegidos de la opresión y todos participen en el proceso de toma de decisiones que los afectan.

2. El nuevo sistema debe de permitir y fomentar que todos los individuos participen en la medida de sus posibilidades, sus capacidades y sus deseos. Pero que la falta de capacidades o de tiempo de uno no tenga consecuencias negativas para todos los miembros de la sociedad.

Uno de los problemas de la democracia directa es que requiere que todos los individuos sean expertos de todo y que dediquen una gran cantidad de tiempo y esfuerzo a estar informados y tomar decisiones, pues si no lo hacen, sus decisiones pueden ser ignorantes y tener consecuencias devastadoras para toda la sociedad.

El problema de la democracia directa lo resuelve la democracia por representantes seleccionados por sorteo. Pues, por medio de la deliberación y el debate los ciudadanos toman decisiones informadas y conscientes. El problema de este sistema es que no fomenta o permite que todos los ciudadanos participen.

El nuevo sistema debe de permitir y fomentar la participación de todos los ciudadanos hasta el punto en que deseen involucrarse, pero debe de respetar el tiempo privado y propio de cada ciudadano, y la libertad que cada ciudadano debe de tener de hacer con su tiempo lo que desea. Además, el sistema debe de proteger a los individuos de las decisiones desinformadas de otros individuos.

Esto quiere decir que todos los individuos dentro del sistema puedan participar, tengan los mismos derechos y posibilidades para participar, pero que no estén obligados a dedicar todos su tiempo a todos los asuntos públicos y que una decisión u acción no informada o incompetente de uno, no tenga repercusiones masivamente negativas para todos.

El sistema también debe de fomentar y permitir que los individuos participen en las acciones públicas, sociales y comunitarias que son de su interés o en las que son expertos y conocedores. El sistema debe de fomentar que cada ciudadano se involucre hasta dónde desea involucrarse y en los temas que desea involucrarse.

3. Permitir que la participación de un individuo nunca sea opresora para otro individuo. Fomentar a los individuos a participar y que la participación de todos genere cohesión social y unión.

Uno de los problemas de las democracias directas por mayoría o de las democracias representativas por elección, es que se generan divisiones en la sociedad y que hay ganadores y perdedores y que los perdedores pueden ser ignorados u oprimidos. Este problema lo resuelve la democracia por consenso al exigir que todos los integrantes de la sociedad lleguen a un acuerdo. El problema de este sistema es que favorece la inacción, favorece a las minorías, solo funciona en sociedades muy pequeñas y requiere muchísimo tiempo de todos los involucrados para negociar y tomar decisiones.

El nuevo sistema debe de generar cohesión social, sin opresores y oprimidos, al mismo tiempo fomentar la acción y debe de poder funcionar en grandes sociedades. En la medida de lo posible se debe de buscar que no se generen ganadores y perdedores, dictaduras de las mayorías o de las minorías, que el proceso político no genere gobernantes y gobernados. El nuevo sistema debe de buscar que el proceso democrático no polarice a la sociedad sino que la una.

4. Permitir la individualidad y las diferencias dentro de la sociedad pero generar cohesión social y unión.

El sistema de representantes por sorteo y elecciones, une a grandes cantidades de personas bajo un solo representante, y las trata como si todas fuesen una sola cosa o como si una característica específica de los miembros de cada demografía los definiese por completo como personas.

El nuevo sistema debe de permitir que cada individuo sea sí mismo. La sociedad existe para los ciudadanos, no los ciudadanos para la sociedad. Cada ciudadano es un ser humano único, con similitudes y diferencias a todos los otros seres humanos. Cada ser humano puede ser considerado 100% individuo y al mismo tiempo participar y ser parte del grupo, de la sociedad.

El nuevo sistema social debe de permitir que los ciudadanos participen de forma individual, que no sean agrupados en grupos que los simplifican, que los representan en unas cosas y en otras no. El nuevo sistema debe de permitir que cada miembro de la sociedad vea parte de sus intereses en los intereses de la sociedad completa y al mismo tiempo, se entienda a sí mismo como un individuo.

Naturalmente si los ciudadanos son individuos y no están homogeneizados bajo un solo partido, ideología o demografía, tendrán opiniones e intereses opuestos e irreconciliables entre sí, por lo que naturalmente habrá antagonismos dentro de la sociedad. Estos antagonismos son utilizados actualmente por los políticos para dividir a la sociedad por completo, comunicando a la población que una o dos diferencias que tienen con sus contrapartes son tan fundamentales que los otros ciudadanos que apoyan a la oposición son sus enemigos en absolutamente todo. El nuevo sistema debe de permitir e incluso fomentar como parte del proceso democrático los antagonismos y las diferencias de opiniones e intereses, sin embargo debe de mantener focalizados estos antagonismos al tema en específico donde existen y no extender estos antagonismos a todos los otros temas de la vida pública de las personas. El sistema debe de permitir que los individuos divergan entre sí y sean opositores en uno o varios temas, pero al mismo tiempo debe de mostrar a los individuos que tienen otras ideas e intereses en común aún con sus adversarios en otros temas. El sistema no debe de pretender homogeneizar, sino atomizar los asuntos públicos de tal forma en que cada persona encuentre en el otro a alguien con quien tiene algunos objetivos e ideas en común y otros otros temas en los que son antagonistas. De esta forma el sistema logrará proteger y fomentar la individualidad y fomentará la cohesión social.

5. Ser un sistema que permita, fomente, remunere y celebre la participación de todos los ciudadanos.

El sistema de la democracia representativa, por sorteo o elección, excluye a la mayoría de los ciudadanos de los procesos políticos. El sistema de la democracia directa abruma a los ciudadanos con temas de los que no sabe y decisiones que le importan o afectan poco, o incluso que le afectan mucho pero no sabe cómo tomar una postura al respecto. El nuevo sistema debe de fomentar la participación de los ciudadanos y al mismo tiempo darles la oportunidad de elegir cómo participan y hasta qué punto.

En el nuevo sistema participar no solo es un derecho, sino una oportunidad, puede ser parte de los planes de vida personales, de construir el propio mundo y las propias circunstancias. El nuevo sistema debe de permitir que los ciudadanos participen en las partes de la sociedad en las que quieren participar y en las que tienen más conocimientos, y los debe de recompensar por su participación.

6. El nuevo sistema debe de proteger a los individuos y a la sociedad en sí misma de la opresión por grupos de poder.

En la democracia representativa por elecciones, los representantes suelen trabajar por los intereses personales, los interese de grupos de poder y en contra de los intereses de un sector de la población. El nuevo sistema debe de proteger a los miembros de la sociedad de los grupos de poder. El nuevo sistema debe de estar organizado de tal forma en que sea muy difícil que un grupo haga uso de su poder para tomar control de la sociedad o que pueda imponer sus desiciones u oprimir a un sector de la población. Debe de ser un sistema en el que el poder este distribuido entre todos, en el que se evite la concentración del poder en pocas manos.

7. El nuevo sistema debe de proteger a los individuos del propio sistema y de posibilidades de abuso de poder que otorga el sistema.

Ciertas estructuras sociales pueden llegar a ser opresivas, tal vez un grupo no es opresivo, pero la estructura en sí misma puede ser opresiva. El nuevo sistema tiene que proteger a los ciudadanos de que el sistema mismo tenga tanto poder que pueda ser usado en su contra; que el sistema pueda ser demasiado rígido y por lo tanto que resulte opresivo.

8. El nuevo sistema debe de buscar limitar y eliminar el poder y la opresión pero aumentar la cooperación.

El nuevo sistema debe de permitir la colaboración y union de grandes cantidades de personas para emprender proyectos sociales y personales de gran escala, mientras limita y elimina el poder y la opresión.

9. Ser un sistema difícil de corromper.

Uno de los argumentos en contra del cambio, de cualquier cambio, es que todos los sistemas pueden parecer perfectos en teoría, pero cuando se aplican se corrompen. El nuevo sistema que vamos a desarrollar debe ser muy difícil, prácticamente imposible de corromper por completo. El nuevo sistema, desde el papel, desde la teoría debe de estar protegido de posibles formas de corrupción. El nuevo sistema debe de buscar tener mecanismos para eliminar la corrupción e incluso mecanismos para que, de existir corrupción en un sector del sistema, esa corrupción no se pueda extender a todo el sistema y se mantenga focalizada.

10. Ser un sistema en el cual exista rendición de cuentas claras.

Uno de los problemas de la democracia directa por mayoría es que todos votan por todo, por lo que nadie es realmente responsable de las consecuencias de las decisiones. Uno de los problemas de la democracia por sorteo, es que no hay objetivos claros sobre los cuales se pueda medir el éxito o no de una decisión de las asambleas de ciudadanos.

El nuevo sistema debe de ser uno en que se puedan calcular los resultados de las acciones públicas y en el que se pueda exigir rendición de cuentas y juzgar los resultados de las leyes y las acciones ejecutadas por los encargados de llevar a cabo ciertas acciones por el interés público.

    ii.   Ser un sistema que pueda evolucionar y al mismo tiempo logre estabilidad.

La moral, la justicia y las leyes cambian y evolucionan con el tiempo, con las nuevas experiencias que los individuos y las sociedades experimentan, la nueva información que aprenden, los puntos de vista que desarrollan y las filosofías que surgen. Un sistema rígido que no permite la evolución de la sociedad es un sistema que termina por ser opresivo para los miembros de la sociedad; que no los deja abrir nuevos horizontes, quitarse cadenas y limitaciones autoimpuestas, o impuestas por generaciones anteriores y construir nuevos mundos, nuevas circunstancias, crear nuevas posibilidades y oportunidades y expandir las libertades de sus miembros.

Sin embargo un sistema y una sociedad que siempre está cambiando corre el riesgo de ser inconsistente e inestable. Si una sociedad es inestable, entonces difícilmente se podrán construir un futuro y emprender proyectos de gran escala y gran impacto. Los miembros de una sociedad inestable en lugar de encontrar seguridad en su sociedad, encontrarán inestabilidad e inseguridad, no podrán hacer planes a futuro pues no sabrán en qué circunstancias se encontrarán en el futuro. Una sociedad requiere suficiente consistencia y continuidad como para permitir a los individuos y a la sociedad planear a largo plazo y construir en el presente las circunstancias y el mundo en el que desean vivir en el futuro. Sin embargo, el futuro no puede ser estático, debe de poder evolucionar a nuevos futuros, de lo contrario se vuelve un lastre que cierra posibilidades.

La nueva sociedad debe de poder generar estabilidad a largo plazo y al mismo tiempo debe flexibilizarse y evolucionar de acuerdo a la evolución individual de los miembros de la sociedad.

12. Permitir el emprendimiento de proyectos de gran escala y gran impacto.

El mundo en este momento se enfrenta a problemas gigantescos como la crisis climática, pobreza extrema, pandemias y enfermedades que afligen a personas en todo el mundo. Aislarse en una pequeña comunidad no va a resolver los problemas globales, ni los problemas de la comunidad. Los seres humanos, cuando trabajamos en conjunto abrimos posibilidades y creamos proyectos que serían imposibles si estuviéramos aislados.

El nuevo sistema debe de permitir el emprendimiento de proyectos de gran escala que involucren a miles, y hasta millones de personas. Proyectos que nos permitan revertir el cambio climático, proteger especies en peligro de extinción en todo el mundo, erradicar la pobreza, la hambruna, encontrar la cura para enfermedades, disminuir la desigualdad, eliminar la opresión de comunidades marginadas, desarrollar infraestructura, nuevas tecnologías, arte, cultura, experiencias compartidas y vida. Todo esto para aumentar las posibilidades, oportunidades y libertades del ser humano, para proteger la vida del ser humano y fomentar su desarrollo personal y social.

Unidos, los seres humanos podemos más que solos. Unidos podemos ampliar nuestras libertades, oportunidades y posibilidades y enfrentar formidablemente los problemas que nos afligen.

13. Ser un sistema que pueda ser aplicado tanto en pequeñas comunidades como en grandes naciones y que permita la interacción democrática entre sociedades.

El sistema debe de poder aplicarse independientemente del tamaño de la sociedad y debe de poder funcionar si se genera una sociedad de sociedades. Osea si varias sociedades van a unirse para colaborar.

Uno de los problemas de la democracia directa por consenso es que sólo puede funcionar en comunidades pequeñas. Pues en sociedades de cientos de miles de personas sería ilógico pensar que se puede llegar a un consenso en absolutamente todos los temas. Uno de los problemas de la democracia directa por mayoría es que entre más grande la sociedad, menos impacto tiene cada individuo, y menos conocimiento tendrá cada individuo de los temas que afectan a sectores de la sociedad de los cuales no tiene conocimiento o con los cuales no se relaciona.

El nuevo sistema debe de poder funcionar en pequeña escala y a gran escala; debe de poder formar sociedades de sociedades; debe de poder funcionar para un vecindario, para un pueblo, para una ciudad, para un país, para un continente, para el mundo completo.

El sistema debe de poder relacionarse con otros sistemas o de poder escalarse sin que se pierdan las libertades individuales y sus característica democráticas, pero siendo efectivo en su relación con las otras sociedades para poder ser parte de un sistema global; cooperando con otro tipo de sistemas o este mismo sistema siendo replicado y utilizado por absolutamente todas las sociedades del mundo. Esto quiere decir que si una sociedad logra tener el nuevo sistema, se pueda organizar de forma democrática, legítima y eficiente con distintos sistemas.

Por otro lado, si todas las sociedades del mundo toman este nuevo sistema, las distintas sociedades se pueden relacionar entre sí de forma democrática, respetando y estimulando el desarrollo de cada sociedad y de cada individuo en cada sociedad. El ideal es poder desarrollar un sistema replicable a todas las sociedades humanas que les permita tener una democracia a nivel local y al mismo tiempo en que les permite participar en una democracia regional e incluso global.

¿Puedes pensar en alguna otra característica que te gustaría que tenga el nuevo sistema social?

____

____

____

____

Ahora estamos listos para proponer el nuevo sistema.

CAPÍTULO 3

Objetivocracia

El gobierno de los objetivos

Para desarrollar un contrato social, el primer paso es establecer los objetivos del contrato social, una vez establecidos los objetivos, se pueden desarrollar los términos y condiciones del contrato social. La Objetivocracia es el sistema de organización social que centra la atención de los ciudadanos en los objetivos del contrato social, que desprende los términos y condiciones de dichos objetivos y que desarrolla y juzga toda acción publica de acuerdo a los objetivos.

La Objetivocracia es el gobierno de los objetivos. Primero se establecen los objetivos de la sociedad y toda acción, ley, organización o institución pública se diseña para lograr estos objetivos. Esto quiere decir que no hay una persona (Rey, presidente, primer ministro o dictador), ni un grupo de personas (legisladores, senadores, aristócratas, o cualquier forma de oligarquía) que gobiernen a las personas; sino que es una lista de objetivos la que rige la vida pública de los miembros de la sociedad. Primero se tienen los objetivos de la sociedad y de éstos se desprende todo lo demás. Primero se deciden los objetivos de la sociedad y luego se decide cómo alcanzarlos. Las leyes, los gastos públicos, las acciones de la estructura y de las personas que organizan la sociedad, deben de estar alineadas para lograr los objetivos de la sociedad. Toda actividad pública se diseñará para alcanzar los objetivos de la sociedad y son evaluadas de acuerdo a su eficiencia para lograr estos objetivos.

El método de selección de los objetivos y la forma en que se ejecutarán las acciones para alcanzar los objetivos podrán variar entre sociedades, de la misma forma en que el concepto de la democracia varía; existe la democracia directa y la democracia por sorteo. De la misma manera hay distintas formas en que se puede aplicar el concepto de la Objetivocracia. Lo más importante de la Objetivocracia es que la estructura social está diseñada para alcanzar ciertos objetivos. De los objetivos se desprenden las leyes, los términos y condiciones del contrato social, y las acciones que la sociedad emprenderá en conjunto para lograr sus objetivos. Las circunstancias que la sociedad va a desarrollar serán las circunstancias que buscan los objetivos.

¿Qué pretende la Objetivocracia?

Lo primero que busca la Objetivocracia es establecer objetivos en común para toda la sociedad. Una lista de objetivos ordenada por prioridades que la sociedad intenta alcanzar por medio de toda acción y decisión social.

Estos objetivos se vuelven la métricas objetivas para desarrollar y juzgar toda acción pública. Toda ley, gasto o acción pública será juzgado de acuerdo a los objetivos de la sociedad. Son los objetivos los que rigen.

Esto quiere decir que las leyes o acciones en conjunto que realiza la sociedad serán evaluados y juzgados de acuerdo a los resultados y los objetivos buscados. Si existen objetivos claros, se pueden medir claramente los resultados y las consecuencias de las leyes y las acciones contra los objetivos.

¿Por qué regirnos por medio de una escala de objetivos?

Tener objetivos claros permite tener métricas claras para evaluar y medir las acciones públicas y permite que cada ciudadano tenga muy claro cuál es la razón por la que existe su sociedad y hacia dónde busca desarrollarse.

Para alcanzar los objetivos de la sociedad se pueden desarrollar proyectos sociales de gran escala y gran impacto por los cuales trabaje toda o grandes sectores de la sociedad. Los proyectos, las leyes, las acciones de la sociedad no son los objetivos de la sociedad, sino el medio para lograr los objetivos de la sociedad. Una vez que se establecen los objetivos de la sociedad, se pueden emprender acciones y proyectos grandes o pequeños para lograr estos objetivos.

Teniendo una escala de objetivos clara y visible, todos los miembros de la sociedad son conscientes de los objetivos de su sociedad; todos los miembros de la sociedad saben lo que su sociedad desea lograr y las circunstancias que desea crear.

¿Qué son los objetivos de la sociedad?

Un objetivo es un fin que se desea alcanzar. En una sociedad los objetivos son las circunstancias en las que los ciudadanos desean vivir y los beneficios, oportunidades, posibilidades y libertades que desean generar por medio del contrato social y su colaboración. En una sociedad, un objetivo es el fin que persiguen las acciones de la sociedad y que de alcanzarlo generan las circunstancias o los beneficios buscados por los miembros de la sociedad. El objetivo no es una acción especifica sino lo que desean lograr las acciones.

Por ejemplo: Un objetivo puede ser el desarrollo económico equitativo de todos los miembros de la sociedad, para lograr este objetivo se pueden desarrollar leyes muy diversas y emprender programas y proyectos muy variados; los resultados de estas acciones y leyes serán juzgados de acuerdo a que tan eficientes funcionaron para acercar a la sociedad a su objetivo; si una ley o una acción no acercó a la sociedad a su objetivo, la ley o acción es descartada y remplazada, pero el objetivo permanece.

Los objetivos de la sociedad son las circunstancias, los beneficios, las libertades, las posibilidades y las oportunidades que la sociedad busca generar para sus miembros. Los esfuerzos de la sociedad por lograr un objetivo generan las circunstancias en las que viven los miembros de la sociedad y cuándo una sociedad logra un objetivo, las circunstancias ahora involucran el objetivo logrado.

Los objetivos son las circunstancias que la sociedad aspira ser para sus ciudadanos. Estos objetivos y las acciones y leyes que pretenden lograr los objetivos generan circunstancias en las que viven todos los ciudadanos, en las que tienen ciertas oportunidades, posibilidades, libertades, derechos, deberes, restricciones a libertades y a su poder, etc.. Un objetivo puede ser generar las circunstancias en las que todos los ciudadanos tengan ciertas oportunidades; o en las que todos los ciudadanos tengan ciertos derechos; o en las que todos los ciudadanos tengan ciertas seguridades, etc.

Tipos de Objetivocracias

La forma particular en que se aplique la Objetivocracia determinará si es de carácter democrático, plural y que fomenta la libertad y el desarrollo humano o si es un sistema homogenizador y opresivo. El concepto general de la Objetivocracia es tan neutro que se puede utilizar para instituir un tipo de dictadura que imponga la preservación de ciertos valores y objetivos, o un tipo de sociedad en la que las ideas y los objetivos sean discutidos y decididos libremente por todos los integrantes de la sociedad. A continuación propongo un tipo específico de Objetivocracia: La Objetivocracia Democrática

CAPÍTULO 4

Objetivocracia Democrática

En su forma más simple, sin aplicación particular (pues incluso la Objetivocracia Democrática podrá aplicarse de distintas formas), la Objetivocracia Democrática es un sistema en el que los miembros de una sociedad, eligen democráticamente los objetivos de su sociedad. Los objetivos de los cuales se desprenden todas las acciones y leyes de la sociedad durante un período específico.

Lo primero que se tiene que entender de la Objetivocracia Democrática es que los miembros de la sociedad eligen democráticamente los objetivos por los que se van a esforzar juntos; la razón por la que desean estar unidos como sociedad. Los objetivos pueden ser las circunstancias en las que desean vivir; las oportunidades que desean generar; los beneficios que desean recibir por ser miembros de la sociedad; el mundo que desean desarrollar y construir para sí mismos y para todos los miembros de la sociedad.

Al elegir los objetivos de la sociedad los ciudadanos eligen su razón para estar en la sociedad, lo que esperan y quieren de su sociedad.

Existen muchísimas formas en que se puede organizar una Objetivocracia Democrática; muchísimas formas en que se pueden elegir estos objetivos de la sociedad; y muchísimas formas en que se puede organizar a la sociedad para buscar lograr estos objetivos. Estas aplicaciones específicas determinarán qué tan democrático, unificador o polarizante será el sistema.

¿Por qué elegir los objetivos de la sociedad?

Lo más importante de este sistema es la elección de objetivos, y tal vez en este momento te estás preguntando: ¿Por qué es tan importante elegir los objetivos de la sociedad?

Solamente si todos los miembros de la sociedad pueden elegir en conjunto las razones por las que están reunidos y colaboran, los objetivo que los unen, las circunstancias que desean generar estando unidos, los beneficios que desean obtener de su unión, las oportunidades, posibilidades y libertades que desean generar y lo que están dispuestos a dar a cambio para lograr eso, es que la sociedad puede ser libre.

Quien decide los objetivos de la sociedad y cómo alcanzarlos, está decidiendo, la razón por la que la sociedad existe, las circunstancias que la sociedad es y genera para sus integrantes, lo que pueden y no pueden hacer las personas, por lo que van a trabajar y se van a esforzar los miembros de la sociedad y las oportunidades, posibilidades y beneficios que la sociedad generará para sus miembros. Si los objetivos de la sociedad los decide un grupo de poder y lo impone sobre todos los miembros de la sociedad, entonces toda la sociedad trabaja para este grupo de poder, para sus objetivos y vive en las circunstancias que el esfuerzo por lograr los objetivos de este grupo de poder generan. Si las personas no pueden elegir la razón por la que están en la sociedad, el objetivo por el que se reúnen, colaboran, trabajan, compiten y comparten con otros seres humanos, entonces la sociedad no es libre, y el humano en esa sociedad no es libre. Si una persona no puede elegir la razón por la que está en su sociedad, la razón por la que se une con otros seres humanos, convive con ellos, colabora, compite y trabaja con ellos, entonces la persona no tiene libertad.

Para yo poder ser libre estando contigo, tengo que tener mis propias razones para estar contigo. Para yo ser libre en una sociedad que formamos juntos, tengo que poder decidir por mi propia cuenta lo que yo busco obtener de la sociedad. Reconociendo, que es necesario que tú hagas lo mismo, que tú seas libre y elijas libremente tus objetivos. Uniendo mis objetivos con tus objetivos, podemos desarrollar una sociedad que trabaje por los objetivos de ambos; y ambos seremos libres juntos y nos esforzamos por los objetivos en común.

Si el ciudadano participa en el proceso de elegir los objetivos de su sociedad, y todas las acciones de la sociedad están dirigidas para lograr estos objetivos, entonces cada acción de la sociedad acercará al ciudadano a sus objetivos. El trabajo por estos objetivos y los objetivos mismos, generan las circunstancias en las que vivirán los ciudadanos. Si los ciudadanos eligen libremente los objetivos de la sociedad y trabajan en conjunto para alcanzarlos, entonces las circunstancias y el mundo que generen con sus esfuerzos, serán los que ellos eligieron y por los que ellos se esforzaron. Al elegir los objetivos de su sociedad, y al hacer que todas las decisiones y acciones de la sociedad estén diseñadas para lograr estos objetivos, el ciudadano tiene en sus propias manos las circunstancias en las que va a vivir y desarrollarse.

No todos los individuos en una sociedad son expertos en todos los temas, no todos ellos sabrán cómo lograr un resultado, o alcanzar un objetivo, o cómo impactará una acción de la sociedad o una ley, pero todos saben, o tienen la capacidad de saber, el mundo en el que les gustaría vivir; las circunstancias en las que desean vivir, en las que les gustaría que ellos, sus hijos y los otros miembros de las sociedad se desarrollen y vivan; todos saben las oportunidades, posibilidades y libertades que les gustaría tener. Y si no lo saben, permitirle a todos la posibilidad de pensar y formar su sociedad con base en sus objetivos los empoderara a pensar y a decidir sobre sus objetivos, sus propios objetivos, y los objetivos que desean que su sociedad tenga, las circunstancias en las que les gustaría vivir, desarrollar y crear con todos los miembros de la sociedad. No todos sabrán como lograr un objetivo, pero todos tienen la capacidad para establecer un objetivo.

Desde la persona más ignorante y analfabeta hasta la que tiene más títulos académicos tiene la capacidad de saber en qué tipo de mundo le gustaría vivir. Tal vez no saben cómo llegar a él. Seguramente no saben cuál es el mundo en el que le gustaría vivir a los otros, pero saben el mundo en el que les gustaría vivir a ellos. La Objetivocracia Democrática permite a todos los miembros de la sociedad establecer los objetivos de su sociedad; el mundo, las circunstancias que su sociedad tiene como objetivo crear, el mundo en el que ellos quieren vivir.

No tienes que saber cómo lograr un objetivo para saber que quieres lograr ese objetivo. No es necesario saber cómo vas a conseguir una oportunidad para saber que quieres tener una oportunidad.

¡Vamos a formar una sociedad libre! ¡Vamos a esforzarnos juntos por lograr los objetivos de esta sociedad! ¿Tú que buscas de esta sociedad? ¿Qué te gustaría que la sociedad, esto es, tu esfuerzo en conjunto con el de todos los otros ciudadanos, logre? ¿Cuáles son las razones por las qué quieres, por las que eliges, ser parte de esta sociedad? ¿Qué oportunidades quieres que tu sociedad te de? ¿Qué beneficios? ¿Qué libertades? ¿en qué circunstancias quieres vivir? Puedes decir:

- Yo quiero seguridad física, saber que mi vida y libertad, y las de las personas que amo está asegurada, que todos los miembros de la sociedad nos vamos a proteger, que caminaremos por las calles y estaremos seguros, que no presenciaremos violencia.

- Yo quiero salud, que en la medida de lo posible, con los recursos que tenemos, busquemos curar a los enfermos con las medicinas y tratamientos que conocemos y que busquemos nuevas curas y nuevas medicinas.

- Yo quiero oportunidades económicas, la posibilidad de desarrollar negocios con los integrantes de esta sociedad.

- Yo quiero tiempo y recursos para cultura; para que en conjunto con los otros miembros de la sociedad podamos vivir, celebrar la vida, el arte, la música, la cocina y las tradiciones de nuestros antepasados.

- Yo quiero infraestructura y transporte público para que todos podamos viajar, comunicarnos, aprender, trabajar, hacer negocios y colaborar entre nosotros y con las sociedades vecinas.

- Yo quiero que todos en mi comunidad tengan comida suficiente.

- Yo quiero proteger el medio ambiente; que compartamos el planeta contaminando lo menos posible.

- Yo quiero revertir la crisis climática.

- Yo quiero más igualdad económica; que las oportunidades económicas sean para todos; que el crecimiento económico sea de todos, no solo de unos cuantos.

- Yo quiero....

La Objetivocracia Democrática da al miembro de la sociedad el derecho a decidir por qué razón va a ser parte de la sociedad; le da a cada uno de sus miembros el derecho a decidir los objetivos de su sociedad.

Tú tienes el derecho a decidir: Yo quiero estar en esta sociedad por esta razón, para lograr este objetivo, para construir y vivir en estas circunstancias, para tener estas oportunidades y posibilidades, y para tener estas seguridades.

Por otro lado, la escala de objetivos no solo es usada para guiar y determinar cada acción de la sociedad y cada ley, sino que es la métrica por medio de la cual se evalúan y juzgan objetivamente los resultados de las leyes y de las acciones de la sociedad. Si el resultado de una acción no va de acuerdo al objetivo por el cual se realizó la acción, se suspende esa acción y se busca otra. Si una ley tiene consecuencias no previstas que van en contra de uno de los objetivos, entonces se suspende esa ley y se busca hacer una nueva ley cuyos resultados se alineen a los objetivos.

Hay muchas procesos que los ciudadanos pueden utilizar para elegir de forma democrática los objetivos de la sociedad, y muchas otras formas en que la sociedad se puede organizar para trabajar por sus objetivos. En las siguientes páginas solo propondremos una forma de elección de objetivos y de organización de la sociedad para buscar estos objetivos, sin embargo, tu puedes estar de acuerdo con los principios básicos de la objetivocracia democrática y no con la aplicación particular que presentamos a continuación, te corresponde a ti decidir que te convence y gusta y que se puede mejorar o modificar.

¿Qué opinas? ¿Piensas que todas las personas tienen el derecho a decidir los objetivos de su sociedad? ¿Piensas que todas las personas tienen el derecho de decidir la razón por la que desean pertenecer a una sociedad? ¿A decidir qué es lo que desean obtener de la sociedad, a decidir en qué circunstancias les gustaría vivir y que su sociedad se esfuerce por generar, aún y cuando no tengan el conocimiento para lograr esos objetivos?, ¿piensas que es de beneficio para la sociedad tener métricas claras para juzgar toda acción pública, ley, etc.? o ¿Por qué piensas que las personas no deberían de elegir los objetivos de su sociedad y la razón por la que están dentro de la sociedad?

Elección de objetivos

¿Cómo podemos hacer para que cada individuo pueda participar en el proceso de decidir los objetivos de su sociedad?

Hay muchas respuestas para esto, y estoy seguro que tú puedes pensar en otras diferentes a la que voy a proponer. Analiza mi propuesta, piensa si la puedes mejorar o si puedes desarrollar un método mejor para elegir los objetivos de tu sociedad.

CAPÍTULO 5

Objetivocracia Democrática por Promedio

La Democracia por Promedio

La Democracia por promedio es un sistema de elección democrática en el que las decisiones de los ciudadanos son promediadas para obtener el punto medio de la sociedad. Este promedio es lo que tienen en común todos los miembros de la sociedad, o donde convergen sus puntos de vista, ideas y deseos opuestos, y por lo tanto se convierte en la decisión de la sociedad.

Todas las cuestiones sociales, políticas y económicas, o al menos todas las posibles, se formulan y presentan a la sociedad de tal forma en que las respuestas de los ciudadanos se puedan promediar. Las preguntas no se presentan de forma binaria ni de elección múltiple, sino de tal forma en que se puede obtener un promedio.

En este sistema no hay ganadores ni perdedores, no gana la mayoría, no gana la minoría, el ganador no gobierna al perdedor. En este sistema las respuestas de todos los ciudadanos son promediadas y se consigue el promedio, el punto medio, el punto de convergencia entre lo que buscan los integrantes de la sociedad.

La Objetivocracia Democratica por Promedio

Para elegir democráticamente los objetivos de la sociedad se recomienda obtener el promedio de los objetivos elegidos por todos los individuos de la sociedad. Esto quiere decir que cada individuo elige de forma individual los objetivos que quiere que su sociedad tenga y los objetivos de todos se promedian para obtener los objetivos de toda la sociedad.

Esto quiere decir que yo no te puedo imponer mis objetivos a ti, y que tú no los puedes imponer sobre mí. Que no se vota para que las personas decidan si quieren o no un objetivo y gana la mayoría. Cada persona elige los objetivos que quiere que su sociedad tenga y los objetivos de todos se promedian para obtener los objetivos de la sociedad. Este promedio es el lugar dónde convergen los objetivos individuales de todos los integrantes de la sociedad. Este promedio no necesariamente es es lo que quiere una persona de forma explicita, pero si es el punto donde los intereses individuales de uno se encuentran con los intereses individuales del otro. El promedio de los objetivos de todos los ciudadanos se convierte en la lista de objetivos de la sociedad, lo que la sociedad busca darle a sus miembros, lo que los une, por lo que tienen en común, lo que buscan en común todos los ciudadanos.

Pero ¿cómo lograr promediar los objetivos de la sociedad?

Ejemplo de sistema de promedio de objetivos

Existen muchas formas en que se puede hacer un sistema de elección de objetivos por promedio. A continuación sólo presento un ejemplo, una opción de muchas que puede haber, para elegir y promediar los objetivos de la sociedad.

Para poder promediar los objetivos de toda la sociedad, lo más sencillo es dar a cada persona 100 puntos para sus objetivos; cada ciudadano hace una lista de sus objetivos y a cada objetivo le asigna un puntaje. Entre más puntos tenga un objetivo, más importante es para la sociedad y más recursos obtendrá para lograrse. Las listas de cada ciudadano son recibidas y los puntos que tiene cada objetivo son promediados para obtener el promedio de puntos que toda la sociedad da a cada objetivo.

También se le puede dar a las personas -100 puntos. Esto es, puntos par asignar a los objetivos negativos, lo que no quieren en su sociedad, lo que desean que su sociedad combata o deje atrás. Si un objetivo está tanto en el lado positivo como en el negativo, entonces se saca la diferencia entre los dos números y el resultado es lo que la sociedad está buscando.

Por ejemplo

1. Cada ciudadano tiene 100 puntos para asignar a sus objetivos positivos y -100 para asignar a objetivos negativos.

Los objetivos positivos son los objetivos que el individuo busca que su sociedad tenga, que sean la guía de su sociedad. Las circunstancias que desea generar con su sociedad; las oportunidades, posibilidades y libertades que quiere que su sociedad genere; los beneficios que desea obtener por ser parte de la sociedad.

Los objetivos negativos son las cosas que el individuo desea que su sociedad no tenga, que desea que su sociedad combata, o que desea que su sociedad deje atrás.
Por ejemplo: La violencia de género.

2. Cada ciudadano asigna un porcentaje de estos 100 puntos a los objetivos que desee. Pueden ser tantos objetivos como el individuo quiera, sin embargo, entre más objetivos, menos porcentaje le toca a cada uno. La importancia de un objetivo depende de los puntos que tiene asignados.

Por ejemplo:
Educación gratuita: 30 puntos
Seguridad: 30 puntos
Derechos humanos: 10 puntos
Crecimiento económico: 10 puntos

Igualdad económica: 10 puntos
Protección del medio ambiente: 5 puntos
Seguro social: 5 puntos

Total : 100 puntos

3. Los ciudadanos también pueden desarrollar subcategorías. De esta forma hace que sus objetivos sean más específicos y une su objetivo a los de los otros ciudadanos. Un solo objetivo puede tener dos o más subcategorías y el puntaje de cada subcategoría se suma para generar el puntaje de la categoría completa. Esto quiere decir que el ciudadano elige objetivos específicos dentro de los objetivos más amplios.

Por ejemplo: Un ciudadano puede establecer como objetivo educación, y como sub-objetivos educación primaria gratuita y educación secundaria gratuita. A educación primaria gratuita le da veinte puntos y a secundaría gratuita diez puntos. Estos puntos van a la categoría de educación, por lo que educación tiene treinta puntos; pero dentro de la ecuación tendrán su propia categoría y se promediarán con los objetivos de todos los otros que eligieron como objetivo educación y que establecieron subcategorías.

Ejemplo persona 1:
Educación:
Educación primaria gratuita: 20
Educación secundaria gratuita: 10
Total a educación: 30

Ejemplo persona 2:
Educación:
Educación primaria gratuita: 10 puntos
Educación secundaria gratuita: 10 puntos
Educación superior: 10 puntos
Educación continua: 10 puntos
Total a educación: 40 puntos

Promedio, esto es objetivos de la sociedad:
Total educación: 35 puntos

Total educación primaria gratuita: 15 puntos
Total educación secundaria gratuita: 10 puntos
Total educación superior: 5 puntos
Total educación continua: 5 puntos

Cada ciudadano puede establecer su objetivo tan puntual o tan abierto como desee. Sin embargo, entre más abierto, es más factible que otros ciudadanos hayan elegido el mismo objetivo, y su objetivo promedie más alto.

4. Los objetivos con sus respectivos porcentajes son recibidos por el organismo electoral, y se obtiene un promedio entre todos los objetivos de todos los ciudadanos para obtener una escala de objetivos. El promedio de todos los objetivos elegidos por cada individuo establece los objetivos de la sociedad completa. Esto es, los objetivos de la sociedad son el promedio de los objetivos de los integrantes de la sociedad.

Por ejemplo:

La categoría de crecimiento económico recibió 30% de todos los puntos de la sociedad. Dentro de los que eligieron crecimiento económico la mayoría eligió subcategorías. Dentro de los que eligieron subcategorías para crecimiento económico la subcategoría de igualdad económica obtuvo 20% del total de putos de toda la sociedad y libre mercado obtuvo 10%. Esto significa que la sociedad tiene como objetivo el crecimiento económico, que este crecimiento económico tiene que dar como resultado mayor igualdad económica mientras permite y fomenta el libre mercado. Pero el libre mercado no debe de bloquear la igualdad económica ni la búsqueda por la igualdad eliminar por completo el libre mercado. Sin embargo como la sub categoría de igualdad económica tiene más puntos que libre mercado, la sociedad invertirá más recursos para buscar generar igualdad económica que lo que invertirá en libre mercado y podrá regular el libre mercado sin eliminarlo.

5. Como todos los objetivos se promedian, pueden existir algunos objetivos que unas personas establezcan como positivos y otros

como negativos, el promedio de estos objetivos es el que será el objetivo en común para toda la sociedad.

6. Además también se puede decidir que los objetivos que tengan menos de cierto porcentaje de los puntos de toda la sociedad no sean incluidos en los objetivos de la sociedad. Cada sociedad debe de establecer cuál es el porcentaje mínimo que tiene que recibir un objetivo para que sea parte del objetivo de la sociedad.

Por ejemplo, si un objetivo no recibe más del 0.1% no llega a formar parte de los objetivos de la sociedad.

Para poder determinar el porcentaje de puntos necesarios para incluir un objetivo en la escala de objetivos sociales, los ciudadanos pueden hacer uso del proceso de la democracia por promedio. Cada ciudadano elige de forma individual el porcentaje mínimo que consideran que debe de tener un objetivo para ser incluido en la escala de objetivos sociales, las decisiones de todos los ciudadanos son promediadas para obtener la decisión de la sociedad completa.

Por ejemplo:

Cuando eligen sus objetivos, los ciudadanos también tienen que contestar a la siguiente pregunta:

¿Cuál es el mínimo porcentaje de puntos que tienen que tener un objetivo para ser incluido en la escala de objetivos de toda la sociedad? _______%

Ciudadano 1 elige: 0.1%
Ciudadano 2 elige: 0.5%
Ciudadano 3 elige: 0.01%
Ciudadano 4 elige: 1%

Promedio, decisión social: 0.4%

Esto quiere decir que los objetivos elegidos por todos los ciudadanos tienen que tener al menos 0.4% de todos los puntos de la sociedad para ser considerados un objetivo social.

Beneficios del promedio de objetivos:

1. Todos los ciudadanos reconocen en los objetivos de la sociedad parte de los objetivos que eligieron.

La escala de objetivos final será el promedio entre los objetivos de todos los integrantes de la sociedad; por lo que cada individuo podrá ver y reconocer en esta lista al menos parte de los objetivos que él quiere para su sociedad y lo que tiene en común con todos los otros miembros de la sociedad. Cada individuo podrá identificar los objetivos que eligió y sabrá que en los objetivos de sus sociedad, están sus objetivos. Por lo que la sociedad se esfuerza, en parte, por lograr los objetivos que él decidió; sabrá que la sociedad trabaja por sus objetivos.

2. No hay ganadores y perdedores, no hay desbalances de poder, todos influyen de la misma manera:

Todos los individuos de una Objetivocracia Democrática tienen la misma influencia sobre los objetivos de su sociedad. No hay ciudadanos que pierden y por lo tanto son excluidos por completo del proceso de toma de decisiones. Todos los ciudadanos influyen de la misma manera en los objetivos de la sociedad; todos tienen los mismos 100 puntos positivos y 100 puntos negativos para los objetivos de su sociedad.

Todos participan, todos deciden y no hay bandos que pierden por completo o que ganan por completo. Lo que guía a la sociedad es el promedio, el punto medio, el punto donde convergen los objetivos buscado por cada individuo dentro de la sociedad.

Mientras que en una democracia representativa o en una democracia directa por mayoría simple, hay perdedores que no son tomados en cuenta, al obtener un promedio de los objetivos de la sociedad se toma en cuenta a absolutamente todos los miembros de la sociedad, sin dejar a uno solo fuera.

Cada uno de los individuos decidió lo que busca de la sociedad y la unión y promedio de todos ellos, son los objetivos de la sociedad.

3.   Fomenta la cohesión Social y evita la polarización:

En general, son más las cosas que tienen en común y unen a las personas que aquellas que las dividen. Una persona de la tercera edad, un evangélico, un boomer, un millennial, un ateo, todos tendrán objetivos distintos, pero algunos de estos objetivos van a ser en común, y la sociedad trabajará por estos objetivos en común. Todos podrán reconocer los objetivos que tienen en común y son estos objetivos en común por los que todos trabajaran en conjunto.

Al obtener un promedio de los objetivos de la sociedad, las partes de la sociedad más polarizadas y que están en los extremos se promedian entre sí, obteniendo un punto medio. Esto tendrá como resultado que los integrantes de la sociedad busquen convencer y no satanizar o condenar a sus contrincantes, pues no requieren una mayoría simple para ganar, requieren convencer a la mayor cantidad de personas sobre sus objetivos y cualquiera que esté en la oposición, restará puntos a sus objetivos. Por lo que la vía para lograr que un objetivo personal, se convierta en un objetivo de la sociedad, es convenciendo y no dividiendo y condenando.

También se genera cohesión social y sentido de unidad cuando todos los integrantes pueden reconocer lo que tienen en común entre sí, y cuando saben que ninguna de las facciones, grupos polarizados, o grupos de poder tienen control sobre ellos; sino que todos tienen el mismo valor y el mismo peso a la hora de decidir los objetivos de la sociedad.

Mientras que en una democracia representativa por elecciones las elecciones generan perdedores que no serán tomados en cuenta, y por lo tanto originan fricciones, oposición y polarización, el promedio de objetivos toma a todos en cuenta; por lo que los miembros de la sociedad no se verán a sí mismos como gobernados por otros, sino como todos esforzándose por los objetivos en común.

Cada integrante de la sociedad tendrá muy claro qué es lo que la sociedad está buscando, hacia dónde se dirige, los objetivos por los que todos los integrantes de la sociedad se unen y los que buscan conseguir.

El proceso por medio del cual cada ciudadano decide los objetivos que quiere que su sociedad tenga y los puntos que asigna a cada objetivo, previene la generación de grupos homogeneizados donde se genera una identidad grupal con base en las diferencias que los integrantes del grupo tienen con otros grupos, pues las diferencias y las similitudes de todos los ciudadanos han sido atomizadas y focalizados a temas particulares. Será prácticamente imposible que dos ciudadanos formen dos escalas de objetivos idénticas con los puntajes exactamente iguales, por otro lado, lo común será que cada ciudadano reconozca al menos algunos de sus objetivos en la escala de objetivos de toda la sociedad. Por lo que cada ciudadano reconocerá en los otros ciudadanos a personas con similitudes y con diferencias a él mismo. Este proceso ayudará a que cada ciudadano se reconozca a si mismo como un individuo distinto a todos pero como parte de un grupo que tiene objetivos en común. La polarización no se evita eliminando las diferencias entre todos los ciudadanos, sino asegurando y evidenciando que todos tienen diferencias entre sí, pero que aún con estas diferencias, todos pueden tener objetivos en común, que los unen y por los cuales colaboran.

4. Debates y elecciones sobre ideas y objetivos y no sobre el carácter, las capacidades, el historial o el carisma de los candidatos.

Cualquier debate que se genere o discusión que surja alrededor de los objetivos de la sociedad, será meramente sobre las ideas y no sobre candidatos, su carisma, si han sido corruptos o no, si son fuertes, débiles, inteligentes o no. Las discusiones sobre el rumbo de la sociedad, tienen que ver con las ideas y los objetivos hacia los que aspira la sociedad, no sobre personas que proponen o ejecutarán las ideas.

En las campañas y los sistemas de democracia representativa por elección, los representantes, su carácter, su capacidad, su carisma, su récord histórico y su capacidad y credibilidad son igual o más importantes que sus ideas, sus objetivos, sus promesas. Por lo que los electores muchas veces se ven forzados o tentados a elegir sólo por consideración a los candidatos y no por juzgar sus ideas. Esto será eliminado en el sistema de promedio de objetivos. Pues no queda un representante a la cabeza de nada, quedan objetivos, ideas, ideales, no personas. Los debates y las elecciones en el sistema representativo por elecciones suelen ser tanto un concurso de popularidad de los candidatos como un debate sobre el rumbo de la sociedad; el nuevo sistema eliminaría el concurso de popularidad y los debates y afiliaciones a personas especificas y se centraría en las ideas en los objetivos.

Claro que existen algunos temas que no son promediables y que son muy polarizantes. Más adelante expondremos un mecanismo para identificar y trabajar sobre estos temas, para que no polaricen a la sociedad.

Una vez que consideramos que todos los humanos tienen el derecho a decidir sus razones para participar en una sociedad libre y lo que desean conseguir por participar en esta sociedad. ¿Piensas que la escala de objetivos promediable sea una forma democrática de elegir los objetivos de la sociedad completa? ¿Piensas que si los objetivos de todos se promedian, podemos lograr tener objetivos en común que nos unan como sociedad?

¿Puedes hacer tu propia escala de objetivos? Usa tus cien puntos positivos y cien negativos. Piensa ¿qué objetivos te gustaría que tu sociedad tuviese? ¿Cuáles son las circunstancias en las que te gustaría vivir? ¿Qué beneficios , oportunidades, posibilidades y libertades te gustaría que tu sociedad le diese a todos los ciudadanos? ¿Por qué?

¿Por qué elección de objetivos?

Cuando un ciudadano elige los objetivos de su sociedad, el ciudadano está decidiendo la razón por la cual es miembro de la sociedad y las circunstancias, las oportunidades y las posibilidades que desea generar con el esfuerzo en conjunto de su sociedad.

Al elegir los objetivos de su sociedad, el ciudadano dice "Esto es lo que quiero de mi sociedad. Así es como quiero que mi sociedad sea. Esto es lo que quiero que mi sociedad me dé a mí. Esto es lo que quiero que yo y los otros ciudadanos nos demos unos a otros. Esta es la sociedad en la que quiero vivir."

Además tener objetivos claros genera una métrica clara para evaluar cada decisión y cada acción que se toma en la sociedad.

¿Por qué promediar los objetivos de todos los integrantes de la sociedad?

El promedio de los objetivos permitirá que siempre exista algo de todos, o casi todos en los objetivos en común de toda la sociedad. Esto dará al ciudadano la certeza de que su sociedad está trabajando para él y para sus compañeros ciudadanos, y no en contra de ellos y que la sociedad no lo va a oprimir. Podrá haber opiniones encontradas, sin embargo, la mayoría de quienes tienen opiniones encontradas en un tema, tienen opiniones similares a otros ciudadanos en otros temas.

Por ejemplo: Una joven puede no tener la misma escala de objetivos que un viejo. Pero seguramente ambos estarán de acuerdo en que se requiere: seguridad y educación.

Por otro lado el promedio de los objetivos balancea los extremos de los integrantes de una sociedad. Los objetivos de los extremos opuestos de la población se anularán unos a otros y sólo quedarán los objetivos en común. Esto es, los objetivos que rigen en cada momento serán el punto medio de los objetivos de la sociedad. La vida pública del momento, será un promedio de los objetivos de la sociedad. Dichos objetivos evolucionarán en la medida y con la velocidad en que evolucionen los puntos de vista y posturas de los miembros de la sociedad.

Cada objetivo obtiene más fuerza y presupuesto si se convence a las personas del objetivo y pierde fuerza si un sector de la población vota en contra de él. Por lo que, para lograr que un objetivo sea buscado por la sociedad, los que buscan el objetivo pierden más al condenar a la oposición y dividir a la población, pues polarizan y obtienen puntos negativos para el objetivo que buscan. Para que un objetivo de unas cuantas personas se convierta en un objetivo social, necesitan convencer a más personas, no dividirlas y separarlas. El camino a el cambio que cada individuo desea en una sociedad libre y verdaderamente democrática está en convencer a los otros ciudadanos de la validez de un objetivo, no en luchar contra ellos. El camino al cambio en una Objetivocracia Democrática por promedio está en el discurso, el debate y el convencimiento, no en el miedo, la fuerza, la opresión y el poder.

La escala de objetivos de la sociedad no será tal cual la escala de objetivos de un individuo, pero algunos de los objetivos por los que el individuo votó, serán similares a los objetivos del resto de la sociedad, y por lo tanto estarán presentes en la escala de objetivos regidores. Cada individuo podrá ver parte de sí, parte de sus intereses y objetivos en los objetivos de toda la sociedad. Todos los ciudadanos podrán ver lo que tienen en común, los objetivos que comparten con los otros ciudadanos, en los objetivos de la sociedad. El promedio de los objetivos encuentra el punto donde se unen los intereses y objetivos de todos los ciudadanos.

¿Por qué permitir que se cambien periódicamente en elecciones los objetivos de la sociedad?

Si las circunstancias cambian, pueden cambiar las necesidades y objetivos de una sociedad. Si los miembros de la sociedad aprenden y logran ciertos objetivos, pueden desear nuevos objetivos en el futuro o darse cuenta de que ciertos objetivos ya no les interesan. Por otro lado el concepto de la moral y la justicia evolucionan a través del tiempo y es natural que con esta evolución evolucionen ciertos objetivos de la sociedad.

Si solamente una generación de personas puede establecer los objetivos de la sociedad y no le permite a las nuevas generaciones agregar sus propios objetivos a la sociedad, entonces la sociedad será opresiva para las nuevas generaciones. Todos los integrantes de la sociedad deben de poder establecer los objetivos para su sociedad, la razón por la cual quieren pertenecer a la sociedad y el tipo de sociedad que será. De hecho, incluso si una persona elige los objetivos, pero con el paso del tiempo adquiere conocimientos y experiencias que lo llevan a cambiar de opinión sobre cuales deberían de ser los objetivos de la sociedad, y la sociedad no le brinda la oportunidad para elegir y cambiar sus objetivos, entonces la sociedad se vuelve una estructura opresora. La sociedad debe de permitir la elección de objetivos periódica para permitir que el rumbo de la sociedad evolucione y cambie, como cambian de opinión de los integrantes de la sociedad.

Estructura social

Una vez que se tiene la escala de objetivos para la sociedad, se tiene que decidir qué hacer con ella. ¿Cómo se lograrán estos objetivos? ¿Cómo se organizará la sociedad para trabajar por estos objetivos? Existen muchas formas en que los integrantes de una sociedad pueden unirse y organizarse para trabajar por sus objetivos en común, algunas de ellas más tradicionales y jerárquicas, y otras más innovadoras y democráticas.

Hasta este momento hemos combinado dos tipos de democracia: La Objetivocracia Democrática y la Democracia por Promedio. Estos dos procesos están diseñados para tomar decisiones y obtener los objetivos de la sociedad, pero no para alcanzar estos objetivos. Para hacer las leyes y ejecutar las acciones necesarias para lograr los objetivos de la sociedad es necesario generar una estructura que permita la acción.

Esta estructura puede ser más o menos democrática y más o menos efectiva. Por ejemplo, una vez establecidos los objetivos de la sociedad se puede generar una epistocracia o una tecnocracia para lograr los objetivos decididos por todos los ciudadanos. Este sería un sistema en el que todos los ciudadanos participan en el proceso para elegir los objetivos de su sociedad y los expertos en cada tema tienen que lograr estos objetivos. Sin embargo esta no sería una estructura social completamente democrática, no sería participativa y el poder de la sociedad se concentraría en las manos de los tecnócratas, por lo que no la recomiendo.

Recomiendo combinar la democracia por sorteo, la democracia directa y la participativa para obtener un tipo completamente nuevo de sociedad; para que la sociedad sea realmente democrática, y para que tenga todas las características que establecimos que queremos en el nuevo sistema. La forma en que nos organizamos ahora no existía antes, por lo que es natural que hoy desarrollemos una nueva forma de estructura social, con la que nos podamos organizar mañana.

Estoy seguro que tú vas a poder pensar en distintas aplicaciones y formas de organización social y que entre más pienses y discutas estas ideas, más van a mejorar las formas específicas en que se puede organizar una Objetivocracia Democrática. Analiza mi propuesta, si ves dónde mejorarla, tienes dudas, o piensas en una mejor forma de organización de una Objetivocracia Democrática, por favor, compártelas conmigo y con las personas a tu alrededor.

Recuerda que puedes estar de acuerdo con el principio básico de la Objetivocracia Democrática y el de la Democracia por Promedio y no estar de acuerdo con la siguiente estructura social que expondré. La siguiente estructura social es sólo una de tantas formas en las que se puede aplicar la Objetivocracia Democrática.

La estructura de gobierno que tenemos actualmente es una en la que representantes actúan en nombre de los ciudadanos. Estas estructuras son verticales, esto quiere decir que funcionan con una jerarquía en la que las personas que ocupan los puestos altos de la jerarquía tienen poder para dar órdenes, mandar y gobernar, y que las personas de abajo obedecen. Parte de la razón por la que queremos cambiar el sistema es para que no existan estas jerarquías que dan demasiado poder a las autoridades y gobernantes que en realidad no representan a los ciudadanos. Por esta razón, a partir de ahora eliminaremos toda la estructura por la cual se rige una república, esto es, una democracia representativa por elecciones. A partir de este momento deja de pensar en presidentes, primeros ministros, gobernantes, alcaldes y legisladores, pues no existirán en nuestra nueva sociedad.

Nueva estructura Social

Una vez elegidos los objetivos por medio del proceso democrático por promedio, la sociedad tiene que actuar para poder lograr estos objetivos. Para que en esta estructura social no se pueda concentrar el poder en pocas manos, que sea casi imposible de corromper, para que no existan dictaduras de las mayorías o minorías, para que los ciudadanos realmente tengan el poder, que tengan la responsabilidad y los estímulos para participar y para esforzarse para que la sociedad logre sus objetivos, la estructura de la nueva sociedad será una combinación de la democracia por sorteo, la democracia directa y la democracia participativa.

Esta propuesta de cómo organizar a la sociedad es completamente nueva. La parte más importante de esta estructura son los objetivos elegidos democráticamente por todos los ciudadanos. Una vez obtenidos los objetivos, los ciudadanos proponen proyectos o leyes para que la sociedad logre sus objetivos. Las propuestas de los ciudadanos son evaluadas por una Asamblea de ciudadanos seleccionados por sorteo. Esta es la Asamblea de Administradores y su trabajo principal es recaudar impuestos y administrar los recursos de la sociedad. Esta asamblea abre licitaciones para recibir de los ciudadanos propuestas de acciones y leyes para lograr los objetivos de la sociedad. Los miembros de la asamblea evalúan los proyectos de acuerdo a su eficacia y a la escala de objetivos y tienen que decidir a cuál proyecto aprobar y dar financiamiento. El proceso de la toma de decisiones de los administradores y los resultados de los proyectos de los licitantes que fueron aprobados y obtuvieron financiamiento son monitoreados, evaluados y juzgados por otra asamblea de ciudadanos elegidos por azar. Esta es la Asamblea de Auditores, su trabajo es asegurarse de que las decisiones de los administradores no van en contra de los objetivos de la sociedad, que no fueron corruptas y que sí fueron competentes; y monitorear y juzgar el desempeño, los resultados y el apego a los objetivos de los proyectos y las leyes puestas en práctica por las licitaciones aprobadas.

En esta sociedad son los ciudadanos los que proponen las leyes y las acciones para lograr los objetivos que todos tienen en común; es una Asamblea de Administradores, compuesta por ciudadanos elegidos por sorteo, la que revisa, delibera, evalúa, aprueba y decide financiar las propuestas de los ciudadanos; y es la Asamblea de Auditores, compuesta por ciudadanos elegidos por sorteo, la que evalúa la toma de decisiones de los administradores y los resultados de las leyes y acciones aprobadas, financiadas y puestas en marcha para lograr los objetivos de la sociedad.

Esta nueva sociedad combina distintos tipos de democracia:

- La Objetivocracia Democrática por Promedio para elegir los objetivos de la sociedad.

- La Democracia por Sorteo para asignar asambleas de ciudadanos que tomen decisiones a partir de los objetivos elegidos por todos los ciudadanos.

- La Democracia Directa y Participativa para involucrar a los ciudadanos en todas las acciones de la sociedad por medio de licitaciones. Todas las acciones para lograr los objetivos de la sociedad las proponen los ciudadanos por medio de licitaciones, los Administradores deciden qué propuesta de los ciudadanos es la más efectiva para lograr los objetivos de la sociedad y los auditores juzgan los resultados de estas acciones.

- La Democracia Directa y Participativa para modificar propuestas de las asambleas o para modificar propuestas de otros ciudadanos que los miembros de las asambleas aprobaron.

- La Democracia Directa para vetar una decisión de las asambleas. Si suficientes ciudadanos están en contra de una decisión de las asambleas, se bloquea su decisión. Los ciudadanos siempre pueden tener la última palabra. Los ciudadanos no necesitan votar para aprobar todo como en una democracia directa tradicional, sin embargo, si suficientes ciudadanos están en contra de una resolución de una de las asambleas o de un proyecto licitado, se pueden unir para vetarlo.

- El principio democrático de la organización horizontal. No existe gobierno que ejecuta, solo administradores que aprueban las propuestas de los ciudadanos y auditores que juzgan sus resultados. Todas las acciones las proponen y realizan los ciudadanos, y todas las acciones y decisiones las pueden vetar los ciudadanos.

Cada administración está compuesta por 5 partes:
1. La escala de objetivos
2. La asamblea y los comités de administradores
3. Los licitantes
4. La asamblea y los comités de auditores
5. Todos los ciudadanos electores

CAPÍTULO 6

La escala de objetivos

La nueva estructura social tiene como su parte central los objetivos de la sociedad elegidos libremente por los ciudadanos. Toda la estructura social está diseñada para que la sociedad elija de forma democrática sus objetivos; para que por medio de un sistema democrático se decidan las acciones y leyes que van a llevar a que la sociedad logre sus objetivos; y para que la estructura social sea justa, difícil de corromper, eficiente, estable, no permita abusos de poder, brinde oportunidades a todos los ciudadanos por igual y unifique a los miembros de la sociedad en pos de sus objetivos en común.

Existen distintos procesos por medio de los cuales se puede obtener la escala de objetivos de la sociedad. El proceso más democrático es el de la democracia por promedio. Este proceso promedia los objetivos elegidos individualmente por cada miembro de la sociedad para obtener los objetivos en común de todos los miembros de la sociedad. Estos objetivos son las circunstancias en las que los ciudadanos desean vivir y que se desean generar para sí mismos y para todos los miembros de la sociedad por medio de la colaboración y el esfuerzo en conjunto. Las circunstancias que la sociedad genera para todos sus miembros abarca temas como la seguridad física, la seguridad alimenticia, la salud, la economía, los derechos laborales, la educación, las oportunidades disponibles para todos los miembros de la sociedad, las libertades, los derechos y los deberes de todos, los servicios y la infraestructura que la sociedad brinda para sus ciudadanos, la regulación o prohibición de ciertas acciones o comportamientos, el impacto ambiental o social de actividades productivas, comerciales o de consumo, las limitaciones al poder, etcétera. Al elegir los objetivos de la sociedad los ciudadanos eligen en pos de qué objetivo se invertirán los esfuerzos en conjunto de todos los miembros de la sociedad.

Por ejemplo, algunos miembros de la sociedad pueden elegir educación gratuita, seguridad, crecimiento e igualdad económica y preservación de la cultura y tradiciones como los objetivos que quiere que su sociedad tenga.

Los objetivos pueden ser, tanto positivos como negativos. Los objetivos positivos son las circunstancias que los miembros de la sociedad tienen y desean conservar, o no tienen y desean obtener; y los negativos son las circunstancias que los ciudadanos tienen y desean dejar atrás o que no tienen pero consideran necesario que la sociedad ejecute acciones para prevenir generar esas circunstancias específicas.

A continuación propondremos una estructura social que permitirá organizar a las sociedades de forma democrática y eficiente. Una estructura social en que los ciudadanos mismos proponen los proyectos, las acciones y las leyes que llevarán a la sociedad a alcanzar sus objetivos; en la que una asamblea de ciudadanos elegidos por sorteo elige entre las propuestas presentadas por los ciudadanos y otra asamblea de ciudadanos elegidos por sorteo revisan el proceso de selección y juzgan los resultados de los proyectos y las leyes. En este sistema, no existe gobierno y el poder no está concentrado en pocas manos, pero si existe organización social y colaboración que permita que la sociedad logre sus objetivos y que se amplíen las posibilidades, oportunidades y libertades de todos los miembros de la sociedad.

CAPÍTULO 7

Asamblea y comités de Administradores

El primer cuerpo de la organización de la sociedad es la Asamblea de Administradores. Esta asamblea es la encargada de administrar los recursos de la sociedad de acuerdo a la escala de objetivos. Dentro de las asambleas se forman comités que son asignados a temas específicos. Estos comités están encargados de analizar y elegir entre las licitaciones que los ciudadanos proponen para realizar una acción para lograr los objetivos de la sociedad. Esta asamblea de administradores no propone y desarrolla propuestas propias, solamente evalúa las propuestas de los ciudadanos licitantes y su trabajo es elegir la propuesta que vaya a ser más efectiva para lograr los objetivos de la sociedad. Todas las decisiones que se toman son revisadas por la asamblea de auditores y pueden ser cuestionadas y vetadas por los ciudadanos.

Las funciones de los administradores son:

1. Recaudación de impuestos o aportaciones de particulares y de empresas a la sociedad.

Existen muchas formas en que se puede financiar a la sociedad. Corresponde a cada sociedad identificar su sistema monetario y cómo se va a financiar, qué tipo de impuestos va a exigir y a qué sectores de la sociedad. La forma de elegir los impuestos también puede ser democrática. De hecho, si los impuestos no se deciden de forma democrática, la sociedad no es libre, pues los ciudadanos están siendo obligados a dedicar parte de su tiempo y esfuerzo a generar dinero que después tienen que dar a la sociedad. Pero si los ciudadanos mismos eligen de forma democrática los objetivos de su sociedad y eligen de forma democrática lo que están dispuestos a aportar para lograr estos objetivos, entonces los impuestos son una decisión de los mismos ciudadanos y no una imposición sobre ellos. Una forma muy democrática para decidir cuántos impuestos tendrá que pagar cada persona es haciendo uso de los principios de la democracia por promedio.

Ejemplo de sistema de impuestos democrático:

Se puede generar un sistema de elección de impuestos por promedio. Esto es, un sistema en que cada integrante de la sociedad decide cuales deberían de ser los impuestas para cada nivel económico o para cada producto, y lo propuesto por los individuos se promedia para obtener el porcentaje de impuestos que la sociedad pedirá a sus ciudadanos.

La sociedad se divide en niveles económicos de acuerdo a ingresos y recursos económicos. Cada individuo de la sociedad establece un porcentaje que considera se debe de aplicar de impuesto a cada nivel económico de la sociedad. Los números que dieron los ciudadanos a cada nivel de la población son promediados para obtener el impuesto que será aplicado a cada nivel económico.

Por ejemplo: Se divide a la sociedad en diez niveles, donde uno son los más pobres y diez los más ricos, y el promedio de lo decidido por todos los integrantes de la sociedad determina sus impuestos. Si todas las personas eligieron que para el nivel de la población más pobre se aplique 0% de impuestos sobre sus salarios y ganancias, entonces los más pobres de la sociedad no pagarán impuestos. Si para el quinto nivel de la población una persona puso 15% y otra 35%, entonces el promedio, esto es, el impuesto para el 5to nivel de la población es 25%. Los impuestos para cada nivel de la población serán el promedio de lo que cada individuo dentro de la sociedad decida.

Nivel de la población	Persona 1	Persona 2	Persona 3	Persona 4	Persona 5	Promedio de impuestos
1 Más Pobres	0%	0%	0%	0%	0%	0%
2	5%	0%	10%	3%	2%	4%
3	8%	5%	15%	5%	5%	8.6%
4	10%	8%	20%	10%	10%	11.6%
5	15%	10%	25%	15%	15%	16%
6	20%	15%	30%	25%	20%	23%
7	30%	15%	35%	30%	25%	27%
8	40%	15%	40%	35%	35%	33%
9	50%	15%	45%	40%	40%	38%
10 más Ricos	60%	15%	55%	50%	50%	46%

Claro que se podría poner alguna regulación para no permitir que el impuesto genere tanta carga que se baje a los integrantes de su nivel al sector inferior. El impuesto sobre el sector 6 no puede bajarlos a tener lo mismo que los del sector 5.

Por otro lado, para que los ciudadanos puedan dimensionar las diferencias entre la riqueza de los diversos niveles económicos, es recomendable, que los números de riqueza de cada nivel de la población y cuántas personas hay en cada nivel de la población aparezcan cuando están tomando la decisión de los impuestos. Que aparezca el numero de riqueza de cada nivel económico antes de ser aplicado el porcentaje de impuestos que el ciudadano considera adecuado para ese nivel deconómico y que aparezca el numero de riqueza después de aplicado el impuesto que el ciudadano considera adecuado.

Por ejemplo:
Nivel 10, más ricos de la población: Ganancias anuales de 1,000,000,000 o más.
Porcentaje de la población en este Nivel económico 1%.
Impuesto decidido por ciudadanos: 46%
Total de riqueza del Nivel 10 de la población después de impuestos: 540,000,000 o más.

También se pueden dividir los productos o servicios que se comercializan en niveles, desde los básicos y necesarios, hasta los exclusivos y de lujo; cada integrante de la sociedad asigna un porcentaje de impuesto a cada nivel de productos. Los impuestos que cada nivel de productos tiene, es el promedio de lo elegido por todos los integrantes.

Existen muchas formas en que se pueden recaudar financiamiento para la organización, la administración y las acciones públicas. Cada sociedad debe de llegar a su propia forma de decidir democráticamente cómo se recaudará este financiamiento.

2. Inversión de los recursos de la sociedad de acuerdo a la escala de objetivos.

Cada objetivo de la escala de objetivos tiene un porcentaje de los puntos que recibió. Cada objetivo recibe el porcentaje de los fondos del erario público equivalente al porcentaje de puntos que recibió.

Por ejemplo: Si a educación se le asignó 40% y a seguridad 20%, los administradores asignan 40% de los recursos públicos a educación y 20% a seguridad.

La cantidad de puntos que los ciudadanos asignan a cada objetivo es el porcentaje de recursos que será destinado para lograr cada objetivo.

3. Licitar los fondos públicos de acuerdo a la escala de objetivos.

Los administradores no legislarán y no realizarán acciones concretas. Los administradores abrirán licitaciones y corresponderá a los ciudadanos y entidades privadas competir entre sí por conseguir los fondos del erario público para realizar acciones y proyectos o diseñar "contratos colectivos" para lograr los objetivos de la sociedad. Los administradores evalúan los proyectos que reciben a través de las licitaciones y deciden cuál aprobar y financiar.

Si educación tiene asignado el 40% de los fondos públicos. Escuelas, universidades y despachos de abogados, podrán participar en la licitación para obtener parte de estos fondos. Los administradores son los encargados de evaluar los proyectos presentados y elegir entre ellos.

Los criterios de evaluación son:

1. Su apego a los objetivos elegidos por los ciudadanos.
2. Su eficiencia: recursos = resultados
3. Su viabilidad.
4. El historial de proyectos realizados por los licitantes.

El proceso de selección y las razones para elegir uno y no otro proyecto son completamente transparentes y públicas. Durante todo el proceso, todos los proyectos licitantes están abiertos al público para que los evalúen y juzguen las decisiones de los administradores. Los administradores tienen que justificar sus decisiones contestando a las siguientes preguntas:

I. ¿Por qué la propuesta elegida por el comité administrativo se apega y promueva la escala de objetivos más que las otras propuestas de los otros licitantes?

II. ¿Cuál es el costo directo de dicha propuesta?
    I. ¿Cuánto dinero o recursos se tienen que asignar del erario público?

III. ¿Cuál es el costo indirecto de dicho contrato colectivo o proyecto?
    I.   ¿Cuáles son los costos indirectos de dicho contrato colectivo, por ejemplo el impacto ambiental, la pérdida de oportunidades, el aumento de la desigualdad, el impacto a la salud de los miembros de la sociedad, el impacto a la economía, etc.?

IV. ¿Cuáles son los resultados proyectados del contrato colectivo o proyecto?
    I.   Los beneficios se establecerán de acuerdo a distintas proyecciones de resultados tomando en cuenta distintas circunstancias.
        I.   Primera proyección: de acuerdo a tales circunstancias se espera que los resultados sean....
        II.   Segunda proyección: de acuerdo a estas otras circunstancias, se espera que los resultados sean...
        III.   Tercer proyección: de acuerdo a otras circunstancias, se espera que los resultados sean insatisfactorios y por lo tanto el proyecto ya no sea viable y se debe de cancelar.

V. ¿Cuáles son los posibles resultados secundarios negativos y positivos del contrato colectivo y qué tan probables son?
    I.   Los efectos negativos o positivos son medidos de acuerdo a la escala de objetivos.
    II.   ¿Qué acciones se tomarán para evitar o controlar estos posibles resultados negativos?
    III.   ¿Qué acciones se tomarán para corregir el contrato o proyecto si aparecen estos resultados negativos?
    IV.   ¿En qué momento o con qué resultados negativos se considera que el proyecto ya no es viable y se detiene?

VI. ¿El proyecto se ha implementado con administraciones y escala de objetivos pasadas? Si sí, ¿Con qué resultados?
    I.   Hay proyectos que pueden aplicar para diversas administraciones, pues puede que su objetivo esté presente durante muchas administraciones. Para estos proyectos también entran en consideración los resultados que tuvieron en las administraciones anteriores.

I.   Una escuela puede buscar financiamiento a través de varias administraciones y usar los resultados obtenidos durante una administración como argumento a favor para pedir fondos de la siguiente administración.

VII. ¿Qué individuos o grupo proponen y/o llevarán a cabo el contrato colectivo o el proyecto?

I.   ¿Este individuo o grupo han realizado proyectos antes? si sí, ¿cuáles han sido sus resultados?

VIII. Presupuesto desglosado de absolutamente todos los costos del proyecto o contrato colectivo.

I.   Incluidos rubros donde los costos pueden variar de acuerdo a las circunstancias.

Una vez aprobado un contrato colectivo o proyecto por los administradores, estos, lo presentan a la parte de la población que será más afectada por el proyecto o contrato colectivo, en este momento se abre un periodo en el cual los ciudadanos se pueden involucrar para modificar un proyecto o contrato colectivo a la par de los licitantes. Después de este periodo de modificación los administradores vuelven a evaluar el proyecto, su eficiencia, su viabilidad, su apego a la escala de objetivos, los resultados proyectados y, de acuerdo a su análisis, lo pueden aprobar o no. Si los administradores aprueban el proyecto, lo publican y distribuyen entre todos los ciudadanos y se espera un período en el que los ciudadanos lo pueden evaluar. Durante este período los ciudadanos pueden juntar firmas para vetar un proyecto o contrato colectivo. Si los ciudadanos no vetan el proyecto o contrato colectivo, entonces los administradores lo firman o financian en representación de todos los ciudadanos. Estos proyectos ahora son las acciones e instituciones que antes eran las acciones e instituciones del gobierno. Los ciudadanos son los que hacen todas las acciones, no la estructura de la administración. Los ciudadanos son los que se esfuerzan y trabajan por sus objetivos. Los ciudadanos están involucrados en cada proceso y pueden participar en la medida que lo deseen con sus proyectos.

Cada ciudadano puede participar en su sociedad donde desee hacerlo, pues puede licitar para desarrollar contratos colectivos y proyectos, y si sus proyectos no son aprobados puede participar modificando los proyectos aprobados o vetarlos.

4. Firmar contratos colectivos en representación de todos los ciudadanos.

Las leyes desaparecen y en su lugar quedan contratos colectivos. Estos contratos colectivos son elaborados a través de las licitaciones por ciudadanos o empresas privadas de acuerdo a la escala de objetivos.

Cada contrato colectivo debe de establecer el objetivo por el cual trabaja y las proyecciones de resultados de dicho contrato. Si después de ser aprobado y firmando, un contrato colectivo no cumple con sus proyecciones, o tiene efectos secundarios que afectan negativamente a uno de los objetivos dentro de la escala de objetivos, dicho contrato será revocado por el comité de auditores.

Los administradores evalúan todas las propuestas de contratos colectivos, y tienen presupuesto para contratar expertos en los temas que concierne a cada contrato para que los ayuden a evaluar las propuestas. También pueden hacer su propia investigación de campo, consultar y deliberar con los sectores de la población que más van a ser afectados por el contrato colectivo.

Una vez que los administradores eligieron un contrato colectivo, tienen que identificar a los sectores de la población que más serán afectados por dicho contrato colectivo y abrir con ellos un proceso en el cual el contrato colectivo puede ser modificado. La empresa que ganó la licitación y elaboró la propuesta del contrato colectivo original, trabaja en conjunto con los sectores de la población que más van a ser afectados por estos contratos y en conjunto modifican la propuesta del contrato colectivo. Los administradores tienen que evaluar el contrato resultante de acuerdo a la escala de objetivos y decidir si lo aprueban o no. Una vez aprobado por los administradores, el contrato colectivo es publicado y todos los ciudadanos tendrán un periodo de tiempo durante el cuál podrán evaluarlo y, si un porcentaje considerable de ciudadanos no están de acuerdo con el contrato colectivo, lo pueden vetar o pedir que se modifique una sección del contrato. Si los ciudadanos no vetan el contrato colectivo, los administradores lo firman en nombre de todos los ciudadanos.

Es muy importante dar poder de veto sobre los contratos colectivos a los ciudadanos, pero no pedirles que voten para aprobar los contratos colectivos. Pues si todos los ciudadanos tienen que votar todo el tiempo, entonces se tiene el problema de la democracia directa y todos los ciudadanos se verán abrumados por la cantidad de contratos colectivos que tienen que revisar. Sin embargo, si no tienen que aprobar y votar por cada contrato, pero retienen el poder del veto, los ciudadanos no se tienen que involucrar si no lo desean, pero el poder está en sus manos.

El contrato colectivo aprobado será ahora parte de los términos y condiciones del contrato social y de las circunstancias en las que se desarrollarán todos los ciudadanos. Este contrato colectivo determinará lo permitido, lo prohibido, lo estimulado y desestimulado dentro de la sociedad.

Estos contratos colectivos no serán como las leyes actuales impuestas sobre los ciudadanos, elegidas por los antepasados o por los representantes de unos, estos contratos colectivos estarán destinados a lograr los objetivos de la sociedad y serán desarrollados por grupos de ciudadanos, modificados por los ciudadanos que más son afectados y aprobados por todos los ciudadanos.

Una vez firmado el contrato colectivo, los auditores comenzarán a evaluar el impacto del contrato. Si los resultados son los proyectados en la licitación o no, y si tienen efectos secundarios no deseados.

CAPÍTULO 8

Licitantes

Son los ciudadanos o entidades privadas que aplican para obtener fondos públicos para llevar a cabo una acción, proyecto o desarrollar un contrato colectivo. Cualquier ciudadano o entidad privada que no sea parte de la administración en turno o de la pasada y que no haya sido encontrado culpable de actos de corrupción, de defraudación a la sociedad o de ciertos crímenes, puede participar como licitante.

Los proyectos de los licitantes cubren todas las áreas en las que se involucra la sociedad y que antes correspondía al estado, salvo las cortes donde los auditores juzgarán a los administradores, a los licitantes y a los ciudadanos por ruptura de contratos colectivos y privados. Todas las otras áreas en las que suelen involucrarse los gobiernos estarán a cargo de las licitaciones. Esto quiere decir que desde la escritura de contratos colectivos (antes leyes), hasta la seguridad y educación están en manos de ciudadanos o grupos que presentan sus proyectos a los administradores y son mantenidas en línea por los auditores.

Los ciudadanos por medio del la elección de objetivos deciden qué y hasta cuánto van a financiar qué objetivos y posteriormente proponen las acciones para alcanzar estos objetivos.

Corresponde a cada sociedad establecer qué tipo de compañías, empresas o grupos tienen derecho a realizar licitaciones. Para proteger a la sociedad de la desigualdad económica que genera la acumulación de demasiado poder económico en muy pocas manos, se recomiendan medidas como pedir que todas las empresas que apliquen a licitaciones sean colectivos; que los proyectos no generen dividendos; y que los sueldos de los integrantes mantengan cierta proporción entre los menos pagados y los mejores pagados.

Por ejemplo que las personas mejor pagadas de cada proyecto, no puedan ganar por hora más de 10 veces lo que gana el menos pagado de la empresa.

Corresponde a cada sociedad decidir a quienes les dará sus licitaciones y bajo que circunstancias, si serán colectivos o empresas capitalistas, si se pueden o no generar dividendos con los proyectos financiados por la sociedad, etc..

Los licitantes tienen que justificar su proyecto explicando:

I. Por cuál o cuáles objetivos de la escala de objetivos van a trabajar.
II. Las acciones, las personas involucradas y el trabajo que se va a realizar.
III. Cómo realizan dicho trabajo y acciones.
IV. Cómo no va a afectar negativamente dichas acciones a los otros objetivos de la escala.
V. Posibles efectos secundarios negativos, de acuerdo a la escala de objetivos, que de aparecer, se tendría que suspender el proyecto.
VI. Cuales son las proyecciones medibles y concretas de resultados del proyecto a corto, mediano y largo plazo. El proyecto será evaluado por los administradores con base en dichas proyecciones; y los resultados del proyecto serán juzgados por los auditores con base en estas proyecciones.
VII. Cuál es el costo del proyecto y el presupuesto desglosado de los lugares donde se emplea el erario público.

Para ser elegidos, los proyectos serán juzgados por los administradores de acuerdo al costo beneficio. Esto quiere decir que los proyectos serán evaluados de acuerdo al costo del proyecto y los resultados proyectados. Si para ganar una licitación una empresa o un ciudadano presenta proyecciones demasiado optimistas o irreales, y el proyecto no logra sus proyecciones, el proyecto será juzgado por los auditores y podrá ser revocado y dependiendo de las circunstancias y la diferencia entre las proyecciones y los resultados, el licitante podría ser sometido a un juicio por defraudación de la sociedad.

Por ejemplo: Si un licitante sólo llega al 70% de sus objetivos, la licitación es revocada. Pero si el proyecto solo llega al 50% o menos de sus objetivos, la licitación es revocada y las circunstancias de las fallas de dicho proyecto investigadas, existiendo la posibilidad de que se investigue al licitante por defraudar a los ciudadanos.

VIII. Conflictos de intereses, nepotismo y beneficios extras. Cada proyecto tiene que identificar si los licitantes o sus familiares tienen algo extra que ganar, de forma directa o indirecta, además de los objetivos del proyecto; si no se presentan estos benéficos o relaciones en las licitaciones y después se encuentra que el licitante, familiares o conocidos están siendo beneficiados de manera desproporcionada al resto de la población por el proyecto, el licitante podrá ser acusado de corrupción o defraudación de la sociedad.

    I. El licitante tiene que poner desde su proyecto si va a trabajar con familiares o amigos y la razón para hacerlo.

    II. El licitante tiene que estipular si familiares o amigos serán subcontratados o beneficiados de una forma desproporcionada al beneficio que tienen todos los ciudadanos.

    III. El hecho de que familiares o amigos sean beneficiados por un contrato o proyecto no es algo necesariamente malo, de hecho puede ser algo muy bueno, pues la familia y los conocidos pueden ser la razón que motiva al individuo a trabajar por el proyecto.

Por ejemplo: una persona puede abrir un centro para personas con discapacidades pues su hijo o un pariente tiene una discapacidad.

Existen dos tipos principales de licitaciones, los contratos colectivos y la implementación de acciones especificas y proyectos para lograr los objetivos de la sociedad.

1) Contratos Colectivos

Los contratos colectivos sustituyen a lo que actualmente denominamos leyes. Al cambiar el método por el cuál son desarrollados, esto es, los mismos ciudadanos los desarrollan y modifican para cumplir sus objetivos en común, y al cambiar el método por el cual son aplicados o hechos cumplir, deja de tener sentido el concepto de Ley y es sustituido por el concepto de "contrato Colectivo". Esto es un contrato que todos los miembros de una sociedad firman. No es algo impuesto sobre ellos, sino algo elegido y desarrollado libremente por los ciudadanos. Al elegir los objetivos de la sociedad, los ciudadanos eligen los objetivos de sus contratos colectivos, y por medio de las licitaciones, los ciudadanos mismos desarrollan los términos y las condiciones que establecen para lograr este objetivo. El contrato colectivo es un contrato que celebra cada ciudadano miembro de una sociedad con absolutamente cada uno de los otros ciudadanos miembros de la sociedad para lograr un objetivo de la sociedad.

Entidades privadas o ciudadanos pueden presentar proyectos que incluyan investigación de la situación actual y elaboración o modificación de contratos colectivos para incentivar o limitar ciertos comportamientos de la sociedad de acuerdo a la escala de objetivos.

Existen algunos contratos colectivos que afectan a toda la población y otros que sólo afectan a los ciudadanos que desean tener el derecho a realizar ciertas acciones. Lo ideal sería mantener al mínimo posible los contratos colectivos que aplican para toda la sociedad y hacer más contratos específicos, que den ciertos derechos o permisos a los ciudadanos que desean hacer cierta acción pero a cambio se comprometen a ciertos términos y condiciones con el resto de la sociedad.

Por ejemplo: En lugar de una ley de tránsito se desarrolla un contrato colectivo que tienen que firmar los que quieran tener derecho a utilizar un automóvil. Para que una persona obtenga su permiso para conducir tiene que firmar personalmente un contrato que celebra él con el resto de la sociedad. Contrato en el que él se compromete a ciertas obligaciones y reglas para poder obtener el derecho a conducir un auto por las calles que la sociedad comparte y financió. Este es un contrato que un individuo celebra con el resto de la sociedad para que el resto de la sociedad le dé el permiso, el privilegio o el derecho de realizar cierta ación que es posible gracias a que vive en sociedad y que puede afectarlos a todos.

2) Implementación de acciones específicas y proyectos

En lugar de los programas y las acciones de gobierno y del poder ejecutivo, los ciudadanos licitan para realizar acciones específicas y proyectos para alcanzar los objetivos en común de toda la sociedad. Entidades privadas o ciudadanos pueden presentar proyectos que incluyan investigación de la situación actual e implementación de acciones específicas de acuerdo a la escala de objetivos.

Por ejemplo:
I.   Construcción y mantenimiento de infraestructura: calles, puentes, carreteras etc...
II. Sistema de seguridad social.
III. Guardias de seguridad.
IV. Agencias de investigación criminal
V.   Instituciones educativas. Etc.

Esto no quiere decir que los recursos o servicios sean privados, pero sí que serán ciudadanos los encargados de administrar, distribuir, utilizar, generar o proporcionar los recursos o servicios.

Por ejemplo. Una compañía no será dueña de las calles de una ciudad, pero sí licita para construir, pavimentar o mantener en buen estado las calles de la ciudad.

Una compañía no será dueña del agua de la sociedad, pero una compañía sí puede ser la encargada de construir el sistema de drenaje, y ellos mismos u otra compañía puede ser la encargada de darle mantenimiento al sistema.

Todas las acciones y resultados de estas compañías serán juzgados por el comité de auditores y por los mismos ciudadanos que tienen poder de vetar o revocar licitaciones.

Las licitaciones permiten que los ciudadanos estén involucrados en absolutamente todos los procesos y proyectos de la sociedad. Los ciudadanos son quienes trabajan por la sociedad, por lograr los objetivos que ellos mismos elegirán. Cada ciudadano tiene la capacidad de competir para involucrarse en el tema en el que desea participar. La estructura o administración de la sociedad, retiene poco poder sobre el ciudadano. Con este tipo de organización se puede generar mucha acción social, mucha colaboración entre todos los miembros de la sociedad, mucho trabajo para lograr los objetivos de la sociedad y proyectos de gran impacto y gran escala, mientras se mantiene limitado el poder de la estructura social; el poder está distribuido de tal forma en que nadie pueda hacer uso de él para oprimir. Con este sistema, deja de existir un tipo de gobierno con una jerarquía que impone y gobierna de arriba hacia abajo, el poder está distribuido horizontalmente. Con este sistema no existe gobierno, existe organización social con la capacidad de colaborar y realizar acciones y proyectos sociales pequeños y grandes. Este nuevo sistema elimina al gobierno y aumenta la colaboración social.

CAPÍTULO 8

Auditores

Además de la asamblea de administradores, existe la asamblea de auditores cuya función es la de recopilar información, analizar y juzgar todas las acciones de los administradores y de los licitantes de acuerdo a la escala de objetivos en turno. Toda acción de los administradores y de los licitantes será monitoreada, evaluada y juzgada por lo auditores; quienes tienen el derecho a revocar licitaciones de acuerdo a los siguientes criterios:

I. Uso del fondo público para proyectos o contratos que no estén dirigidos a lograr los objetivos de la sociedad, o que sean contrarios a uno de los objetivos de la sociedad.

II. Corrupción y/o falta de transparencia.
  I. Uso de influencia y discrecionalidad no contempladas en la licitación.
  II. Ganancias desproporcionadas para el licitante, un familiar o amigo no presentadas en la licitación.
  III. Uso del fondo público para funciones no establecidas en su licitación.

III. Eficacia:
  I. Los resultados de las licitaciones, los proyectos y los contratos colectivos se evalúan mínimo una vez al año.
  II. Si los licitantes no cumplen con sus proyecciones al menos en un 70%, son revocados. (70% es un número arbitrario, cada sociedad debe de decidir, idealmente

por medio de la democracia por promedio, cuál es el mínimo de eficacia que permitirá en sus proyectos.)

III. Si los licitantes no cumplen con sus proyecciones en al menos un 50%, los auditores pueden investigar las causas de dicha discrepancia entre las proyecciones y los resultados; y de verlo adecuado, pueden someter a juicio por corrupción o defraudación de la sociedad a los licitantes. (Cada ciclo electoral, cuando los ciudadanos eligen sus objetivos, también se les pide elegir el mínimo de eficiencia que tienen que tener los proyectos antes de ser revocados y la cantidad de ineficiencia que se va a permitir antes de que automáticamente se inicie una investigación de fraude. La respuesta de todos los ciudadanos es promediada para obtener la decisión colectiva.)

IV. Si el conjunto de proyectos de una administración no cumple con al menos el 70% de eficacia, la administración es investigada con la posibilidad de quitarla de su cargo.

V. Si en la investigación se encuentran casos de corrupción, se abre un juicio en contra de los administradores o licitantes que se descubre que fueron corruptos.

IV. Efectos secundarios o no previstos de la implementación de un proyecto contrarios a los objetivos de la administración.

I. Los auditores tendrán que evaluar los proyectos de acuerdo a los efectos secundarios no previstos y de acuerdo a ellos justificar o no una revocación del proyecto o el contrato colectivo. Puede ser que un contrato colectivo o un proyecto cumplan todos sus objetivos pero que generen otros efectos secundarios que van en contra de otros objetivos de la sociedad. En este caso, los auditores deben detener o revocar la licitación.

Auditoría sobre los auditores

Para asegurar que los auditores realicen su trabajo adecuadamente y no caigan en la tentación de la corrupción o la inacción, se recomienda que al final de cada período de cada administración, se genera un tercer comité que tendrá como responsabilidad evaluar de forma oficial los resultados de ambas asambleas cuyo turno termina. Esta tercer asamblea será formada a través de selección por azar entre los miembros de las asambleas de períodos anteriores, salvo los del período inmediato anterior, o sea, los administradores actuales son monitoreados y juzgados por los auditores y los auditores en turno son juzgados por los auditores pasados.

Denuncia ciudadana

Los ciudadanos pueden presentar ante las asambleas de auditores una queja o denuncia sobre decisiones o acciones de los administradores o licitantes. La asamblea designa un comité para investigar la denuncia, el comité presenta su resolución a la asamblea, quien decide dar razón o no al ciudadano. Si los ciudadanos no están satisfechos con el juicio de los auditores presentes, deben de juntar un cierto número de ciudadanos inconformes y, una vez reunido este número, pueden apelar a una asamblea formada por auditores de asambleas pasadas. Este grupo de ciudadanos presenta su denuncia ante esta asamblea compuesta por auditores de pasadas administraciones, quienes evalúan la denuncia y deciden si actuar o no. Si los ciudadanos no están conformes con las acciones de las asambleas pasadas, podrán pedir un voto de no confianza sobre los auditores y los administradores. Si este voto de no confianza es votado por una minoría considerable de los ciudadanos (ejemplo: 40%) entonces se quitará a los miembros de las presentes asambleas de sus cargos y se llevarán a cabo nuevas selecciones por sorteo de miembros de las asambleas; sin embargo la escala de objetivos se mantiene intacta. El porcentaje de desaprobación necesario para remover a una asamblea es obtenido utilizando la democracia por promedio. Cada ciclo electoral, además de elegir sus objetivos, cada ciudadano decide que porcentaje de desaprobación es necesario para cambiar a las asambleas, lo elegido por todos los ciudadanos es promediado para obtener el porcentaje de aprobación mínima necesaria.

La asamblea de auditores tiene la facultad y el presupuesto, para nombrar y contratar investigadores con conocimientos de causa en ramas y casos específicos.

Juicios

Una de las principales tareas de los auditores es encargarse de todo el sistema de juicios de la sociedad. Los juicios son precedidos por jueces seleccionados por sorteo entre la asamblea de auditores y los jurados son compuestos por ciudadanos elegidos por sorteo. Los contratos colectivos ya deben de tener las penas y sanciones para cada tipo de ruptura o incumplimiento. Por lo que los acusantes tienen que probar que el acusado no cumplió con una cláusula de su contrato y de encontrarse culpable, se les asigna la sanción establecida en el propio contrato.

Existen 5 tipos de juicios:

1. Juicios a un licitante por incumplimiento o ruptura de un contrato colectivo, corrupción o defraudación de la sociedad.
2. Juicios a un miembro de la asamblea de administradores por incumplimiento o ruptura de un contrato colectivo, corrupción o defraudación de la sociedad.
3. Juicios a un miembro de la asamblea de auditores por incumplimiento o ruptura de un contrato colectivo, corrupción o defraudación.
4. Juicios a un ciudadano por incumplimiento o ruptura de un contrato colectivo.
5. Juicios a un ciudadano, licitantes, entidades privadas o miembros de asambleas por incumplimiento o ruptura de contratos privados.

Cada uno de estos juicios se maneja de distinta forma:

1. Juicios a un licitante por incumplimiento o ruptura de un contrato colectivo, corrupción o defraudación de la sociedad.

Los Auditores son los encargados de monitorear los proyectos aprobados y los resultados de dichos proyectos. Dentro de la asamblea de Auditores se designan comités encargados de monitorear y revisar cierto número de proyectos. Cuando los miembros del comité descubren que un licitante está cometiendo un acto de corrupción, está incumpliendo con su contrato, o está defraudando a la sociedad, arman un caso legal en su contra basado en los contratos colectivos y los contratos particulares firmados por los licitantes. Una vez iniciado armado el caso en contra del licitante inicia un juicio en su contra. Estos juicios son precedidos por un pequeño comité de jueces seleccionado aleatoriamente entre los auditores que no pertenecen al comité que acusa al licitante. Los jurados son constituidos por ciudadanos elegidos por sorteo.

Las demandas pueden ser presentadas por auditores, ciudadanos o entidades privadas con sus respectivos equipos de abogados. Los defensores podrán estar representados por equipos de defensa, sean abogados o no.

Básicamente cuando los miembros de un comité de auditores detectan un fraude o una ruptura del contrato de los licitantes, estos arman un caso con un equipo de abogados o investigadores y lo presentan en un juicio. El juicio es presidido por jueces seleccionados por sorteo entre los miembros de la asamblea de auditores; un jurado de ciudadanos seleccionados por sorteo es el encargado de dar el veredicto final; los licitantes acusados pueden contratar un equipo de defensa para defenderse de las acusaciones.

2. Juicios a un miembro de la asamblea de administradores por incumplimiento o ruptura de un contrato colectivo, corrupción o defraudación de la sociedad.

Los Auditores están monitoreando y evaluando las decisiones y acciones de la asamblea de Administradores; si descubren que uno o un grupo de Administradores están cometiendo actos de corrupción, fraude o rompiendo contratos colectivos, tienen que armar un caso en su contra y llevarlos a juicio.

Estos juicios son precedidos por un pequeño comité de jueces seleccionado aleatoriamente entre los auditores. El juicio en contra de administradores tendrá un jurado compuesto por ciudadanos elegidos por sorteo.

3. Juicios a un miembro de la asamblea de auditores por incumplimiento o ruptura de un contrato colectivo, corrupción o defraudación.

El trabajo de los auditores también es evaluado por los ciudadanos en general, y si suficientes ciudadanos se unen para acusar a un auditor, se forma un nuevo comité de Auditores que es formado por ciudadanos que pertenecieron a Asambleas de Auditores y Administradores en ciclos electorales pasados. Esté comité debe de evaluar las acusaciones en contra del Auditor y decidir si proceden o no; de proceder, arman un caso en contra del Auditor. Estos juicios son precedidos por un pequeño comité de jueces seleccionado aleatoriamente entre los auditores de periodos pasados, excluyendo el período inmediato anterior. El juicio en contra de Auditores tendrá un jurado compuesto por ciudadanos elegidos por sorteo.

4. Juicios a un ciudadano que nos es miembro de asambleas ni es licitante, por incumplimiento o ruptura de un contrato colectivo.

La policía o quién supla a la policía o incluso un ciudadano puede acusar a otro de un incumplimiento de un contrato colectivo y llevarlo a juicio. Estos juicios son precedidos por un pequeño comité de jueces seleccionado aleatoriamente entre los auditores y tendrán un jurado de ciudadanos elegidos por sorteo. En estos juicios un ciudadano, un grupo de ciudadanos o la organización que supla a la policía presenta una demanda en contra de un ciudadano que no cumplió el contrato colectivo, el ciudadano acusado puede contar con un equipo de defensa. .

5. Juicios a un ciudadano, licitantes, entidades privadas o miembros de asambleas por incumplimiento o ruptura de contratos privados.

Además de los contratos colectivos, los ciudadanos también celebran contratos privados entre ellos. Los ciudadanos también puede acusar a otro ciudadano de incumplir un contrato privado y llevarlos a juicio. En estos casos los juicios son precedidos por un pequeño comité de jueces seleccionado aleatoriamente entre los auditores y el jurado estará constituido por por ciudadanos seleccionados al azar.

Los veredictos son abiertos al público; si una mayoría de los ciudadanos juntan firmas para revocar el veredicto del jurado y los jueces, el juicio es revocado. Si la mayoría de los ciudadanos no se unen en contra del veredicto, el juez y el jurado en turno, en nombre de todos los ciudadanos, firman la sentencia del juicio. De nuevo, en estos casos los ciudadanos no tienen que participar y pueden confiar en el sistema, pero si lo desean, o notan inconsistencias, tienen el poder para detener y vetar acciones y veredictos de los juzgados. De ser vetado un veredicto, se repite el juicio con un nuevo jurado y presidido por un nuevo cuerpo de jueces.

CAPÍTULO 9

Ciudadanos

Una sociedad libre está compuesta de individuos que eligen libremente si desean o no pertenecer a la sociedad, que deciden qué tipo de sociedad aspiran que sea, que desean obtener gracias a que pertenecen a la sociedad y que están dispuestos a hacer o sacrificar para poder pertenecer a la sociedad y que su sociedad sea lo que ellos quieren que sea y les brinde los beneficios que ellos quieren tener. Una sociedad libre es un proyecto en conjunto que emprenden libremente los miembros de la sociedad. La Objetivocracia Democrática es una forma en que se puede organizar una sociedad libre, donde los ciudadanos deciden si son o no parte de la sociedad, los objetivos de su sociedad y lo que van a hacer en conjunto o individualmente para lograr estos objetivos.

En esta nueva forma de organizar una sociedad, los ciudadanos reciben todos los incentivos económicos y sociales posibles para participar en los esfuerzos de su sociedad para lograr los objetivos en común. Cualquier ciudadano se puede involucrar en la medida que desee y en las áreas que sean de su interés por medio de las licitaciones que presenta al comité de administradores. En una Objetivocracia Democrática todos los ciudadanos participan para elegir los objetivos de su sociedad y después, cada uno por separado decide qué tanto se quiere involucrar en el funcionamiento de su sociedad y el esfuerzo por lograr los objetivos de la sociedad, proponiendo proyectos y contratos colectivos por medio de las licitaciones. Cada ciudadano participa en la mediad en que le apetezca participar y en lo que desee participar.

En una Objetivocracia Democrática los contratos colectivos siempre están a disposición de todos los ciudadanos, y si los ciudadanos se unen, pueden vetar o modificar un contrato colectivo; los ciudadanos siempre tienen el poder de vetar. Habrá contratos colectivos que aplican para todos los ciudadanos y otros para los ciudadanos que deseen realizar acciones específicas como conducir, abrir una empresa, explotar algún recurso natural, etc.

Por ejemplo: Un ciudadano que desea conducir auto, necesita firmar el contrato colectivo que le brinda el derecho a conducir autos y hacer uso de la infraestructura colectiva, y que lo compromete a seguir ciertas normas y lineamientos de tránsito e inclusive a ciertos pagos para el mantenimiento de la infraestructura pública, o para compensar su huella de carbono.

En el momento en que lo deseen, todos los ciudadanos tendrán acceso total a toda la información del funcionamiento de las administraciones, las auditorías y las licitaciones a su disposición para participar en la modificación o vetar un contrato colectivo, proyecto o veredicto de un jurado.

Los ciudadanos en todo momento tienen la autoridad de denunciar y de pedir una auditoría sobre otro ciudadano, una entidad privada, un miembro de un comité o un licitante si ve que éste está faltando al cumplimiento de un contrato colectivo o privado.

Cada sociedad debe desarrollar la forma en que determina si una persona es ciudadano o no. esta decisión también puede ser tomada utilizando el proceso de la democracia por promedio. Cada ciclo electoral, los ciudadanos tienen que proponer individualmente la edad de adustez y ciudadanía y los años que un migrante tiene que decidir en el país para ser considerado ciudadano. Las propuestas individuales de cada ciudadano son promediadas para obtener la decisión de la sociedad.

Por ejemplo:
Sí un ciudadano elige que la edad de adustez y ciudadanía sea 16 años y otro propone que sea 20 años, entonces la edad de adustez y ciudadanía será 18 años.

Al cumplimiento de los dieciocho años viviendo dentro de la sociedad a cada individuo se le da la opción de firmar un contrato colectivo en el que el individuo, a cambio de los derechos y beneficios que le brinda el ser miembro de la sociedad, acepta que su sociedad se organice de acuerdo a la Objetivocracia Democrática, y otorga a los administradores el poder de firmar contratos colectivos en su nombre.

Si un individuo no desea firmar el contrato colectivo, tiene las siguientes opciones:

I. Firmar un contrato parcial que le permite vivir dentro del territorio controlado por la sociedad, pero no tener derecho a uso de infraestructura, servicios, o a ser beneficiado por ninguna acción del contrato social; además el contrato parcial que le da derecho a vivir en el territorio limita o restringe ciertas acciones que podrían atentar en contra de la seguridad de los otros miembros de la sociedad.

    I. La persona no podrá acceder a la infraestructura como calles, espacios públicos, servicios de agua y drenaje, electricidad, etc.. O, si desea utilizarlos, tendrá que pagar a la sociedad por el derecho a utilizar la infraestructura que la sociedad construyó por medio de su trabajo en conjunto.

    II. La persona no puede licitar ni ser seleccionada como jurado o miembro de comités.

    III. La persona sólo puede demandar a otros de acuerdo a los términos del contrato parcial que firmó.

    IV. Depende del arreglo económico de la sociedad, pero se le puede limitar o quitar el derecho a participar en la economía de la sociedad.

    V. Depende del arreglo de cada sociedad, pero la persona puede perder el derecho de vender o emprender proyectos o empresas con otros miembros de la sociedad o cuyos productos afectan a la sociedad.

II. La persona tiene la opción de no firmar ningún contrato y salir del territorio administrado por la sociedad. La persona tiene pasaporte, pero no tiene la protección legal y el derecho a participación dentro de la sociedad. Es decir, con una ciudadanía limitada. Esta ciudadanía limitada deberá restringir los derechos legales del ciudadano.

Si la persona no desea firmar los contratos colectivos, esto es, participar en la sociedad, tiene derecho a ello, pero no podrá ser beneficiario de nada que suceda o se produzca dentro de la sociedad, ni será protegido por la sociedad.

Claro que esto puede parecer como algo irrealista en una ciudad, pero esto da la herramienta a comunidades pequeñas a no firmar el contrato colectivo de una sociedad más grande, a obtener su independencia de esta forma, y a desarrollar su propia sociedad. Es muy importante tener estas opciones disponibles, pues esto da la opción y la apertura a movimientos separatistas de forma pacifica. La razón por la que es necesaria la opción de separación y división de la sociedad de forma pacifica es para evitar la violencia necesaria para mantener unida una sociedad en la que los miembros no desean ser parte de dicha sociedad; y la violencia a la que inevitablemente recurren quienes se sienten oprimidos y no tienen una vía pacifica para emanciparse. Por otro lado, al separarse una sociedad, todo lo que sucede es que se hacen sociedades más pequeñas que pueden unirse y trabajar juntas por medio de una confederación de sociedades. Estas separaciones pueden ser tan sencillas como que los miembros de un municipio se separen el municipio en dos o tres localidades distintas con sus propios objetivos internos y que después participen en una confederación de sociedades para estar organizados en pro de objetivos en común de los tres nuevos municipios. Precisamente, este sistema permite la fragmentación de la sociedad en unidades pequeñas que se unifican en confederaciones manteniendo su libertad.

Esto permite que pequeñas comunidades tengan las herramientas para no firmar los contratos colectivos si los consideran opresivos y para separarse de la sociedad más grande y desarrollar su propia sociedad. Tal vez en un territorio pequeño en el campo, dentro del territorio administrado por una sociedad, algunas personas deciden no firmar un contrato colectivo y desarrollar su propia sociedad. O los miembros de un pueblo, ciudad o estado deciden separarse del país al que pertenecen.

Lo importante es que nadie puede ser forzado a pertenecer a la sociedad y que existen métodos para la separación, división y unificación de sociedades de forma pacifica.

Menores de edad

Cuando un ciudadano tiene un hij@, éste firma un contrato con los otros ciudadanos integrantes del estado en el que se hace responsable de proveer a su hij@ de todo lo básico necesario para su supervivencia y desarrollo y en el que se hace responsable de cualquier incumplimiento del hij@ de un contrato colectivo. El hij@ del ciudadano tiene derecho a todos los beneficios de ser ciudadano menos el de elección de objetivos, y los ciudadanos padres sostienen todos los deberes y la responsabilidad de las acciones de sus hij@s. Cuando un hij@ cumple la mayoría de edad, se le da la opción de firmar el contrato colectivo completo, parcial o salir del país. Incluso los menores de edad pueden presentar licitaciones, aunque no pueden ser miembros de jurados, asambleas o comités.

Inmigrantes o turistas

Al ingresar al territorio controlado por la sociedad, un inmigrante o turista debe de firmar un contrato con todos sus ciudadanos, sometiéndose al cumplimiento de los contratos colectivos pero sin tener algunos de los derechos que estos brindan; Como el derecho a elegir la escala de objetivos, a licitar o a ser miembro de un comité o jurado.

Cada sociedad debe de desarrollar su propia forma de organización social, quién es ciudadano, qué pasa con los que no quieren firmar el contrato social y qué pasa con inmigrantes, cuánto tiempo y qué tiene que pasar para que puedan convertirse en ciudadanos. Lo anterior son solo ejemplos y recomendaciones.

CAPÍTULO 10

¿Por qué esta estructura Social?

¿Por qué las asambleas?

No todos los ciudadanos podemos ser expertos en todo. No todos podemos dedicarle todo el tiempo necesario para investigar, evaluar, debatir, discernir y deliberar sobre todos los temas que afectan su vida y la vida de los otros miembros de la sociedad.

Tener asambleas permite que un grupo de personas dedique el 100% de su horario laboral a analizar los problemas, la situación y los objetivos de la sociedad; a analizar licitaciones y propuestas de soluciones, a escuchar y aprender de expertos en los temas que evalúan; a deliberar, debatir y a llegar a acuerdos sobre las posibles soluciones a los problemas; A tomar decisiones informadas y conscientes.

Tener asambleas también ayuda a hacer a un grupo responsable de sus las decisiones que toman y sus consecuencias. Mientras que en una democracia directa la responsabilidad se diluye entre todos los ciudadanos, quienes pueden considerar que importan poco y por lo tanto pueden decidir sin la adecuada deliberación. La responsabilidad de las asambleas y la rendición de cuentas que tienen que hacer, los estimulará a evaluar y decidir con la mayor información y deliberación posible.

¿Por qué dar poder a los ciudadanos para vetar las acciones de las asambleas?

Si los ciudadanos tienen que aprobar todo, entonces se llega a tener el problema de la democracia directa que es que los ciudadanos tienen que dedicar demasiado tiempo a las decisiones de la vida pública. Pero si los ciudadanos no se pueden involucrar en nada, entonces podrían parecer ilegítimas algunas de las decisiones de las asambleas y los ciudadanos se podrían sentir oprimidos; o aún peor, si no existe forma en que los ciudadanos limiten el poder de las asambleas, estas podrían comenzar a actuar de forma contraria a los objetivos de la sociedad y de forma opresiva a los ciudadanos. Si los ciudadanos no tienen que aprobar las decisiones de las asambleas, pero tienen la capacidad de vetar sus decisiones, los ciudadanos mantienen el poder y saben que, aunque no se tengan que involucrar en todo, en el momento en que están en desacuerdo con una decisión, pueden organizarse para bloquear dicha decisión. La responsabilidad de las propuestas está en las asambleas y licitantes, pero el poder está en los ciudadanos.

Uno de los propósitos de la Objetivocracia Democrática es la unificación de la sociedad bajo los objetivos en común. Si una acción o decisión de una asamblea es divisoria o una parte de la sociedad se considera oprimida por dicha decisión o recomendación, entonces no es necesario que los inconformes sean mayoría. Para realmente tener unificación de la sociedad y asegurar a todos sus integrantes que están protegidos y que no van a ser oprimidos, es suficiente con tener una minoría considerable para vetar una resolución. Este sistema está diseñado para que nadie sea o se sienta oprimido.

¿Por qué dar poder a los ciudadanos para generar un voto de no confianza sobre las asambleas?

Las asambleas tienen la responsabilidad, pero el poder está en las manos de los ciudadanos. Si los ciudadanos tienen la posibilidad de cambiar a los miembros de las asambleas, entonces los miembros de las asambleas son responsables pero no gobernantes, y se hace prácticamente imposible la opresión sobre los ciudadanos.

Si los ciudadanos no tienen confianza en las asambleas, entonces las decisiones de las asambleas no tienen legitimidad sobre ellos. Los ciudadanos tienen que tener el poder para remover a los miembros de las asambleas para que sus decisiones sean consideradas democráticas y legítimas; para que cada ciudadano sepa que los contratos colectivos y las acciones de la sociedad no son una imposición sobre él, sino parte del proceso democrático en el que él, en conjunto con todos los miembros de la sociedad, decide y tiene el control sobre el rumbo de su sociedad.

Por otro lado, si los ciudadanos están seguros que no hay grupos de poder que los están manipulando o que se estén aprovechando de ellos, estarán seguros de que no hay un grupo de poder culpable por sus situaciones desfavorables, y por lo tanto se sabrán y sentirán responsables de su propio destino. Dar a los ciudadanos el poder de veto y el poder para pedir que se cambien a los miembros de las asambleas, convierte a los ciudadanos en los responsables finales de las decisiones de los miembros de las asambleas.

¿Por qué la asamblea de administradores?

La asamblea de administradores es la responsable de tomar decisiones. Es necesario tener a un grupo de personas que dedican el 100% de su día laboral a investigar, deliberar, debatir, escuchar expertos, etc. para llegar a tomar las mejores decisiones posibles. Mejores de acuerdo a los objetivos de la sociedad. Los administradores no tienen una autoridad vertical, pero sí una responsabilidad sobre el rumbo de su sociedad.

¿Por qué la asamblea de auditores?

La asamblea de auditores es la responsable de asegurar que no exista corrupción y que sean eficientes los administradores y los licitantes. Los auditores también están a cargo de los juicios. La asamblea de auditores es la encargada de que exista rendición de cuentas en la sociedad.

No se puede esperar que los ciudadanos dediquen el 100% de su tiempo a estar evaluando y analizando lo que hacen los administradores y los licitantes. Es necesario que un grupo de ciudadanos tenga la responsabilidad de asegurar que no exista corrupción y que los administradores y licitantes cumplan con sus responsabilidades, las proyecciones de sus proyectos y se apeguen a los objetivos de la sociedad.

¿Por qué todas las acciones se hacen por medio de licitantes?

Si las asambleas toman decisiones y eligen, pero no ejecutan, entonces su poder es limitado y realmente el poder y las acciones está en los ciudadanos. Esto quiere decir que las asambleas no tendrán poder para oprimir a los ciudadanos, pues no tienen poder para ejecutar acciones.

Si los ciudadanos ejecutan las acciones y son monitoreados, evaluados y juzgados por la asamblea de auditores, y los ciudadanos pueden pedir que se detenga una acción, un proyecto o un contrato colectivo al reunir a una cantidad de población que ellos mismos consideran necesaria, entonces el poder está en manos de los ciudadanos e incluso los que ejecutan no tienen poder sobre los demás. Los licitantes ejecutan un proyecto, que es evaluado de acuerdo a los objetivos de la sociedad y a las proyecciones que los propios licitantes establecieron en su licitación por los auditores y que puede ser detenido por los ciudadanos. Esto asegura que no se concentren grandes cantidades de poder en pocas manos y protege a la sociedad de acciones corruptas y opresivas.

Por otro lado, si los ciudadanos son los encargados de lograr los objetivos de la sociedad, se genera una democracia participativa; en la que no se reduce la participación del ciudadano a una elección un día cada muchos años o a vetar y detener las acciones de las asambleas; sino que el ciudadano se ve estimulado a participar, a proponer, a lograr que su sociedad en realidad sea suya y a lograr sus objetivos. Al recibir financiamiento de la sociedad, el ciudadanos se ve estimulado a participar aún más. Al tener que competir con otros licitantes, el ciudadano se tiene que esforzar por realizar el mejor proyecto posible que logre los objetivos y que sea eficiente en su relación costo beneficio. Al ser auditado, el ciudadano tiene que asegurarse que sus acciones sean las que prometió que serían y que los resultados vayan de acuerdo a los objetivos de la sociedad.

Las licitaciones de este tipo evitan la opresión, distribuyen el poder entre muchos, promueven y estimulan la participación ciudadana, promueven la eficiencia y se asegura el apego de las acciones de la sociedad a sus objetivos.

Además, las licitaciones permiten a los ciudadanos que se involucren en las acciones de su comunidad, permitiendo y fomentando que se desarrollen dentro de su sociedad por medio de proyectos sociales.

Bajo este sistema todos los ciudadanos eligen los objetivos de su sociedad y, los que deciden participar más, compiten entre sí para trabajar por estos objetivos. La sociedad está en manos de los ciudadanos.

¿Cómo funciona la división de poderes en esta nueva sociedad?

La división de poderes en esta nueva estructura social esta diseñada para eliminar las posibilidades de corrupción y de opresión pues los administradores pueden decidir entre propuestas de acciones y contratos pero no pueden proponerlas o ejecutarlas; mientras que los auditores pueden evaluar y juzgar el proceso de toma de decisiones y los resultados de la ejecución de contratos y acciones, pero no pueden proponer, decidir ni ejecutar; y los ciudadanos pueden proponer y ejecutar acciones y contratos, y pueden juzgar los procesos de toma de decisiones y los resultados de los contratos y las acciones, pero no pueden decidir entre las propuestas que hacen todos los ciudadanos.

Los ciudadanos proponen por medio de licitaciones, evalúan y juzgan a las asambleas y a los resultados de las licitaciones aprobadas. Los auditores pueden elegir entre las propuestas que presentan los ciudadanos por medio de las licitaciones, pero ellos mismos no pueden presentar licitaciones ni pueden ejecutar proyectos. Los auditores pueden evaluar y juzgar a los administradores y a los proyectos licitados que están siendo ejecutados, pero no pueden proponer proyectos, elegir entre proyectos ni ejecutar proyectos. El poder esta distribuido te tal manera en que genera una organización efectiva pero elimina la posibilidad de que exista opresión.

¿Qué logra la Objetivocracia Democrática y la nueva forma de estructura social?

La Objetivocracia Democrática con la nueva forma de estructura social logra que la sociedad sea realmente democrática. Que cada ciudadano tenga el derecho de elegir la razón por la que está en la sociedad, lo que busca en la sociedad y las circunstancias en las que quiere vivir; que cada ciudadano pueda identificar algunos de sus objetivos en la escala de objetivos de toda la sociedad; que la sociedad se una para lograr sus objetivos en común; que todos los ciudadanos retengan poder sobre quienes toman decisiones y sobre quienes ejecutan las acciones que afectan a todos los miembros de la sociedad; que todas las decisiones de la sociedad sean tomadas para lograr objetivos concretos y sean juzgadas de acuerdo a estos objetivos; que todos los ciudadanos puedan participar proponiendo acciones, proyectos y contratos colectivos; que las acciones de la sociedad sean efectivas pues los licitantes tienen que competir contra otras propuestas para lograr los mismos objetivos y son juzgados de acuerdo a las proyecciones de sus licitaciones.

La Objetivocracia Democrática y la nueva estructura social logran formar una sociedad verdaderamente democrática donde los ciudadanos se saben dueños de su propio destino, dónde son incentivados a participar, proponer y actuar, donde los unen objetivos en común.

La Objetivocracia Democrática y la nueva estructura social logran formar una sociedad en la que difícilmente los ciudadanos sean o se sientan oprimidos. Una sociedad prácticamente imposible de corromper; de la que es imposible que salga o se genere un dictador.

Logros del nuevo sistema:

1. Por medio de la Objetivocracia democracia cada ciudadano es parte de la elección de los objetivos de su sociedad. Ninguno es ganador o perdedor, todos están presentes en el promedio de los objetivos.

2. Por medio de las asambleas de ciudadanos elegidas por sorteo se asegura que no existan grupos de poder o oligarquías controlando a la ciudadanía y al mismo tiempo se designan ciudadanos que se hacen responsables del rumbo de la sociedad y que dedican todo su tiempo, esfuerzo y talento para tomar decisiones de acuerdo a la escala de objetivos.

3. Por medio de las licitaciones se genera una democracia participativa, donde todos los ciudadanos tienen la posibilidad de participar en los temas de su interés.

4. Por medio de la asamblea de auditores se asegura que todas las decisiones y acciones de la asamblea de administradores y licitantes funcione de acuerdo a la escala de objetivos y logren los resultados proyectados.

5. Los ciudadanos retienen el poder para vetar decisiones y proyectos y para quitar a los miembros de las asambleas si no confían en ellos. Asegurando que el poder está en manos de los ciudadanos.

¿Qué opinas de la eliminación de la estructura de legisladores, ejecutivo y judicial? ¿Qué opinas de que todas las acciones las realizan ciudadanos por medio de propuestas y licitaciones? ¿Piensas que los ciudadanos realmente puedan hacerse cargo de todas las acciones necesarias para organizar a la sociedad? ¿Piensas que este sistema estimula a la participación ciudadana? ¿Qué opinas de la asamblea de administradores y el trabajo que tendrían que realizar? ¿Qué opinas de la asamblea de auditores y el trabajo que tendrían que realizar? ¿Piensas que los auditores realmente puedan mantener en línea a los administradores y a los licitantes? ¿Piensas que realmente se puedan medir, evaluar y juzgar las licitaciones, los contratos colectivos y los proyectos de acuerdo a la escala de objetivos? ¿Qué opinas de cambiar el concepto de ley por contrato colectivo? ¿Piensas que este sistema realmente sería una democracia? ¿Piensas que en este sistema el poder lo tienen los ciudadanos? ¿Piensas que en este sistema los ciudadanos se mantienen libres? ¿Piensas que este sistema podría darle más de lo que le quita a los ciudadanos? ¿Puedes pensar en alguna forma en que se mejoraría este sistema? ¿Piensas que podría haber un mejor sistema? ¿Te gustaría participar en un sistema así? ¿Te gustaría armar proyectos y licitaciones? ¿Crees que sea eficiente? ¿Qué le mejorarías? ¿Qué le cambiarías? ¿Qué parte no consideras necesaria? ¿Piensas que es necesario algo más? ¿Más estructura? ¿Más jerarquía? ¿Qué te gusta y que no te gusta de esta forma de organizar a la sociedad? ¿Cómo la mejorarías?

CAPÍTULO II

Proceso de Selección Democrática

Cada sociedad debe de buscar la opción óptima para que se obtenga de forma democrática la escala de objetivos y los miembros de las asambleas de administradores y auditores. Cada sociedad debe de deliberar sobre la duración de los ciclos administrativos, decidiendo cada cuánto se eligen nuevos objetivos y se seleccionan nuevos miembros en las asambleas.

Elección de objetivos de forma democrática

La elección de los objetivos se puede realizar por medio del sistema de promedio anteriormente explicado: Cada ciudadano genera una escala de objetivos positivos y una escala de objetivos negativos. A cada objetivo asigna un porcentaje de acuerdo a la importancia que considera que tiene. Las escalas de objetivos de todos los miembros de la sociedad son promediadas para obtener la escala de objetivos de la sociedad completa.

Existen objetivos y temas que no pueden ser promediados y que pueden ser muy polarizantes en la sociedad. En este caso, el comité administrativo debe de identificar dichos objetivos y temas en conflicto que no pueden ser promediados, sacarlos del sistema de elección, y armar un comité específico para la resolución de dicho conflicto. Más adelante se especificará el funcionamiento de dicho comité.

El hecho de que cada ciudadano desarrolle su propia escala de objetivos no quiere decir que no puede haber proselitismo, campañas, discusiones o debates públicos sobre los objetivos de la sociedad. De hecho, lo ideal es que los miembros de la sociedad estén constantemente deliberando y debatiendo sobre los objetivos de la sociedad. Sin embargo, para proteger a los individuos y a la sociedad de ser manipulados se recomienda establecer ciertos requisitos y ciertas regulaciones a los debates y el proselitismo.

Por ejemplo:

1. La sociedad siempre permitirá y fomentará la discusión y el debate sobre los objetivos.
2. La sociedad promoverá el debate entre sus ciudadanos, organizando debates en escuelas, universidades, espacios públicos, colonias, vecindades, clubes y en todos los medios de comunicación posibles. Si una persona desea promover un objetivo, debe de hacerlo por medio de un debate.
3. Ninguna opinión puede ser censurada ni limitada por la sociedad, todo siempre estará sujeto a discusión y debate.
4. El proselitismo no se da mediante campañas de publicidad ni eslóganes publicitarios, sino mediante debates. La publicidad y los eslóganes pagados quedan prohibidos.
5. Queda estrictamente prohibido que empresas o grupos realicen proselitismo. El único proselitismo aceptado es el que se realiza por medio del debate entre individuos. Las empresas o grupos pueden organizar debates y financiar la distribución de los debates por los distintos medios de comunicación; pero si hay un interés específico del grupo o la empresa, tiene que ser nombrado al inicio y al final del debate.

    Por ejemplo, si una empresa dedicada a los alimentos financia un debate, al inicio y al final del debate tiene que especificar quién financia el debate y que ellos tienen un interés particular en que se elijan ciertos objetivos.
6. Si un ciudadano se convierte en un "campeón", o "líder" de una causa o un objetivo, tendrá que hacer públicas sus razones para promover dicho objetivo y los posibles beneficios que él, su empresa, familiares o conocidos pueden obtener de la elección de dicho objetivo. Los auditores tienen el derecho de indagar sobre la

persona para asegurarse que el ciudadano promotor de dicho objetivo esté siendo honesto con su declaración de intenciones. En caso de encontrar una discrepancia entre los intereses declarados y los beneficios que dicho "Líder" o "Campeón" de una causa u objetivo, se hará pública dicha discrepancia y se sancionará a dicho ciudadano con un castigo correspondiente al crimen de intento de manipulación de la ciudadanía.

Esto quiere decir que se prohíbe el pago a personas, celebridades, influencers, etc, para adoptar y promover un objetivo. Una persona, grupo o empresa no puede pagar a una persona para promover un objetivo. Cada persona puede promover los objetivos que desee, pero no puede recibir dinero por adaptar posturas y promover objetivos.

Selección por sorteo de los miembros de las asambleas:

La selección de los miembros de las asambleas de administradores, de auditores y de jurados se hace por medio del sorteo. Pues, aunque la Objetivocracia establece los objetivos de la sociedad y parámetros objetivos para juzgar las acciones de las asambleas, si se eligen a los miembros de las asambleas por medio de elecciones se tendrá como resultado una clase política, proselitismo político y el gobierno de una oligarquía que no necesariamente responda a los objetivos de la sociedad. Contra la votación de los integrantes de los comités aplican los argumentos que aplican contra el sistema representativo por elección.

Existen muchas formas en que se pueden seleccionar por sorteo a los ciudadanos que serán miembros de las asambleas, a continuación presento dos opciones:

1.   Selección por sorteo entre todos los ciudadanos:

Los miembros de las asambleas serán seleccionados entre todos los ciudadanos mayores de edad. Los miembros de las asambleas son remunerados con el salario y beneficios que los propios ciudadanos decidieron cuando eligieron los objetivos de la sociedad. Para establecer los salarios y beneficios de los miembros de las asambleas, es recomendable utilizar la democracia por promedio.

Por ejemplo:
Cada elección los ciudadanos tienen que contestar a las siguientes preguntas:

¿Cuál es el salario mensual que quieres que los miembros de las asambleas tengan?

¿Cuántas horas a la semana quieres que los miembros de las asambleas dediquen a trabajar en las asambleas?

La respuesta de cada ciudadano a cada una de estas preguntas es promediada para obtener la decisión social. si el salario es muy bajo, muchos ciudadanos serán desincentivados a participar, si el salario es muy alto la carga económica de las asambleas puede ser demasiado grande sobre las finanzas de la sociedad. Cada sociedad debe de debatir, evaluar y decidir estos temas.

Cada sociedad también debe de deliberar y decidir cómo manejar el tema de los proyectos personales de los que serán miembros de las asambleas.

Es muy importante que los ciudadanos seleccionados para ser miembros de las asambleas puedan tener el derecho a recluirse para no participar. La selección es por sorteo, pero la participación no es obligatoria, es voluntaria.

2.   Selección por sorteo y servicio social:

Los miembros de una sociedad pueden estipular que brindar servicio social es uno de los requisitos para pertenecer a la sociedad. El servicio social es tiempo y esfuerzo que cada ciudadano brinda al servicio de la sociedad, para proyectos que llevan a la sociedad a alcanzar sus objetivos, es tiempo dedicado exclusivamente al beneficio de la sociedad. Esto es similar a un impuesto, pero en lugar de que los ciudadanos dediquen su tiempo a trabajar para generar dinero y luego den una parte de ese dinero a los fondos públicos, en este caso, los ciudadanos se piden unos a otros que dediquen cierta parte de su tiempo y su vida directamente para trabajar por los objetivos que todos tienen en común. Los ciudadanos decidirán qué cantidad de tiempo de cada ciudadano está disponible para el servicio de toda la sociedad, éste es decidido por todos los miembros de la sociedad en conjunto por medio del sistema de democracia por promedio.

Por ejemplo:
La sociedad se puede dividir por edades y los integrantes de la sociedad pueden elegir cuánto tiempo piensan que cada uno de ellos debería de dedicar al servicio de la sociedad.

0 - 12 años = 0 tiempo de servicio social
13 - 18 años = 1 mes al año de servicio social
18 - 22 años = 2 meses al año de servicio social
23 - 26 años = 2 meses al año de servicio social
27 - 60 años = 1 mes al año de servicio social
61 - 70 años = 1 año de servicio social
71 - adelante = tiempo de servicio social voluntario

El tiempo que cada ciudadano piensa que los ciudadanos de cada edad deberían de dedicar a proyectos sociales, es promediado con lo propuesto por absolutamente todos los ciudadanos para obtener el promedio; este promedio se convierte en el tiempo requerido para que cada ciudadano dedique a labores sociales.

Todos los ciudadanos que estén trabajando en su tiempo de servicio social serán pagados lo mismo por su tiempo, independientemente de su nivel económico y de qué tipo de servicio social realicen. Los individuos no pueden decidir qué tipo de servicio social hacen. Los ciudadanos que presenten licitaciones para lograr los objetivos de la sociedad, pueden pedir recursos económicos y personas de distintas edades o con distintas habilidades y conocimientos para trabajar en los proyectos y lograr los objetivos sociales.

Por ejemplo, parte de este tiempo puede ser dedicado para constituir un cuerpo de guardias ciudadanos que patrullan las calles dedicando su tiempo y atención completa para ayudar a otros ciudadanos, para realizar denuncias, obtener evidencia de crímenes y faltas administrativas y que puedan dar seguimiento a las denuncias de los ciudadanos.

Con este tiempo de servicio social también se pueden desarrollar proyectos de reforestación, de limpieza de zonas de las ciudades, o cualquier otro proyecto propuesto por ciudadanos licitantes y aprobado por la asamblea de administradores.

Mientras que algunos ciudadanos dedican su tiempo a proyectos licitados o a ser guardias ciudadanos, otros ciudadanos pueden ser seleccionados por sorteo para ser miembros de las asambleas. Esto implica que todos los ciudadanos dedican la misma cantidad de tiempo al servicio de la sociedad, y que algunos de estos ciudadanos son seleccionados por sorteo para ser parte de las asambleas de administradores y auditores. Esto permitirá a todos los ciudadanos tener la misma cantidad de oportunidades y libertades para perseguir sus proyectos y objetivos personales y que todos tendrán que dedicar el mismo tiempo al servicio social.

Por ejemplo, se puede pedir a todos los jóvenes entre 23 y 26 años y a los adultos de entre 60 y 70 que brinden un año de servicio social y entre ellos, utilizando la democracia por sorteo, se puede seleccionar una parte de las asambleas de auditores y administradores. A los ciudadanos entre 26 y 60 años se les puede pedir un mes al año o un par de días al mes de servicio social; dentro de estos ciudadanos se puede seleccionar por medio de la democracia por promedio a un grupo que será parte de las asambleas y comités. Los ciudadanos, seleccionados por sorteo para formar parte de las asambleas, entre 23 y 26 años y a los adultos de entre 60 y 70 dedicaran el 100% de su tiempo laboral durante un año de su vida a las labores de las asambleas, mientras que los que tienen entre 27 y 60 dedicarán solamente un mes al año. Se podría generar una dinámica en la que los que están dedicados al 100% realicen la mayor cantidad de investigación y trabajo y ellos presenten a los que solo dedican cierta parte de su tiempo sus conclusiones y propuestas y entre todos deliberan y toman la decisión final.

Esta forma de trabajar permitiría que los planes de vida de los ciudadanos no sean interrumpidos si son seleccionados por sorteo para ser miembros de las asambleas, pues todos los ciudadanos tienen que brindar el mismo tiempo de servicio social, la diferencia sería que algunos dedican su servicio social a trabajar en las licitaciones ganadoras y otros a ser miembros de las asambleas.

La colaboración entre miembros de distintas generaciones y distintos lugares de la sociedad para formar las asambleas, trabajar en las licitaciones y como guardias ciudadanos acostumbrará a los miembros de la sociedad a colaborar entre sí, a comunicarse y a organizarse, esto fortalecerá la cohesión social y la capacidad de la sociedad para responder ante crisis.

Por otro lado, pedir a los ciudadanos de entre 23 y 26 años un año de servicio social, podrá justificar ciertos beneficios como educación universitaria gratuita; y pedir a los mayores de entre 60 y 70 años un año de su vida al servicio de la sociedad, podrá justificar que la sociedad completa pague las pensiones de todos los mayores de 60 años. El servicio social de esta forma no solo se convierte en una obligación que la sociedad impone sobre el ciudadano sino un servicio que la sociedad le pide al ciudadano y a cambio le brinda ciertos beneficios.

La colaboración constante entre las dos generaciones también ayudará a balancear los impulsos innovadores propios de los jóvenes con el deseo de estabilidad natural para los retirados que dependerán por completo del funcionamiento estable de la sociedad para recibir su pensión. Los conocimientos, las motivaciones y los intereses de ambas generaciones se complementarán para permitir tomar decisiones que partan siempre de la experiencia pero que tomen en cuenta el deseo de desarrollo de un mundo propio de los jóvenes.

Pedir a todos los miembros de la sociedad que dediquen la misma cantidad de tiempo durante su vida para servicio social y seleccionar a los miembros de las asambleas entre los ciudadanos que tienen que dar su servicio social, es la forma más justa y equitativa en que se pueden seleccionar los miembros de las asambleas; pues si los miembros de las asambleas son seleccionas de entre la población en general, entonces se les estará pidiendo que pongan en pausa su vida personal y sus proyectos personales para participar en el proceso democrático. Sin embargo, si todos los ciudadanos tienen que dar la misma cantidad de tiempo para servicio social, los ciudadanos pueden planear su vida tomando en cuenta el servicio social que tienen que brindar y sus planes personales no serán interrumpidos si son seleccionados para formar parte de las asambleas. Es natural que algunas personas no quieran dar parte de su tiempo para realzar servicio social, como es natural que existen ciertas personas que no quieren pagar impuestos. Estas personas podrán votar por cero impuestos y cero tiempo de servicio social en el proceso electoral y al momento de promediar lo decidió por todos los ciudadanos, su elección de cero, va a bajar el promedio y los impuestos y tempo que tienen que dedicar al funcionamiento de la sociedad serán menores. Por otro lado, estas personas también pueden hacer uso de los mecanismos que el sistema permite para independizarse o no formar parte de la sociedad. La Objetivocracia Democrática si pide atención y trabajo de parte de sus ciudadanos, pero a cambio les de poder, la capacidad de autodeterminación, aumenta sus libertades, posibilidades y oportunidades, les permite elegir los beneficios que su sociedad les va a brindar, protege a los ciudadanos del abuso del poder, la opresión y la explotación y genera la posibilidad de emprender proyectos de pequeña y gran escala para lograr los objetivos en común de todos los ciudadanos. Una sociedad donde nadie aporta tiempo, esfuerzo o recursos para la organización social, es una sociedad donde no hay organización social y por lo tanto los individuos se ven completamente aislados y son forzados a protegerse y a desarrollarse solos; una sociedad sin organización social es una sociedad donde los poderosos pueden abusar y oprimir a quienes tienen menos poder y donde, en lugar de dedicar su tiempo y esfuerzo para construir, los individuos dedicaran su tiempo y esfuerzo para protegerse unos de otros. Para construir una sociedad que proteja a los ciudadanos y expanda sus libertades y oportunidades se requiere tiempo y esfuerzo.

Recomendaciones:

Es muy importante que los ciudadanos seleccionados para ser miembros de las asambleas puedan tener el derecho a recluirse para no participar. La selección es por sorteo, pero la participación no es obligatoria, es voluntaria.

Para proteger al sistema de la corrupción y para aumentar las posibilidades de participación de distintos miembros de la sociedad, se recomienda que:

I.   Sean excluidos del proceso de selección los ciudadanos condenados o con juicios pendientes en casos de corrupción o defraudación de la sociedad o ciertos crímenes.

II. Sean excluidos por un período los familiares inmediatos de ciudadanos participantes en las asambleas del ciclo que está por terminar.

    I.   El padre, la madre, hermanos e hijos de una persona que participa en una asamblea queda excluido del proceso de selección para la siguiente asamblea. Esto ayudará a que las asambleas sean más diversas y que existan más posibilidades para que todos los miembros de la sociedad conozcan de primera persona los procesos de las asambleas.

Una vez seleccionados los miembros de las asambleas, se publican sus nombres y se hacen públicas sus relaciones laborales, su situación legal, su situación financiera, su currículum, sus parentescos y relaciones de amistad. Los ciudadanos tendrán el derecho de vetar a un miembro de las asambleas si juntan suficientes firmas. Los ciudadanos que sean seleccionados al azar, que no sean vetados por los otros ciudadanos y que ellos mismos no se recluyan del trabajo de las asambleas, serán los miembros de las asambleas.

Una vez afianzados las asambleas, los miembros contrataran a equipos de consultores e investigadores que los ayudarán a recopilar información y a entender los diversos temas sociales y que entran en juego en la escala de objetivos. Estas contrataciones tienen que ser justificadas y la información de quienes son estos equipos de consultores será pública y sujeta a escrutinio público. Los ciudadanos pueden vetar a un equipo de consultores o demandar a un miembro de un comité por nepotismo o uso incorrecto de sus recursos.

Porcentajes necesarios para vetar decisiones o revocar licitaciones

Para que los ciudadanos mantengan su soberanía en cada momento, ellos mismos tienen que decidir el porcentaje de ciudadanos necesario para vetar o modificar una decisión de una asamblea, un contrato colectivo o un proyecto licitado; qué porcentaje de ciudadanos es necesario para pedir que todos los miembros de una asamblea sean despedidos y que se forme una nueva asamblea; qué porcentaje de incumplimiento de los resultados proyectados de las licitaciones es necesario para detener un proyecto o un contrato colectivo; y cuál es el porcentaje de incumplimiento de resultados proyectados que desata una investigación de fraude a los licitantes.

Estas decisiones también se pueden tomar utilizando la democracia por promedio. Cada ciudadano da el porcentaje que piensa que es el correcto para cada pregunta y las respuestas de todos los ciudadanos se promedian.

Por ejemplo:

¿Cuál es el porcentaje de ciudadanos que se requieren para vetar o modificar una decisión de una asamblea, un contrato colectivo o un proyecto?

	Ciudadano 1	Ciudadano 2	Ciudadano 3	Ciudadano 4	Total
Porcentaje de ciudadanos	20%	50%	60%	10%	35%

¿Qué porcentaje de ciudadanos es necesario para pedir que todos los miembros de una asamblea sean despedidos y que se forme una nueva asamblea?

	Ciudadano 1	Ciudadano 2	Ciudadano 3	Ciudadano 4	Total
Porcentaje de ciudadanos	40%	60%	70%	20%	47.5%

¿Qué porcentaje de incumplimiento de los resultados proyectados de las licitaciones es necesario para detener un proyecto o un contrato colectivo?

	Ciudadano 1	Ciudadano 2	Ciudadano 3	Ciudadano 4	Total
Porcentaje de incumplimiento de resultados	30%	35%	40%	20%	31.25%

¿Qué porcentaje de incumplimiento de resultados proyectados que desata una investigación de fraude a los licitantes?

	Ciudadano 1	Ciudadano 2	Ciudadano 3	Ciudadano 4	Total
Porcentaje de incumplimiento de resultados	40%	50%	60%	40%	47.5%

¿Piensas que la elección de asambleas por sorteo es un proceso democrático y permitiría que el poder se mantenga en manos de los ciudadanos? ¿Piensas que estos procesos eliminarían la propensión de los sistemas a ser corrompidos? ¿Qué opinas del proselitismo y debates? ¿Piensas que habría formas de mejorar estos sistemas electorales para hacerlos más democráticos y más participativos? ¿Piensas que es buena idea que los mismos ciudadanos decidan cuántos entre ellos tienen que estar en desacuerdo con las decisiones para poder vetarlas? ¿Piensas que es buena idea y legitimo que los ciudadanos tengan que dar parte de su tiempo para hacer servicio social? ¿Piensas que seleccionar a los miembros de las asambleas de entre las personas que realizan su servicio social es una buena idea? ¿Cómo puedes mejorar las elecciones, selecciones y campañas?

Objetivos no promediables y polarizantes de la sociedad.

Antes de cada elección un comité especial dentro de la asamblea de administradores evalúa los debates públicos para identificar si hay temas altamente divisores y polarizantes o que no se pueden promediar; objetivos cuyo promedio generaría división, insatisfacción y descontento social. El comité presenta estos temas a toda la asamblea de administradores, quienes tienen que evaluar si el tema es realmente polarizante o no. Si la asamblea completa de Administradores concluye que el tema es polarizante y no promediable, presenta este tema y su razonamiento a los ciudadanos. Los ciudadanos entonces enfrentan un referéndum donde pueden decidir si dejar el tema para que sea decidido por medio de la elección y promedio de escala de objetivos, o si deciden quitar el tema del ciclo electoral.

Estos temas serán tratados por fuera del sistema de elección de escala de objetivos, pues no existe forma de promediar o encontrar un punto medio sobre el tema con la elección de los objetivos. Para solucionar estos temas se genera una asamblea de ciudadanos con la tarea específica de encontrar una solución a la polarización y al problema que enfrenta la sociedad. Los miembros de la asamblea son elegidos por sorteo. Esta asamblea tiene el objetivo de obtener una propuesta de un contrato colectivo o proyecto que solucione el problema y genere la mayor cohesión social posible.

Los miembros de la asamblea deliberarán, debatirán entre sí y escucharán los argumentos de ciudadanos, proponentes del tema o especialistas que consideren que pueden aportar a sus deliberaciones. También habrá un período en que miembros del público en general pueden presentar propuestas de soluciones a la asamblea. La asamblea delibera internamente y buscará establecer un plan, un contrato colectivo o una acción que solucione el problema y genere cohesión social.

Dicha asamblea generará una recomendación que será presentada con su debida justificación para ser evaluada por la asamblea de administradores, de auditores y los ciudadanos en general; cualquiera de las dos asambleas o los ciudadanos puede vetar la resolución. Para vetar la recomendación de la asamblea es suficiente con reunir una minoría significativa (30 o 40%, cada sociedad, por medio del proceso de democracia por promedio debe de determinar cuál es el porcentaje mínimo para poder vetar las propuestas.). Pues, para que sea una verdadera democracia en la que no exista opresión y se logre la unificación de la sociedad, se requiere confianza y la aprobación de la gran mayoría de la población y la posibilidad de que las minorías se protejan y no sean oprimidas por las mayorías.

Si ninguna de las asambleas ni los ciudadanos veta la recomendación de la asamblea que trabaja sobre el tema, entonces esta asamblea en representación de los ciudadanos firma el contrato colectivo con las resoluciones sobre el tema.

Si los ciudadanos vetan la resolución, la asamblea volverá a deliberar, recibiendo a ciudadanos, proponentes de un objetivo y expertos que les den argumentos de un lado u otro. La asamblea volverá a buscar una resolución satisfactoria para todos y lo volverá a publicar. Si la asamblea repite el proceso tres veces y no logra la aprobación de los ciudadanos, la mitad de la asamblea es seleccionada por sorteo y sale de la asamblea, la otra mitad permanece y se suman nuevos integrantes seleccionados por sorteo entre la población. Este proceso se repite hasta que se obtiene una propuesta aprobada por los ciudadanos.

¿Qué opinas? ¿Piensas que vale la pena separar los temas más polarizantes y divisores del proceso por medio del cual se eligen los objetivos de la sociedad? ¿Piensas que si unimos a las personas en la búsqueda de una solución para los problemas polarizantes se pueda generar una propuesta satisfactoria? ¿Piensas que realmente podríamos encontrar respuestas a los problemas que más dividen a la sociedad de esta manera?

____

____

____

____

____

____

____

____

____

____

____

____

Crisis y necesidad de respuesta rápida

En cada sociedad existen momentos de su historia donde se van a enfrentar a crisis y problemas sin precedentes. Si la sociedad no tiene mecanismos para enfrentar estas crisis y sólo responde a sus objetivos seleccionados de antemano, entonces difícilmente podrá sobrevivir. La asamblea de administradores, de auditores o una cantidad sustancial de ciudadanos, pueden declarar una emergencia o crisis.

Una vez que es declarada una crisis, los pasos para resolverla son:

1. Los administradores desarrollan contratos colectivos de emergencia que funcionarán sólo por un período limitado. Estos contratos colectivos de emergencia tienen el objetivo de generar una primera respuesta rápida ante la crisis.

2. Los administradores suspenden proyectos que tienen un bajo porcentaje en la escala de objetivos, o que no consideran esenciales para el funcionamiento de la sociedad, y dirigen los esfuerzos de esos proyectos y sus presupuestos para resolver la crisis.

3. Los administradores modifican los objetivos de proyectos que cuenten con organización, conocimiento o recursos que pueden servir para enfrentar la crisis. Los administradores pueden modificar solo el objetivo de los proyectos y dejar que los licitantes modifiquen las acciones para lograr los nuevos objetivos, o los administradores pueden modificar los objetivos y pedir ciertas acciones específicas.

Por ejemplo, una agencia de guardias de seguridad puede tener una licitación para patrullar las calles de una ciudad. Los administradores pueden cambiar la licitación para pedir a esta agencia que durante la crisis, estos guardias lleven comida directamente a las casas de todos los ciudadanos.

4. Los administradores comunican al público cuál es la crisis, por qué es la crisis, que acciones están tomando para solucionarla y abren licitación para recibir propuestas de contratos y proyectos que ayuden a resolver la crisis.

5. Los ciudadanos pueden votar para negar que es una crisis y para detener cualquier acción sobre el tema. Los ciudadanos pueden votar para aprobar que es una crisis, pero para no aprobar las acciones inmediatas que están llevando a cabo los administradores. Cuando los ciudadanos aprueban la existencia de la crisis, pero no las decisiones de los administradores, los administradores tienen que modificar su respuesta rápidamente mientras esperan licitaciones.

6. Los ciudadanos y entidades privadas pueden aplicar a la licitación con proyectos para solucionar el problema o la crisis.

7. La crisis se resuelve entre las acciones y decisiones que toman los administradores al declararla y los proyectos que los ciudadanos ponen en marcha por medio de licitaciones.

8. Si la crisis es suficientemente fuerte, los administradores pueden proponer un cambio en los objetivos de la sociedad, poniendo como objetivo primordial la resolución de la crisis. Los ciudadanos pueden vetar esta propuesta de los administradores y

llamar a una elección exprés de objetivos. En este caso, todos los ciudadanos vuelven a elegir su escala de objetivos de emergencia que es promediada y estará en función durante el transcurso de la crisis. Es muy importante que estas elecciones puedan organizarse de forma rápida y que todos los ciudadanos cuenten con medios digitales para elegir sus objetivos.

9. Los administradores abren licitaciones para recibir proyectos cuyo objetivo sea la resolución de la crisis. Las decisiones iniciales de los administradores siguen funcionando hasta que se puedan aplicar las licitaciones recientemente recibidas y aprobadas.

Por ejemplo: La sociedad es afectada por una sequía que afecta a los granjeros, al suministro de comida y los precios de la comida. Los administradores proponen pasar fondos que eran para generar infraestructura a generar sistemas de irrigación o a importar alimentos y subsidiar la recuperación de los granjeros. Les hacen llegar estas propuestas a los ciudadanos, quienes pueden aceptar la crisis y la solución, o aceptar la crisis y no la solución. Los administradores entonces abren licitaciones para proyectos que puedan resolver los problemas. Revisan los proyectos. Eligen unos y los vuelven a presentar al público quienes pueden vetar o no.

¿Piensas que esta sería una forma legítima de dar poder a los administradores de actuar con discreción en caso de enfrentar una crisis, pero de que no puedan abusar de su poder? ¿Piensas que hay una mejor forma en que la sociedad podría enfrentar las crisis sin dar demasiado poder a las asambleas?

Objetivos electos o proyectos que opriman

La razón de ser de la Objetivocracia Democrática es desarrollar una sociedad libre compuesta de seres humanos libres, que por medio de la colaboración expanden sus oportunidades, posibilidades y libertades. Por lo que, si se dan las circunstancias que la sociedad elige un objetivo opresivo o que los administradores eligen un proyecto opresivo para uno o muchos de sus integrantes. Los que se consideren oprimidos tienen la capacidad de apelar ante el comité de auditores, aunque sea una sola persona la oprimida; ésta tiene la capacidad de presentar su denuncia y mostrar cómo la sociedad la están oprimiendo. Al recibir la queja, el comité tendrá que evaluar si en realidad es su libertad, o es un privilegio o su poder el que se ataca con el objetivo o la acción; si la libertad que pide el individuo en cuestión no atenta contra la libertad de los otros miembros de la sociedad, contra la libertad de la sociedad como tal, y si la libertad en cuestión no es una libertad de la que los ciudadanos han decidido prescindir libremente para lograr un objetivo. Si los auditores consideran que si hay razón para pensar que el individuo o el grupo está siendo oprimido, entonces convocarán la formación de una asamblea de ciudadanos para evaluar la situación y hacer una propuesta. Esta propuesta después será presentada ante todos los ciudadanos quienes tendrán el derecho de vetar la propuesta, los ciudadanos que se consideran oprimidos también tienen la capacidad de vetar la resolución.

Si la asamblea de auditores no considera que se esté oprimiendo al individuo o al grupo, el individuo o grupo tendrá que juntar una cantidad sustancial de firmas y apelar esta vez a las asambleas de administradores de pasados ciclos electorales. Si aún ellos no consideran que se esté atentando contra la libertad; entonces él o los individuos que se consideran oprimidos tendrán que juntar firmas de una parte de la población, si lo logran, entonces las asambleas en turno se ven obligados a armar una asamblea para la resolución del problema. La cantidad de firmas o apoyo necesario para que los que se sienten oprimidos puedan apelar también es decidida utilizando el proceso de la democracia por promedio.

Hay que recordar que existen ciertas libertades a las que los ciudadanos renuncian para poder participar en una sociedad que cuente con ciertas características. Al elegir los objetivos de su sociedad y aceptar el sistema de Objetivocracia Democrática, el individuo acepta que sus objetivos son promediados con los de los otros ciudadanos y que; por lo tanto es el promedio de todos, no sólo sus objetivos, lo que establece lo prohibido y lo permitido. Si en promedio, todos los ciudadanos buscan limitar ciertas libertades para poder tener una sociedad con ciertas características, entonces las asambleas tendrán que evaluar entre las libertades y las circunstancias que genera la sociedad al estar unida y las libertades específicas que limita. La asamblea también tendrá que considerar si la limitación a una libertad afecta de forma desproporcionada a un sector de la población y si realmente es opresiva o es un sacrificio aceptado voluntariamente por el resto de la sociedad para lograr sus objetivos.

Es necesario que siempre sea libre la participación en la Objetivocracia Democrática; y que siempre existan mecanismos para que quien se sienta oprimido pueda alzar la voz y pueda luchar contra su opresión de forma pacífica y organizada. Estos mecanismos tienen que funcionar de tal forma que el individuo no se sienta aplastado por el sistema pero al mismo tiempo que el sistema pueda ser estable, funcionar para toda la sociedad y no ser derribado por el primer problema que se presente. Es de suma importancia que los integrantes de una Objetivocracia Democrática estén siempre al pendiente de mejoras que pueden realizar en el sistema, para que evolucionen no solo los objetivos, las circunstancias, la moral, la justicia y la sociedad, sino que con ellos, evolucione el sistema también.

¿Piensas que es posible mantener estabilidad en el sistema si cualquier ciudadano puede levantar una denuncia en contra del sistema o los objetivos de la sociedad? ¿Piensas que este mecanismo de denuncia puede prevenir a la sociedad de volverse opresiva?

Ciclos electorales, de transición y de administración.

Cada sociedad debe de buscar la duración óptima de sus ciclos electorales y tiempos de transición entre una administración y otra. Se debe de llegar a la duración de los ciclos electorales mediante la ponderación de los siguientes puntos:

I.   Estabilidad de la sociedad.

II. Tiempo suficientemente largo como para permitir la implementación de proyectos que pueden atacar problemas a fondo y de los cuales se puedan obtener resultados a corto, mediano y largo plazo.

III. Tiempo suficientemente largo como para permitir la implementación de proyectos que puedan alcanzar los objetivos de la sociedad y que puedan tener resultados a corto mediano y largo plazo

IV. Tiempo suficientemente corto como para permitir la actualización de la escala de objetivos de acuerdo a la evolución en el pensar y sentir de la ciudadanía.

V.   Tiempo suficientemente corto como para permitir la actualización de la escala de objetivos de acuerdo las circunstancias que cambian constantemente.

VI. Tiempo suficientemente corto como para permitir el cambio constante de los miembros de las asambleas para no depositar demasiado poder en las manos de unos cuantos.

VII. Tiempo suficientemente largo como para permitir una transición gradual entre administraciones y proyectos licitados. Los resultados de las elecciones deben de implementarse de manera gradual y con un tiempo de separación necesario para permitir estabilidad y la elaboración de proyectos concisos.

Si los miembros de las asambleas son elegidos de entre las personas que van a dedicar tiempo a servicio social, entonces cada ciclo electoral se le pregunta a los ciudadanos cuánto tiempo quieren que dure la escala de objetivos que están eligiendo en ese momento. Seguramente esta escala de objetivos estará presente en el transcurso de varias administraciones, pues los administradores, al ser tomados de entre las personas que realizan su servicio social, seguramente no dedicaran más de uno o dos años al servicio social y a ser miembros de las asambleas. Por lo que cada ciclo electoral, además de pedirle a las personas que elijan sus objetivos, se les pide que elijan cuánto tiempo quieren que esos objetivos san los que rigen a la sociedad, cuánto tiempo quieren que cada sector de la población por edad brinde de servicio social y cuánto y entre que edades de la sociedad quieren que salgan los que van a ser miembros de las asambleas.

1) ¿Cuánto tiempo quieres que dure la escala de objetivos que se está seleccionando en este momento?

________ años

2) Divide a la población en los sectores por edades que consideras adecuados y decide cuanto tiempo de servicio social tiene que dar cada generación:

Edades   Tiempo de servicio social
___ a ___   ____________________
___ a ___   ____________________
___ a ___   ____________________

___ a ___   ____________________
___ a ___   ____________________
___ a ___   ____________________
___ a ___   ____________________

3) ¿Entre qué edades de la población deseas que se seleccionen a los miembros de las asambleas?

Edades

____, ____, ____ y ____

Lo que sucedería en este caso es que las administraciones no estarían en función durante todo el tiempo en que una escala de objetivos guía a todas las acciones públicas.

Por ejemplo: los ciudadanos pueden elegir que la escala de objetivos dure 7 años y que los sectores de la población entre 23 y 26 años, y entre 60 y 70 años den un año de servicio social y que los ciudadanos de entre 27 y 59 años den un mes al año al servicio de la sociedad y de entre estos 3 grupos se seleccione por sorteo a los miembros de las asambleas. Los miembros de las asambleas de entre 23 y 26 años y entre 60 y 70 años dedican un año completo de su vida a ser miembros de las asambleas y presentan sus conclusiones a los miembros de las asambleas de entre 27 y 59 años que solo dedican un mes al año a ser miembros de las asambleas.

Los miembros de las asambleas no tienen que cambiar todos al mismo tiempo, los cambios pueden ser graduales.

Pongamos esto en un ejemplo aún más especifico:

1) Día 1 del ciclo electoral:
    a) Se eligen: objetivos

2) Primeros 4 meses del ciclo electoral:
    a) Los objetivos del ciclo pasado y los proyectos por lograr esos objetivos siguen funcionando.
    b) Una tercera parte de la asamblea (La que ya cumplió su año de servicio social) es remplazada por nuevos

miembros que van a realizar su servicio social de un año. Las otras dos terceras partes de la asamblea permanecen en sus funciones. Los nuevos miembros de la asamblea aprenden de los otros miembros de las asambleas sobre el funcionamiento de las asambleas y comienzan a armar nuevos equipos de trabajo con respecto a los nuevos objetivos.

   c) Los ciudadanos o entidades privadas desarrollan proyectos bajo la nueva escala de objetivos para presentar en las licitaciones.

3) Siguientes 4 meses del ciclo electoral:

   a) Los objetivos del ciclo pasado y los proyectos por lograr esos objetivos siguen funcionando.

   b) Los miembros de las asambleas reciben licitaciones para alcanzar los nuevos proyectos y las evalúan.

   c) Una tercera parte de la asamblea (Los que ya llevan un año trabajando como miembros de las asambleas) es remplazada por nuevos ciudadanos que tienen que hacer su servicio social. Las otras dos terceras partes de la asamblea permanecen en sus funciones. Los nuevos miembros de la asamblea aprenden de los otros miembros de las asambleas sobre el funcionamiento de las asambleas y arman sus propios equipos de trabajo.

   d) Los miembros de las asambleas de entre 23 y 26 años y los que tienen entre 60 y 70 años, que dedican un año completo de sus vidas a las asambleas, deciden a que proyectos financiar y presentan sus conclusiones a los miembros de las asambleas de entre 27 y 59 años que solo dedican 1 mes al año a su servicio social. Entre los tres grupos que componen la asamblea, tienen que llegar a una decisión sobre cuál licitación va a ganar.

4) Siguientes 4 meses:

   a) Los Los objetivos del ciclo pasado y los proyectos por lograr esos objetivos siguen funcionando.

   b) Los administradores publican los resultados para que sean evaluados por la asamblea de auditores y los ciudadanos quienes tendrán el poder de vetar o modificar proyectos.

c) Los auditores y los ciudadanos podrán vetar proyectos si consideran que el proceso de selección de dichos proyectos fue corrupto; si consideran que un proyecto va en contra de uno de los objetivos positivos, o a favor de uno de los objetivos negativos de la sociedad; o si consideran que son opresivos.

d) Una tercera parte de la asamblea (Los que ya llevan un año trabajando como miembros de las asambleas) es remplazada por nuevos ciudadanos que tienen que hacer su servicio social. Las otras dos terceras partes de la asamblea permanecen en sus funciones. Los nuevos miembros de la asamblea aprenden de los otros miembros de las asambleas sobre el funcionamiento de las asambleas y comienzan a armar su propios equipos de trabajo..

5) Año 2 a 7 del ciclo electoral:

a) Los cambios a los contratos colectivos, los nuevos proyectos y las nuevas administraciones entran en completo funcionamiento.

b) Las asambleas continuan cambiando a una tercera parte de sus miembros cada 4 meses.

c) Las licitaciones están funcionando y trabajando.

d) Los auditores revisan los resultados de las licitaciones y revocan los proyectos que no cumplen con los resultados proyectados.

e) Los administradores recaudan y distribuyen impuestos mientras siguen evaluando proyectos y contratos colectivos para reemplazar a los que no cumplieron sus proyecciones.

Una de las ventajas de este sistema es que una gran parte de la población participará en las asambleas y por lo tanto cuando elijan los tiempos de duración del servicio social y de las asambleas, estarán votando con conocimiento de causa.

Esta es solo una de las muchas disponibles para organizar los ciclos electorales, estoy seguro que cada sociedad encontrará una forma apropiada para sus circunstancias y características.

Si los periodos electorales son tan largos, sería injusto considerar que los que van a ganar la mayoría de edad durante ese periodo no sean tomados en cuenta. Por lo que al cumplir la mayoría de edad y firmar su contrato colectivo con el resto de la sociedad, cada ciudadano tiene el derecho de presentar su escala de objetivos. Esto implica que la escala de objetivos va a tener cierta fluctuación a lo largo del ciclo electoral, los proyectos ya aprobados serán juzgados de acuerdo a la escala de objetivos bajo la cual fueron aprobados y los proyectos que se evalúan a lo largo de la administración serán evaluados y juzgados de acuerdo a la escala de objetivos que estaba en turno en el momento de su aprobación.

¿Qué opinas de los ciclos electorales? Independientemente de cuánto sea el tiempo de transición ¿Qué opinas del proceso? ¿Piensas que sí se lograría formar una sociedad estable con estos ciclos? ¿Cuál piensas que puede ser el proceso y los mejores tiempos de transición y de ciclos de administraciones?

¿Por qué asambleas de ciudadanos elegidos por sorteo?

Tener una asamblea de ciudadanos elegidos por sorteo nos permite eliminar el problema de tener demasiado poder en pocas manos; de generar autoridad de forma vertical; y de tener grupos de poder o con ciertos intereses que influyan las elecciones o polaricen a la población por medio de las elecciones.

Si no existe una jerarquía dentro de una asamblea, entonces difícilmente un grupo con poder o intereses particulares podrá corromper a todos los miembros de la asamblea seleccionados por sorteo entre las diversas demografías de la población.

Si no existe una autoridad vertical, entonces se distribuye el poder horizontalmente y se evita la posibilidad de que el error de uno tenga consecuencias devastadoras para todos, y que uno o un grupo pequeño puedan oprimir a la población.

Si no existen partidos ni elecciones, entonces los integrantes de las asambleas deliberaran de acuerdo a su criterio personal y a lo que aprenden al investigar, escuchar a las opiniones y propuestas de los otros miembros del comité y a los expertos que contratan para ayudarlos a entender y juzgar los problemas y las propuestas.

Si los miembros de la asamblea son seleccionados por sorteo se evitan las divisiones en la sociedad y la polarización generadas por el sistema de elección. El sistema de selección por sorteo evita la polarización de la sociedad por políticos que buscan el poder; evita que una parte de la población sea representada y la otra no y que una parte de la población sea ganadora y la otra perdedora. Este no es un sistema que genera ganadores y perdedores, sólo seleccionados.

Si no existen elecciones entonces grupos de poder no pueden proponer o apoyar a un candidato, que luego les tiene que rendir cuentas a los grupos de poder y no a la ciudadanía. Los miembros de las Asambleas son seleccionados por sorteo, por lo que nadie sabe quién será la persona que termine siendo seleccionada, y esta persona podría ser cualquiera, por lo que no se pueden hacer planes previos a las elecciones para corromper o manipular a los siguientes miembros de la asamblea. Al ser seleccionados por sorteo, lo más seguro es que los miembros de la asamblea tengan ideas e intereses distintos, por lo que difícilmente habrá una tendencia ideológica prevaleciente entre los miembros de la asamblea que no esté presente en la población. Pero, aun cuando exista una ideología prevaleciente entre los miembros de una asamblea, los resultados de esta asamblea son juzgados por otra asamblea y por los ciudadanos en general de acuerdo a los objetivos de toda la sociedad, por lo que sería extremadamente difícil lograr corromper a una asamblea y, de lograrlo, sería extremadamente difícil que la otra asamblea o los ciudadanos que tienen acceso a toda la información no se den cuenta.

El sistema de asambleas permite que ni un solo miembro de las asambleas sea más importante y retenga más poder que todos los demás. El sistema de selección por sorteo hace que ninguna persona pueda hacer campaña política para promocionarse a sí mismo y ganar poder gracias al apoyo de muchos ciudadanos. La Objetivocracia hace que no sean los objetivos, las ideas y propuestas de los que toman decisiones las que marcan el rumbo de la sociedad, sino los objetivos de todos los miembros de la sociedad y las propuestas de ciudadanos que presentan licitaciones, por lo que en este sistema es prácticamente imposible que una persona o un grupo logre tomar suficiente popularidad o poder como para convertirse en dictadores.

Las asambleas elegidas por sorteo eliminan las oportunidades para corromper a quienes toman las decisiones; descartan las posibilidades de que una persona tome decisiones que lo benefician a él o a un grupo; evitan la concentración de poder en una persona o grupos organizados como partidos que pueden legislar o ejecutar de acuerdo a sus propios intereses; eliminan las facciones, la polarización y los intereses especiales que se generan cuando los legisladores son miembros de partidos; eliminan la polarización generadas en las campañas; excluyen la posibilidad de formación de oligarquías, clases políticas o grupos de poder que pueden asegurar que tendrán influencia en la política de una sociedad. La elección por sorteo de asambleas también evita la posibilidad de que la democracia se transforme en una dictadura.

CAPÍTULO 12

Confederación de Objetivocracias Democráticas

El sistema de Objetivocracia Democrática descrito anteriormente u otra forma de aplicación de la Objetivocracia y la democracia, pueden aplicarse de forma individual sobre una sociedad que puede a su vez ser parte de una sociedad aún mayor de Objetivocracias Democráticas. La relación entre las sociedades forma una confederación y la manera en que funcionará dicha confederación es la misma como funciona la Objetivocracia democrática a nivel local.

Cuando existe una posibilidad de entablar una sociedad entre sociedades, los individuos de cada sociedad eligen una escala de objetivos para la sociedad entre sociedades. Esto quiere decir que tienen una escala de objetivos para la sociedad local y una para la sociedad entre sociedades. Los objetivos que cada individuo eligió para la confederación se promedian con los objetivos de cada persona de las otras sociedades para formar la escala de objetivos de la confederación. De acuerdo a su escala de objetivos la confederación podrá emprender proyectos en conjunto que involucren miembros de todas las sociedades y financiamiento de todas las sociedades para lograr objetivos de mayor escala y mayor impacto que lo que podría lograr una sola sociedad.

Tal vez una sola sociedad no tiene la suficiente fuerza como para emprender un proyecto que tenga tal impacto que solucione la crisis ambiental o para enfrentarse a una pandemia, pero una confederación de sociedades organizadas por el sistema de la Objetivocracia democrática sí podría tener la fuerza y los recursos para hacerlo.

A nivel confederación se siguen promediando las escalas de objetivos individuales y no la escalas de objetivos de las sociedades; pues si se promedian las escalas de objetivos de las sociedades, los objetivos elegidos por los miembros de una sociedad con menos población tendrán mayor valor que los objetivos seleccionados por una sociedad con más ciudadanos. Para asegurar una completa democracia aún a nivel confederado, cada escala de objetivos individual debe de tener el mismo peso sin importar la sociedad de la que proviene.

Los miembros de las asambleas de la confederación serán elegidos de forma similar a los miembros de las asambleas de la sociedad local, con la diferencia de que de cada sociedad tendrá derecho a una cantidad de representantes correspondiente al porcentaje de la población de la confederación que su sociedad representa.

Por ejemplo: en una confederación compuesta por diez sociedades, donde una de estas sociedades tiene el 30% de la población de toda la confederación, esta sociedad tiene derecho al 30% de los miembros de las asambleas. Esos miembros serán elegidos dentro de cada sociedad de la misma forma en que son elegidos los otros miembros de los comités de cada sociedad, por sorteo.

De esta forma se asegura que en una confederación de sociedades cada ser humano de cada sociedad tiene el mismo derecho, la misma oportunidad y el mismo valor.

Una confederación de sociedades a su vez puede formar una confederación de confederaciones que escale la forma en que funciona el sistema a una confederación. La escala de objetivos de cada individuo de cada confederación es promediada para obtener la escala de objetivos de la confederación; Los miembros de los comités son obtenidos al azar de entre las confederaciones y cada confederación tiene derecho a una cantidad de miembros en el comité proporcional a los individuos que integren dicha confederación.

Creciendo el sistema de sociedades a confederaciones y a confederaciones de confederaciones, se puede generar un sistema mundial e incluso universal para toda la humanidad donde todos los individuos vivan libres de opresión y tengan los mismos derechos y oportunidades para tener injerencia sobre los objetivos, términos y condiciones y las circunstancias de su sociedad y de toda la humanidad.

¿Piensas que éste es un sistema que puede ser escalable para funcionar en gran escala? ¿Piensas que es posible generar comunidades pequeñas que se organizan por medio de la Objetivocracia y confederaciones de muchas sociedades que se sigan organizando por el sistema de la Objetivocracia Democrática? ¿Piensas que de organizarnos de esta manera tenemos más que ganar o perder? ¿Crees que sí se pueda formar una confederación de sociedades a nivel mundial?

____

____

____

____

____

____

____

____

____

____

____

____

____

____

____

____

____

____

RECOMENDACIONES

Para este momento ya explicamos qué es una Objetivocracia Democrática, qué es una Democracia por Promedio, cómo podrían aplicarse estos principios para desarrollar una nueva forma de organización social y cuales son sus beneficios. Sin embargo, éstos son sólo los principios básicos para construir la sociedad, a partir de allí se tienen que desarrollar otros temas como la educación y la seguridad. A continuación daremos algunas recomendaciones sobre el funcionamiento de una Objetivocracia Democrática.

CAPÍTULO 1

Información y transparencia

Para que funcione una Objetivocracia Democrática es necesaria una completa transparencia en todas las acciones de las asambleas y los licitantes y que una de las funciones principales de los auditores sea la recopilación de información y medición de todos las aspectos posibles de la sociedad y los resultados de cada licitación puesta en práctica. Sólo si los ciudadanos tienen toda la información disponible es que se puede considerar que son responsables de las decisiones que toman, pues la evaluación de resultados de las acciones públicas sólo será posible si se trabaja dentro de una sociedad donde exista 100% de transparencia, medición de resultados e información sobre absolutamente todo.

Los ciudadanos podrán utilizar la información para tomar decisiones sobre cuáles serán sus prioridades para el siguiente ciclo de elecciones de objetivos y para juzgar objetivamente los resultados de las acciones llevadas a cabo de acuerdo a una escala de objetivos.

La transparencia completa es uno de los requisitos más importantes para la existencia de una verdadera democracia. Si en una democracia hay falta de transparencia, esto quiere decir que se le está negando a los integrantes de la sociedad información relevante para su proceso de toma de decisiones, y la negación de la información en este caso es un medio de opresión y de manipulación de los integrantes de la sociedad, pues negar información, es obligar a una persona a decidir sin saber, sin tomar en cuenta información que podría modificar su decisión. Si cierta información pudiera cambiar una opinión, entonces, retener la información es manipular a quien decide para que no elija lo que elegiría en caso de tener toda la información disponible. Esto quiere decir que quien retiene la información, está privando a la persona de su derecho, en una democracia, de decidir de acuerdo a su propio criterio, por lo tanto se le está oprimiendo. Una sociedad que no es 100% transparente, completamente y absolutamente transparente, no es una sociedad democrática. Solamente si todos los miembros de la sociedad tienen acceso total a la información de toda la vida pública de la sociedad, es que estos miembros pueden tomar decisiones libres de control, manipulación y opresión.

No basta con que la sociedad permita que se conozca la información disponible; si no se hace un esfuerzo concreto por conseguir y recopilar toda la información relacionada a la vida pública de la sociedad, los individuos no tendrán acceso a la información relevante para tomar decisiones. La falta de información porque fue ocultada del ojo público, o porque no se recopiló, tienen el mismo efecto nocivo y opresor para la sociedad democrática. Solamente si una sociedad trabaja activamente para conseguir toda la información pertinente a la vida pública y por distribuir esta información entre sus integrantes, es que los integrantes podrán tomar decisiones verdaderamente libres.

En una sociedad que se rige bajo el sistema de Objetivocracia Democrática, es de absoluta necesidad la recopilación de toda la información posible sobre los resultados y consecuencias de cada acción y proyecto de la sociedad, para que de esta forma puedan ser juzgados de acuerdo a la escala de objetivos. Si no existe la información o la trasparencia, una sociedad no podrá juzgar las acciones públicas de acuerdo a la escala de objetivos y por lo tanto no será una Objetivocracia Democrática.

¿Si una persona o un grupo retienen información porque piensan que van a modificar tu punto de vista hacia algo que no les conviene, cuando decides sin esa información, estas siendo libre? ¿Piensas que debería de ser un crimen, o considerado manipulación, si las administraciones o los gobiernos ocultan información para que no cambies tus puntos de vista? ¿Qué tan necesaria piensas que es la transparencia y la información en una democracia?

Libertad de expresión

En una Objetivocracia democrática no sólo es necesaria la libertad de expresión, sino que se debe de fomentar el cuestionamiento y el debate para que los integrantes de la sociedad siempre estén revisando y evaluando la validez de sus objetivos y puedan modificarlos si su perspectiva sobre un objetivo cambia.

La libre expresión y el debate de ideas y de los objetivos es un requisito para la existencia de una democracia verdadera y sobre todo de una Objetivocracia Democrática. Solamente por medio del debate es que la escala de objetivos puede mantenerse vigente y legítima. Solamente si se debate constantemente la escala de objetivos es que los integrantes de la sociedad pueden estar seguros y reafirmar las razones por las que han elegido ciertos objetivos; o pueden darse cuenta de que otros ya no están vigentes o no son necesarios bajo nuevas circunstancias.

Una Objetivocracia Democrática no sólo debe de permitir el debate y la libre expresión, sino que debe fomentar el debate y la libre expresión. Este fomento al debate tendrá el objetivo de mantener legítimo el sistema completo y la escala de objetivos en turno; y al permitir la evolución de los objetivos se asegura que los miembros de la sociedad nunca se verán o sentirán oprimidos por un objetivo que consideran innecesario o no vigente.

Para indagar más sobre la libertad de expresión y los beneficios del debate, recomiendo al lector el libro "Sobre la Libertad" de John Stuart Mill.

¿Cómo piensas que se podría fomentar la libertad de expresión y el debate? ¿Piensas que hay ideas que no se deberían de debatir? ¿Por qué?

CAPÍTULO 2

Educación

Una Objetivocracia democrática va a funcionar de forma más óptima cuando todos sus integrantes están acostumbrados a emplear métodos democráticos; cuando los ciudadanos están acostumbrados a hacer escalas de objetivos personales y de sus grupos; y a realizar acciones de acuerdo a ellas. La educación práctica es el mejor medio para estimular y promover el uso de la democracia en todos los ámbitos de la vida de los ciudadanos.

El objetivo de la Objetivocracia Democrática no sólo es el de permitir que sus integrantes sean libres y se puedan desarrollar sin opresión, sino el de aumentar las posibilidades, oportunidades y libertades de sus ciudadanos. Para esto se debe de asegurar que todos sus integrantes puedan tener una educación que promueva el pensamiento crítico, el cuestionamiento a la autoridad y al estatus quo, el debate, la formación de criterio personal, el entendimiento del funcionamiento del sistema de la Objetivocracia Democrática, al menos un entendimiento básico del mundo natural y de la historia de la humanidad y que puedan colaborar y organizarse en equipos y proyectos.

Por otro lado si una sociedad regida por un sistema de Objetivocracia Democrática estimula la educación analítica y crítica, está asegurando que sus integrantes puedan elegir sus objetivos con conocimiento de causa y que sus integrantes sean capaces de ser parte de una asamblea y tomar decisiones que no sean influidas por grupos de poder, o que no sean absurdas o ineficientes.

Una sociedad que estimula y pone al alcance de sus ciudadanos la educación, no sólo en sus niños sino en todos sus integrantes, es una sociedad que asegura tener ciudadanos competentes no sólo para elegir sus objetivos y ser miembros de una asamblea, sino para realizar con éxito los proyectos licitados.

Una sociedad que estimula y pone al alcance de sus ciudadanos la educación critica, analítica y práctica, no solo en sus niños sino en todos sus integrantes, es una sociedad que amplían la libertad, las posibilidades y las oportunidades de cada ser humano, pues sus conocimientos y su educación crítica lo empoderan para poder esforzarse y emprender proyectos personales y proyectos sociales.

Una sociedad que estimula y pone al alcance de todos sus ciudadanos educación crítica, analítica y práctica expande las libertades, posibilidades y oportunidades de todos y cada uno de los ciudadanos pues tendrán más herramientas para desarrollar y emprender proyectos personales y sociales.

Para su correcto funcionamiento, dentro de una Objetivocracia Democrática en la educación se debe promover el sentido de la responsabilidad personal y social, el cuestionamiento al status quo, el debate, la sed del conocimiento, la lógica argumentativa y colaboración y trabajo en equipo constante.

Es recomendable que los sistemas de educación en una Objetivocracia Democrática promuevan:

1. El sentido de responsabilidad personal y social y práctica y destreza del uso del sistema democrático.

Es indispensable que los miembros de una Objetivocracia Democrática comprendan que su futuro personal y el de su sociedad está en sus manos. Que si bien hay fuerzas externas, la misma sociedad siendo una de ellas, cada ciudadano ejerce una influencia sobre su sociedad y al hacerlo modifica sus propias circunstancias y las de los otros ciudadanos.

Es recomendable que desde chicos se fomente la formación de escalas de objetivos y la toma de decisiones con respecto a dichas escalas. También es recomendable que el proceso democrático sea empleado de distintas formas a lo largo de la educación de los ciudadanos para que desde niños se acostumbren y se sientan empoderados para alzar su voz, participar, criticar, proponer, organizarse y actuar.

Dependiendo de los tamaños de los grupos de los niños en las escuelas, se pueden realizar actividades con democracia directa y algunas otras por sorteo. Estas actividades deberán ser frecuentes y tener impactos reales en las vidas de los estudiantes, de esta manera ellos vivirán el proceso democrático con diferentes sistemas a lo largo de su vida. Siendo la transición a utilizarlo a nivel político como algo natural.

Por ejemplo: Los niños en un salón de clases pueden debatir sobre el color del que quieren pintar su salón o sobre el lugar al que quieren ir para un viaje escolar y posteriormente elegir por medio de la democracia directa. Algunas decisiones del funcionamiento de las escuelas pueden estar al alcance de los estudiantes quienes para tomar las decisiones pueden hacer uso de debates y del proceso representativo por sorteo y luego la posibilidad de veto.

2.   Cuestionamiento del *status quo*.

Para evitar que dogmas obsoletos estanquen el progreso y avance de la sociedad, o que grupos de poder generen una concepción de la realidad opresora para una sección de la sociedad, se recomienda que se acostumbre a los ciudadanos de una Objetivocracia Democrática a cuestionar el *status quo*. Solamente los objetivos, las estructuras y las acciones sociales que se sostengan ante el cuestionamiento, justifican su existencia.

Del cuestionamiento surgen las siguientes posibilidades:

I.   A través del cuestionamiento se descubre un error o una falla y gracias al cuestionamiento se corrige o elimina. Eliminar y corregir un error, es sin duda una acción que podemos considerar positiva para una sociedad democrática.

II. Al responder al cuestionamiento se refuerzan los argumentos a favor del objetivo y se robustece el fervor por dicho objetivo.

III. Al responder al cuestionamiento, los integrantes de una democracia ven su democracia en funcionamiento y pueden estar seguros de que el camino emprendido por la sociedad es el que consideran correcto y legítimo con el conocimiento y en las circunstancias actuales.

También es recomendable mostrar a los ciudadanos las ventajas de la estabilidad, los cambios graduales y de que el cambio en una Objetivocracia Democrática viene a través del cuestionamiento, el debate y el proceso democrático. Es recomendable que se estimule en los ciudadanos desde niños el cuestionamiento del *status quo* y de la autoridad y que se acostumbre a los que tienen autoridad a saber que si no pueden justificar su autoridad, carecen de legitimidad.

3. El debate.

Los ciudadanos de una Objetivocracia Democrática deben de saber que una de las mejores herramientas para el mejoramiento personal y el de la sociedad, es el debate. El debate pone a prueba las ideas y los argumentos que las sostienen. El debate mejora las ideas buenas y destituye las ideas débiles o fálaces. El ciudadano de una Objetivocracia democrática debe de considerar al debate como la herramienta más honesta para persuadir y mejorar ideas y a la sociedad. Por estas razones se debe de acostumbrar y educar a los ciudadanos desde niños a debatir y a formar su propio criterio a partir de un debate. Se debe estimular la formación de debates para resolver conflictos o tomar decisiones en los salones de clase. Los docentes de una escuela pueden hacer uso del debate, en lugar de la cátedra, para exponer distintos puntos de vista ante los estudiantes.

En los debates públicos, los debatientes siempre tienen que mostrar sus fuentes y los moderadores tendrán la capacidad de analizar sus argumentos en busca de falacias.

4. La sed del conocimiento.

La educación e inclusive la operación de una Objetivocracia Democrática debe estimular el conocimiento y dejar claro a sus integrantes que sin una base de conocimiento adecuada difícilmente podrán tomar decisiones acertadas.

En estos momentos en nuestra sociedad existe mucha sed de conocimiento sobre temas como las historias de los videojuegos, los cómics, las series, las películas, los famosos y los deportes. El ser humano ama y busca el conocimiento. En una Objetivocracia Democrática se debe alentar y facilitar el conocimiento de las cuestiones públicas y sociales que afectan la vida de los ciudadanos.

5. Lógica argumentativa.

En una Objetivocracia Democrática es de vital importancia que se acostumbre a los ciudadanos a aplicar la lógica argumentativa constantemente durante su vida para que cuando se le den argumentos políticos, el ciudadano esté acostumbrado a evaluarlos. La habilidad de detectar falacias ayudará a los ciudadanos a protegerse contra la manipulación de grupos de poder o charlatanes. Por lo que en todos los niveles de la educación se debe poner en práctica la lógica argumentativa en situaciones cada vez más complejas. Todos los integrantes de una sociedad deben de ser capaces de identificar argumentos y falacias.

6. Identificación y diferenciación entre hechos, datos, ideas, opiniones, creencias, sentimientos y emociones.

Para el óptimo funcionamiento de la Objetivocracia Democrática, es de suma importancia que los ciudadanos sepan identificar y diferenciar entre hechos, datos, ideas, pensamientos, creencias, sentimientos y emociones. Para lograr esto es recomendable que se realicen ejercicios de análisis, introspección y análisis grupales e individuales desde la niñez. Pues cuando las personas no son capaces de identificar la diferencia entre los conceptos anteriores pueden ser muy fácilmente manipuladas por políticos, demagogos, grupos de poder, publicidad y medios de comunicación.

En la actualidad, políticos y medios de comunicación suelen combinar datos parciales con opiniones que los cargan de ideología que refuerzan o van en contra de las creencias de los ciudadanos y generan sentimientos fuertes que son utilizados para manipular y lograr un objetivo político o económico.

7.   Transparencia.

La sociedad en general, desde la niñez, debe estar acostumbrada a buscar la transparencia en sus instituciones. Los presupuestos de las escuelas, los salones de clases, los clubes de deportes, las asociaciones vecinales, etc., y sus gastos deben de poder estar abiertos para que todos los integrantes los puedan ver, cuestionar y tal vez mejorar. Acostumbrando a los niños y ciudadanos a analizar y buscar mejorar presupuestos y gastos.

La combinación de los siete puntos anteriores ayudará a la ciudadanía a tomar las riendas de su propia vida y de su sociedad y a hacerlo de una forma consciente, intencional y racional. Esto no quiere decir que primero se tienen que lograr este tipo de educación y luego se establece la Objetivocracia Democrática. Pues si se le priva a los seres humanos de su libertad con la excusa de que no están preparados para tenerla, nunca van a estar preparados para tenerla. Precisamente es el ejercicio de su libertad la que hace diestros a los seres humanos en el ejercicio de su libertad. Para que una sociedad sea libre, el primer requisito que tiene es que sea libre. Solo el uso y aplicación de su libertad le podrán brindar la experiencia y destreza adecuada a los ciudadanos para hacer uso y ampliar su libertad. Si un grupo o persona considera que es necesario algo antes de que los ciudadanos puedan ser libres, los esta oprimiendo. Utilizando la libertad, siendo libres, los individuos aprenden a ser libres y a emplear su libertad.

¿Qué opinas de la educación propuesta? ¿Piensas que haría falta tomar más factores en cuenta? ¿Cuáles? ¿Piensas que los factores que hace falta tomar en cuenta los pueden evaluarlos ciudadanos en sus propuestas y licitaciones?

CAPÍTULO 3

Seguridad Física

Uno de los objetivos básicos de toda sociedad humana suele ser la seguridad física. Esto es, proteger a las personas de violencia, coerción y poder físico. No es estrictamente necesario que una Objetivocracia Democrática elija como uno de sus objetivos la seguridad de sus integrantes, pero es natural asumir que normalmente la seguridad será uno de los objetivos de la sociedad.

Además si la sociedad no puede brindar seguridad física a sus integrantes, los integrantes se verán con la necesidad de protegerse a sí mismos, esto tiene las siguientes consecuencias:

I.   Ser miembro de la sociedad no será atractivo pues no traerá un beneficio básico para sus integrantes.

II.   Los integrantes de la sociedad se verán obligados a proteger sus personas e intereses por medio del poder y el uso de la fuerza. Situación que seguramente los acostumbrará al uso de la fuerza como medio para lograr sus objetivos personales; y que seguramente generará en que algunos integrantes de la sociedad recurran a la fuerza para oprimir a otros integrantes de la sociedad, disolviendo así la democracia.

III.   Los integrantes de la sociedad se verán en la necesidad de formar sociedades debajo de la sociedad oficial para poder protegerse, estas sub-sociedades no necesariamente funcionarán por medio del sistema de Objetivocracia Democrática, o no se regirán por los objetivos y el sistema que rige al resto de la sociedad; generando gobiernos o sociedades debajo de las sociedades que destruyen el concepto democrático en general y que tienen el potencial de oprimir al resto de la población.

Corresponde a cada sociedad regida por el sistema de Objetivocracia Democrática encontrar la forma en que podrán proteger a sus integrantes, cuidando siempre de no oprimirlos o de no generar una fuerza policial, judicial, o militar con el potencial y el poder para oprimir. A continuación propongo una forma en que puede funcionar una fuerza de seguridad interior a la sociedad. Ésta es sólo una propuesta y una de tantas formas en que se puede organizar la sociedad para lograr salvaguardar la seguridad física de sus integrantes.

Propuesta:

Los cuerpos de seguridad pueden constituirse de 5 ramas: Ciudadanos en general, Guardias Ciudadanos, Fuerzas de Respuesta, Investigadores, y trabajadores sociales.

1.   Ciudadanos en general

En todo momento, cada ciudadano tiene el poder y la responsabilidad para reportar y denunciar un crimen o una falta administrativa. Si un ciudadano presencia un crimen o falta administrativa puede recolectar evidencia fílmica o sonora y/o llamar a los guardias ciudadanos en turno, a las fuerzas de respuesta, a investigadores o a trabajadores sociales.

Para facilitar lo anterior, se recomienda desarrollar una aplicación que todos los ciudadanos tengan en su celulares; desde donde puedan pedir asistencia de los guardias ciudadanos en turno, de las fuerzas de respuesta, de los investigadores o de trabajadores sociales; y a donde pueden subir videos, fotos o audios que funcionen de evidencia.

Por ejemplo: Si un ciudadano ve un auto mal estacionado puede sacar su celular, abrir la aplicación, tomar una foto del auto, sus placas y el lugar donde está estacionado y subirla al sistema poniendo que es una ruptura del contrato colectivo de tránsito.

Si un ciudadano presencia un acto violento, desde su aplicación puede emitir una alerta para que lleguen fuerzas de respuesta.

2.   Los guardias ciudadanos

Además de que cada ciudadano tiene el poder de denunciar y mostrar evidencia contra alguien que cometió un crimen o una falta administrativa. Es necesario que existan ciudadanos que estén en las calles dedicando su tiempo y atención completa para ayudar a otros ciudadanos, para realizar denuncias, obtener evidencia de crímenes y faltas administrativas y que puedan dar seguimiento a las denuncias de los ciudadanos.

Si los miembros de la sociedad deciden pedirse los unos a los otros que dediquen tiempo para dar servicio social, los cuerpos de guardias ciudadanos pueden ser formados de manera similar a como son formados las asambleas de ciudadanos. Por sorteo se selecciona de entre los ciudadanos que tienen que brindar servicio social a los que van a ser guardias ciudadanos; entre esto por sorteo se selecciona ciudadanos para formar cuadrillas de 4 guardias ciudadanos. Para los grupos de guardias ciudadanos también puede funcionar unir a las generaciones de ciudadanos entre 20 y 25 años y a la de 60 y 70 años. Se puede formar cuadrillas de cuatro guardias ciudadanos, dos jóvenes y dos retirados elegidos al azar que patrullen la ciudad juntos. Incluso puede ser una joven, una retirada, un joven y un retirado.

Esto permitirá que los mismos ciudadanos sean los encargados de la seguridad y evitará abusos de poder por parte de las fuerzas policiacas. Cada ciudadano protege y cuida a su propia comunidad. Además, ambas propuestas ayudarán a generar interacción entre distintos miembros de la sociedad, a generar cohesión social y participación ciudadana.

Los guardias ciudadanos no responden a crímenes violentos, ni investigan, son más parecidos a guardias de seguridad, vigilancias de vecindades.

La primera responsabilidad de los guardias ciudadanos es dedicar el 100% de su atención a ayudar a otros ciudadanos, a vigilar, denunciar y levantar actas sobre rompimientos a los contratos colectivos no violentos. Si los Guardias Ciudadanos detectan o presencian un acto violento llaman a las fuerzas de respuesta; y si presencian un acto que requiere investigación llaman a los investigadores.

Todos los ciudadanos son entrenados en sus labores, para poder llevar a cabo su responsabilidad de guardias ciudadanos.

Todo lo que hacen los guardias ciudadanos es grabado y transmitido en vivo a la red, para evitar abusos y para brindar seguridad.

Cuando los guardias presencian un crimen violento o piensan que hay posibilidades de que se desarrolle un crimen violento, deben de llamar a las fuerzas de respuesta.

Cuando el guardia ciudadano presencia un crimen o una falta administrativa no violenta, que requiere una multa pero no hace falta una investigación, ellos mismos levantan la multa o la amonestación.

Cuando el guardia ciudadano presencia un crimen o una falta administrativa no violenta que requiere una investigación o ser llevada a juicio, debe de llamar a los investigadores quienes se dedican a llevar toda la investigación y a presentar el caso ante las cortes.

Cuando un ciudadano emite una alerta de seguridad, los primeros en recibir la alerta son los guardias ciudadanos quienes tienen que llegar al lugar donde se emitió la alerta, y si es un crimen no violento, hacerse cargo del reporte necesario y la coordinación con los investigadores.

Este servicio social también puede ser utilizado como justificación para pagar la universidad de los jóvenes y la pensión de los retirados. Si a los jóvenes entre 20 y 25 años se les pide dar un año de servicio social, y este servicio es utilizado para que sean guardias ciudadanos y reemplacen las mayorías de las labores de la policía, entonces la sociedad puede recompensar a estos jóvenes pagando sus universidades. Así mismo, si a los adultos de entre 60 y 70 años se les pide que dediquen un año de su vida a servicio social, y este año de servicio lo utilizan para que trabajen con los jóvenes siendo guardias ciudadanos, la sociedad puede recompensar estos adultos pagando su pensión de retiro.

3.   La fuerza de respuesta

Son ciudadanos cuyo trabajo específico es el de la confrontación violenta.

Pueden ser miembros de compañías que ganaron la licitación para cumplir este trabajo. Si este es el caso se tendrá que limitar muy conscientemente el poder que estas empresas puedan tener.

Por ejemplo, cada compañía licitante puede consistir en lo equivalente a un equipo de SWAT. De esta forma habrá individuos entrenados y dedicados a la respuesta violenta, pero no tendrán un mando jerárquico vertical y unificador. Cada compañía puede estar compuesta por cinco, diez ó quince integrantes, pero no son una fuerza policíaca unificada que puede amasar grandes cantidades de poder y oprimir a la sociedad.

Lo ideal en este caso es que cada pequeña compañía tenga asignada un área de respuesta y que estén entrenados para coordinarse entre sí en caso de requerir unirse contra una amenaza de tamaño considerable. Cuando un ciudadano o un guardia ciudadano emite una alerta de un crimen violento, el equipo encargado del área llega para responder a la crisis. Si la crisis es demasiado violenta, este equipo puede pedir ayuda de otros equipos de fuerza de respuesta.

En todo momento en que las fuerzas de respuesta están trabajando, todo lo que hacen es grabado y subido a la web, para que pueda ser monitoreado por los ciudadanos.

4.   Investigadores

El equipo de investigadores de la sociedad son los que investigan y arman los casos criminales para ser presentados en las cortes. Estos investigadores pueden ser parte de compañías y agencias de investigación que ganan licitaciones, o ser ciudadanos que investigan individualmente. De ser el caso, los ciudadanos de una sociedad tendrán que estar al pendiente de no dar demasiado poder a estas compañías y de revisar posibles conflictos de intereses.

De nuevo, lo ideal en este caso es que existan múltiples compañías relativamente pequeñas con la obligación de compartir toda la información y ser 100% transparentes entre ellas y con el público. Estas compañías se pueden unir para investigar crímenes que requieran de una fuerza de investigación mayores a las que cada una de ellas tiene por separado.

Se pueden dividir las labores de las agencias de investigación, unas de ellas dedicarse sólo a las faltas administrativas más comúnmente reportados por los ciudadanos desde sus aplicaciones; otras a crímenes no violentos; otras a crímenes corporativos; otras a crímenes de corrupción; otras a crímenes financieros, etc.

5.   Trabajadores Sociales

Algunas situaciones a las que se enfrentan los guardias ciudadanos o los ciudadanos en general pueden no requerir respuestas violentas o investigación criminal, por lo que es recomendable que existan grupos de trabajadores sociales disponibles para atender estas situaciones. Estos trabajadores sociales pueden ser equipos o pequeñas compañías que realizan licitaciones para poder trabajar com trabajadores sociales y enfrentar cierto tipo de situaciones y problemas. Cualquier persona en cualquier momento debe de poder pedir la asistencia de un trabajador social o de un equipo de trabajadores sociales.

Cada sociedad debe de desarrollar sus propios métodos para garantizar la seguridad de sus integrantes; y comprobar que estas fuerzas de seguridad no tengan suficiente poder como para oprimir a un sector de la sociedad o a todos los ciudadanos. La anterior es sólo una propuesta que tal vez tú puedes mejorar.

¿Piensas que es posible que los ciudadanos sean los encargados y responsables de su seguridad? ¿Piensas que esto podría dar buenos resultados? ¿Piensas que esto sería eficiente? ¿Piensas que esto evitaría la corrupción y la opresión? ¿Piensas que la única forma de lograr seguridad es por medio de una fuerza policíaca convencional? ¿Piensas que puede haber otras soluciones? ¿Piensas que a estas soluciones se puede llegar por medio de una Objetivocracia Democrática?

CAPÍTULO 4

¿Preparados?

A lo largo de la historia, cada vez que un grupo de personas o una idea atenta contra el *status quo* opresor en turno, intelectuales, opresores e incluso oprimidos, pues por medio de la propaganda y la manipulación muchas veces se ha convencido a los oprimidos que en realidad el sistema los beneficia a ellos, alzan la voz con argumentos en contra de la libertad y la igualdad. Lo mismo sucederá en contra de la Objetivocracia Democrática y en contra de cualquier otra propuesta de sistema social que busque la verdadera libertad del ser humano.

Argumentos en contra de la Objetivocracia Democrática

Aún antes de presentar estas ideas al público, puedo imaginar algunos de los argumentos que se intentarán utilizar para atacar el nuevo sistema social.

1. El ser humano, las masas, son inmorales, viciosos y crueles y por lo tanto elegirán objetivos egoístas, antisociales, antinaturales y opresivos.
2. Las masas, son ignorantes y no están preparadas para ser libres y gobernarse a sí mismos.
3. El sistema es muy complicado. No va a funcionar porque es un sistema muy complicado.

Estudiemos y analicemos estos argumentos:

1.   Las masas, son inmorales, viciosos y crueles y por lo tanto elegirán objetivos egoístas, antisociales, antinaturales y opresivos.

Las masas: lo primero que dice la persona que argumenta de esta manera, es que él mismo está fuera de las masas, que las masas son otros y él es superior. Que él es uno de estos hombres de cualidades superiores y por lo tanto él, u otros que opinen como él deberían de gobernar sin escuchar, sin ser democráticos, sin permitir la libertad de las masas. Contra esta sola idea inicial, están los argumentos que dimos en contra de la aristocracia, la monarquía, etc.

Las masas son inmorales: este argumento es muy curioso, pues, básicamente establece que porque los otros son inmorales, no merecen libertad y autodeterminación, y por lo tanto merecen ser oprimidos. Este argumento lo que sostiene es que porque las masas pueden ser inmorales, hay que cometer el acto más inmoral de todos que es el de oprimir y privar de libertad al ser humano.

Las masas elegirán objetivos opresivos: esto quiere decir que porque existe la posibilidad de que las masas lleguen a oprimir, entonces hay que oprimirlas a ellas. Parece que no son las masas sino los que no se consideran parte de las masas los que tienen la tendencia a oprimir. Aunque debemos de aceptar, que tomando a cualquiera de entre la población, es probable que con un poco de poder, se considere a sí mismo de cualidades superiores; por lo que el sistema completo de la Objetivocracia Democrática está diseñado para no depositar demasiado poder en pocas manos y para evitar la opresión.

Ahora que si por opresión quieren decir limitación o eliminación de privilegios de pocos que oprimen a muchos, claro que sí, la Objetivocracia Democrática busca quitar los privilegios de los opresores y asegurar circunstancias en las que no solamente unos pocos sino todos, tengan la oportunidad de desarrollarse libremente como seres humanos.

En una Objetivocracia Democrática los objetivos que reinan son el punto medio de la sociedad; el promedio, no la tiranía de una minoría sobre una mayoría o de una mayoría sobre una minoría, es el punto medio de la sociedad. El punto donde convergen las diferentes ideas, intereses y posiciones de todos los integrantes de la sociedad. Por lo que es un sistema que protege al ciudadano de la opresión de mayorías o minorías.

2. Los seres humanos son ignorantes y no están preparados para ser libres y gobernarse a sí mismos.

Pienso exactamente lo contrario, los que a lo largo del mundo y la historia se han autodenominado hombres de capacidades superiores, y en este caso si digo hombres por que a lo largo de la historia han sido en su mayoría hombres, y han afirmado que sus capacidades superiores les dan el derecho o la responsabilidad de gobernar sobre los demás, han cometido la mayoría de los actos de opresión, de violencia, de genocidio, de despilfarro, de explotación y de destrucción. Estos hombres han instituido sistemas que oprimen, explotan y dejan en pobreza a la mayoría de las poblaciones del mundo. Estos hombres superiores pueden ser tan intelectuales como quieran ser, pero su intelectualidad no los ha preparado para ser seres humanos empáticos que respeten, fomenten y amplíen la libertad, las posibilidades y oportunidades de los otros seres humanos. En realidad podríamos afirmar que los hombres superiores no están preparados para respetar la libertad y la humanidad de todos los otros seres humanos; por lo tanto estos hombres superiores deben de ser detenidos para que no lleguen a tener el poder para explotar y oprimir a los otros seres humanos.

Por otro lado, aún y cuando se aceptase que ciertos seres humanos están más preparados para realizar ciertas funciones, ningún ser humano está más preparado que el otro para decidir qué hacer con la propia vida. Pensar que un ser humano puede saber y decidir mejor lo que debería de suceder con la vida del otro ser humano, es reducir al ser humano a un objeto que pensamos debería de ser controlado en las manos de otro ser humano.

La libertad, la responsabilidad, la autodeterminación, la colaboración y la organización son cualidades que se ejercitan y fortalecen con el empleo y la práctica, no son simples teorías abstractas que el ser humano puede aprender por completo sin hacer uso de ellas. Para que el ser humano pueda ser libre, tiene que ser libre y hacer uso de su libertad.

Contra este argumento también están los argumentos en contra de la monarquía, la aristocracia, la dictadura y la tecnocracia.

3.   El sistema es muy complicado. No va a funcionar porque es muy complicado.

Realmente no es más complicado que el sistema actual. Tal vez requiere tiempo para que las personas se acostumbren, pero como el sistema permite y fomenta la participación ciudadana en cada momento, no solo será un sistema sino una forma en que las personas se relacionarán entre sí y una forma de ver y vivir la vida.

¿Piensas que la Objetivocracia Democrática es un buen sistema pero que el ser humano o las sociedades no están preparados para él? ¿Por qué? ¿Qué piensas que tendría que ser necesario para que el ser humano esté preparado para una verdadera democracia? ¿Cómo podríamos ayudar a preparar al ser humano para que sea realmente libre y viva en una verdadera democracia?

____

____

____

____

____

____

____

____

____

____

____

____

____

____

____

CAPÍTULO 5

Transición a la Objetivocracia Democrática

Cualquier persona que desee libertad para sí mismo y para los otros seres humanos, y desee fomentar el desarrollo humano propio y de los otros debería de comenzar a preguntarse ¿Cómo puedo ayudar a hacer que nuestra sociedad sea más libre y democrática? ¿Cómo puedo ayudar a la evolución de la sociedad para que el siguiente cambio social se logre de forma pacífica y no por medios violentos? ¿Cómo puedo dejar de ser cómplice del sistema opresor?

Plantéate estas preguntas, piensa y utiliza tu capacidad racional y tu creatividad para descubrir medios por los cuales puedes ayudar a la evolución del sistema actual a uno democrático, libre y que pueda solucionar los problemas que enfrenta la humanidad.

¿Qué has pensado? ¿Cómo puedes dejar de ser parte del sistema opresor? ¿Cómo puedes comenzar a hacer la transición hacia un sistema verdaderamente democrático, sea o no la Objetivocracia Democrática?

____

____

____

____

____

____

____

____

La interacción y el debate

El primer paso para ser parte del cambio es comenzar a hablar y debatir. A confrontar a otros seres humanos de forma directa, a hablar de ideas, a expresar y demostrar por medio de argumentos que no son libres y que su sociedad no es una democrática; a hablar de la Objetivocracia Democrática, a discutir sobre distintas formas de organización y las posibilidades de éxito que tendrían, etc..

Lo primero y lo más necesario para lograr una verdadera democracia, libertad y generar cohesión social es que hablemos de estos temas. Que aceptemos que estamos polarizados, que eso no nos beneficia, que aceptemos que no vivimos en una democracia y que estar en una democracia es, por mucho, más preferible que estar en una dictadura o uno de los otros sistemas de organización social más opresivos.

Habla de estos temas con tus amigos, discute, tal vez al inicio te vean como un loco, pero poco a poco se va a ir normalizando y la platica no será sobre el siguiente gobernador o presidente sino sobre el siguiente sistema. ¡Piensa, habla, discute, escucha, discierne y actúa!

Escribe el nombre de las personas o grupos de personas con los que vas a hablar de estos temas:

____

____

____

____

____

____

____

____

____

____

____

____

Quita poder a los políticos y distribuyen horizontalmente entre todos los ciudadanos.

En estos momentos dentro de nuestros sistemas políticos actuales podemos quitarle algunos de los poderes y facultades de los politicos electos y los podemos distribuir horizontalmente entre todos los ciudadanos.

Por ejemplo, podemos comenzar presionando a nuestros gobiernos para que implementen la practica de los presupuestos participativos primero y posteriormente que se implemente política fiscal participativa.

El principio básico de los presupuestos participativos es que los ciudadanos mismos eligen dónde se va a invertir o gastar el dinero del gobierno. La forma más democrática y eficaz de hacerlo es utilizando la democracia por promedio, permitiendo a cada ciudadano elegir los rubros donde se invertirá o gastará el dinero del gobierno y el porcentaje del presupuesto que se destinará a cada rubro. El proceso funcionara de forma muy similar a como funciona la elección de objetivos.

Cada ciudadano tiene 100% del presupuesto para decidir qué hacer con él.
Cada persona hace la lista de rubros donde quiere que se invierta el dinero del gobierno.
Cada persona decide qué porcentaje del presupuesto será destinado a cada rubro.
Los rubros pueden ser tan específicos o genéricos como quieran, pero tienen que saber que más especifico el rubro, más difícil será que más personas lo hayan elegido.
Cada lista individual, de cada ciudadano con sud respectivos porcentajes, es promediada para obtener la lista de la sociedad completa con los porcentajes del presupuesto que será destinado a cada rubro.

Por ejemplo:
Tú puedes querer que tu gobierno invierta 30% de su presupuesto en educación, 10% en policía y seguridad, 15% en servicios sociales, 10% en protección del medio ambiente, 15% en fuerzas militares, 10% en infraestructura y 10% en desarrollo económico equitativo. Por otro lado, tu vecina puede querer que tu gobierno invierta 30% de su presupuesto en educación, 30% en policía y seguridad, 5% en servicios sociales, 30% en fuerzas militares, y 5% en infraestructura. Un amigo tuyo puede querer que tu gobierno invierta 40% de su presupuesto en educación, 10% en policía y seguridad, 20% en servicios sociales, 20% en protección del medio ambiente, 10% en el desarrollo económico de los menos privilegiados. En estos casos, el promedio, el presupuesto participativo que resulta del promedio de lo que buscas tú, tu vecino y tú amiga es: 33.3% para educación, 16.6% en policía y seguridad, 13.3% en servicios sociales, 15% en fuerzas militares, 10% en protección del medio ambiente, 5% en infraestructura, 3.3% en desarrollo económico equitativo, y 3.3% en el desarrollo económico de los menos privilegiaos.

Una vez que se ha implementado el presupuesto participativo, el siguiente paso el la política fiscal participativa. La política fiscal implica las desiciones de dónde invertir el dinero del gobierno y cómo obtener dinero para el gobierno. En este momento nos vamos a concentrar en el sistema de impuestos. En establecer un sistema participativo de impuestos. Esto quiere decir que los ciudadanos mismos eligen en qué a quién y cuánto se cobra de impuestos.

Los impuestos más comunes suelen ser impuestos a los ingresos salariales, impuestos a ganancias o dividendos, impuestos a propiedades, impuestos al consumo, impuestos a la riqueza, impuestos a las herencias y tarifas e impuestos a la importación y exportación.

Una forma comprensiva en que se puede dar a los ciudadanos las facultades y el poder para elegir los impuestos sería acercándose a cada uno de estos impuestos de forma individual y dividiendo a la población, la riqueza, las ganancias, las propiedades y los productos por nivel económico.

Por ejemplo: para facilitar a que los ciudadanos elijan los impuestos a los ingresos salariales, se puede dividir a la población en 10 niveles económicos. Los ciudadanos que menos ingresos salariales reciben están en el nivel 1, y los que más ingresos salariales perciben están en el nivel 10. Los ciudadanos podrán ver el rango de ganancia en cada nivel, la cantidad de personas en ese rango y la cantidad de dinero que sería recaudada al aplicar el impuesto. Por ejemplo, podrán ver que el nivel 1 percibe entre $0 y $10,000 pesos al mes y que hay 50 millones de personas en este nivel. Cada ciudadano, individualmente decidirá qué porcentaje de impuesto debería de ser aplicado a los ingresos de este nivel de la población. La respuesta de cada ciudadano es promediada con las de los otros ciudadanos para obtener el impuesto que será aplicado a los que ganan entre $0 y $10,000 pesos al mes. Por ejemplo, si la sociedad está compuesta por diez personas, nueve de ellas deciden aplicar 0% de impuestos para el nivel económico 1, y una persona decide aplicar 10% de impuestos para el mismo nivel, las respuestas de las diez personas son promediadas y se aplicará 1% de impuestos al nivel económico 1.

Los ciudadanos mismos eligen de forma individual cuál será el impuesto de cada nivel económico y las respuestas de cada uno de ellos será promediada para obtener el impuesto para cada nivel económico.

Esto sera aún más efectivo si los ciudadanos pueden ver en tiempo real cómo serán afectados los ingresos de cada nivel económico. Por ejemplo, si los ciudadanos pueden ver que en el nivel económico 10 existen 10,000 personas que perciben entre \$1,000,000 y \$100,000,000 mensualmente. Una persona puede decidir aplicar 40% de impuestos a este nivel económico, y ver que después de impuestos percibirán entre \$600,000 y 60,000,000 mensuales.

En escénica este principio puede ser aplicado para los otros impuestos. Se dividen los productos de consumo en niveles económicos, o de necesidad y los ciudadanos deciden cuánto aplicar de impuesto a cada nivel. Se dividen las propiedades por niveles de valor y los ciudadanos deciden cuánto impuesto aplicar a cada nivel de propiedades. Incluso en este caso, os ciudadanos podrían decidir si hay una cantidad de metros cuadrados a los que tienen derecho cada persona sin tener que pagar impuestos, o un limite a los metros cuadrados de los que puede ser dueño una persona.

Los presupuestos participativos y la política fiscal participativa no son objetivocracia democrática, pero son un par de pasos concretos para democratizar el sistema y para transformar a la sociedad a una objetivocracia democrática.

Ambas propuestas quitan poder a los políticos y lo distribuyen de forma horizontal entre todos los ciudadanos. Ambas propuestas se pueden implementar dentro de los sistemas politicos actuales. Ambas propuestas pueden ser los primeros pasos hacia una objetivocracia democrática. Primero hay que quitarle a los políticos el poder que tienen para decidir qué hacer con el dinero del gobierno y hay que distribuir ese poder y esa responsabilidad entre todos los ciudadanos. Después hay que quitar a los políticos el poder para decidir el sistema de impuestos y el sistema fiscal y que que distribuirlo entre los ciudadanos. Posteriormente podemos pasar a que los ciudadanos eligen no solo el presupuesto sino los objetivos y que los políticos tengan que trabajar por esos objetivos y finalmente podemos transformar a todo el sistema político quitando a los politicos electos y formando asambleas de ciudadanos y licitaciones.

Si deseas saber más sobre estos temas y sobre los proyectos que se están realizando para promover y facilitar los presupuestos participativos y la política fiscal participativa, visita: www.wejustcoop.org

El camino a la Objetivocracia Democrática

Poner en práctica, aunque sea en pequeña escala, en pequeñas sociedades, la Objetivocracia Democrática o cualquier otro sistema social y democrático ayudará a que nos acostumbremos a ser escuchados, a ser libres y a ser democráticos; y que naturalmente queramos escalar los sistemas que nos dan voz y libertad a niveles más altos hasta llegar a modificar los sistemas que nos gobiernan. Tal vez, este año no vas a lograr que todo tu país se organice bajo el sistema de la Objetivocracia Democrática, pero sí puedes lograr formar o cambiar una pequeña sociedad; una administración de vecinos, una escuela, un club, una actividad con amigos, una cooperativa, un sindicato, un partido político, una comunidad, un municipio... y eventualmente lograremos cambiar países completos, hasta que todo el mundo sea una confederación de confederaciones que se organice bajo el sistema de la Objetivocracia Democrática.

Vecinos

Existen en todo el mundo millones de asociaciones de vecinos que administran colonias, vecindarios, condominios o edificios de departamentos. En estas asociaciones se puede poner en práctica la Objetivocracia Democrática, o al menos una parte de ella. Permitiendo que todos los miembros de la sociedad elijan sus objetivos, estos se promedian y se obtiene el promedio de objetivos de la pequeña sociedad. Los integrantes de la sociedad pueden proponer proyectos o soluciones. Un comité seleccionado por sorteo puede elegir las opciones que más les agraden y presentar a los otros integrantes los proyectos o conclusiones que se van a implementar. Los vecinos pueden vetar dicho proyecto o permitir que se lleve a cabo.

Clubes

Existen millones de clubes deportivos, sociales, literarios, científicos, intelectuales, de amantes de videojuegos, de amantes del cine, de amantes del anime, etc., en todos estos clubes se puede poner en práctica la Objetivocracia Democrática de la misma forma en que se puede hacer en con vecinos:

Por ejemplo:
1. Se emplea la Objetivocracia Democrática por Promedio para elegir los objetivos del club.
2. Los miembros del club desarrollan propuestas para alcanzar los objetivos del club.
3. Se elige un comité por medio del sorteo.
4. Los miembros del comité evalúan las propuestas que presentaron los otros miembros del club.
5. El comité presentará su recomendación a todos los miembros del club y explican por qué la eligieron.
6. Los miembros de la sociedad tienen posibilidad de vetar la propuesta o aprobarla.
7. Se aprueban algunas propuestas o reglamentos y los miembros del club son los que las ejecutan y llevan a cabo.

Organizaciones sociales, de activistas, o de voluntarios

Lo mismo que con los vecinos y los clubes es posible organizar una ONG o una sociedad de activistas y voluntarios por medio de la Objetivocracia Democrática. Incluso, pienso que si una organización está comprometida con el desarrollo humano y con la libertad, entonces la ONG tiene la oportunidad de poner en práctica y de demostrar cómo funcionan los principios democráticos dentro de la propia organización. De lo contrario, parte de su función es ayudar al *status quo*, al seguirle pidiendo a todas las personas que respeten la autoridad vertical y totalitaria.

Organizaciones Sociales, es tiempo de ser democráticas. Organizaciones sociales, si son amantes de la libertad y del desarrollo humano, si quieren ser parte de la evolución social, sean democráticas, ayuden a fomentar la democracia y a acostumbrar a las personas a ser libres.

En escuelas y universidades

Muchas escuelas y universidades funcionan como medios de "formación" no de desarrollo humano. En muchas escuelas y universidades se predica la conformación a las reglas, la reverencia a la autoridad, la confirmación al *status quo*, la eliminación de un espíritu independiente y la adoctrinación y condicionamiento interior para sustituir la identidad personal con identidades inventadas, superficiales y chauvinistas como el nacionalismo, el clasismo, el racismo, el orgullo del alma mater, el machismo, etc..

Padres, educadores, docentes, directores de escuelas y universidades, si quieren que sus hijos se desarrollen y no se sometan; si quieren que las siguientes generaciones sean libres y no estén programadas y condicionadas; si quieren ayudar a la evolución social, utilicen y acostumbren a sus hijos y estudiantes a utilizar el sistema de la Objetivocracia Democrática en su escuela; promuevan el debate, el cuestionamiento a la autoridad, robustezcan el aprendizaje y el uso de la lógica argumentativa. Hagan de cada salón una sociedad, de cada generación una confederación, de toda la escuela una confederación. Dejen a los estudiantes debatir y elegir sobre las clases optativas que estarán disponibles, sobre los tipos de deportes que estarán disponibles, sobre los colores de la escuela, sobre la feria de la escuela, sobre los viajes escolares, sobre el uniforme o la falta de, sobre la comida en la cafetería, etc..

Docentes, no formen soldados para el sistema, ayuden al desarrollo humano de personas libres.

En familias

Padres de familia, estimulen en sus hijos la responsabilidad personal; la habilidad de tomar decisiones; de formar su propio criterio; de tener injerencia sobre sus circunstancias.

Elijan temas en los que la familia funcionará como una Objetivocracia Democrática o por medio de la democracia directa. Tal vez las vacaciones, una remodelación, el restaurante en que comerán en un fin de semana, la película que irán a ver al cine, el menú de un día por semana; busquen, piensen, sean creativos, no formen a sus hijos a ser obedientes, a seguir a la autoridad, a matarse a sí mismos para ser aceptados. Respondan a sus preguntas, debatan con ellos, respondan al "y por qué", estimulen y celebren su individualidad, su criterio, su conocimiento, su voz, sus decisiones y su libertad.

En grupos de amigos

Amigos, o solo tú que estás convencido, pon en práctica los principios de la Objetivocracia Democrática o la democracia directa en tu grupo de amigos. Utiliza tu creatividad, tu capacidad cerebral para desarrollar formas en que puedes aplicar los principios democráticos con tus amigos, para ayudarlos y acostumbrarlos a utilizar el proceso democrático, a hacer oír su voz por medio del debate, a tener todos el mismo valor y el mismo poder.

Partidos politicos

Políticos, abogados, aspirantes a políticos, es tiempo de evolucionar, si no lo hacemos, caerán cabezas o nos moriremos en las revoluciones o las dictaduras que el sistema actual generará. Armen nuevos partidos que funcionan internamente con el sistema de la Objetivocracia Democrática y, aunque no puedan cambiar en una sola elección el sistema, pueden prometer a sus votantes, que de ser elegidos, no gobernaran o legislarán de acuerdo a sus principios personales, sino que a un lado del sistema oficial, desarrollaran procesos de la

Objetivocracia Democrática. Una vez elegidos, convoquen elecciones de Objetivos entre todos los ciudadanos, no solo los que votaron por ustedes. Pidan propuestas de los ciudadanos sobre cómo cumplir sus objetivos. Elijan entre ellas, y den opción a sus ciudadanos a que emitan un veto. Sean 100% transparentes, realicen y justifiquen todas sus acciones de acuerdo a la escala de objetivos. Hacer esto, acostumbrará a sus ciudadanos a ser democráticos, abrirá precedentes, e incluso ustedes mismos estarán en el ojo público por ser de los primero en cambiar el sistema a uno más democrático. Sean parte de la vanguardia del cambio del sistema social, del movimiento de la historia hacia una nueva forma de organización social.

Referendos

Políticos, gobernantes, si realmente son democráticos, cambien al menos su forma de trabajar los referendos, hagan uso del sistema propuesto por la Objetivocracia Democrática, véanlo en uso, experimenten con él. Sean lo que generan la evolución, no los que prometen y son odiados y despreciados por todos.

Ciudadanos de todo el mundo, cuando los políticos propongan un referéndum, no se dejen engañar y manipular por quienes les presentan una opción de "sí o no" sin explicar las implicaciones y los objetivos de cada decisión. Exijan en las estaciones de radio, en cartas al gobierno, en demostraciones, en peticiones firmadas, en notas de periódico, en artículos comprados en periódicos y revistas, en redes sociales, por cualquier medio que puedan, exijan que el referéndum no sea "sí o no"; exijan un primer voto donde cada uno exponga sus objetivos relacionados al tema a tratar; exijan que se forme una asamblea de ciudadanos elegidos por sorteo, que obtengan propuestas para solucionar el problema al que se enfrentan, que estas propuestas vayan de acuerdo a los objetivos elegidos por todos los ciudadanos, que expliquen esta propuesta a los ciudadanos y que todos los ciudadanos, ahora sí, puedan votar para aceptar o vetar la propuesta de a asamblea.

Ciudadanos, no dejen que las preguntas trascendentes que afectarán a toda su nación pasen a ser un juego televisivo de "sí o no". Los referendos, su gobierno, controlan o influyen en las circunstancias en las que se van a desarrollar y en las que viven, tomen control de ellas, exijan un referéndum por medio del sistema de la Objetivocracia Democrática, no se dejen manipular.

Este sistema puede funcionar para temas como: Brexit, la legalización de drogas, la legalización o no de la prostitución, los refugiados, el aborto, entrar o no a una guerra, cambios a la constitución, cambios al sistema electoral de un país, cambios a los impuestos, etc..

Sindicatos

Obreros del mundo que han luchado por más de 200 años en contra de la opresión y la explotación y por equidad. Sean libres en sus propias organizaciones para poder recuperar la legitimidad y la vitalidad que sus padres o abuelos tenían. No sean un sistema opresor más, no se rijan bajo un sistema de elección de representantes que genera oligarcas y cúpulas de poder. Utilicen el sistema de la Objetivocracia Democrática, revitalicen, energicen a sus integrantes de esta forma; que se sepan escuchados, que se sepan parte, que se sepan que son ellos, sus objetivos los que los mueven, no un jefe más.

Después de la muerte o abdicación de un dictador

Es momento de la caída de regímenes totalitarios en el mundo. Mueren dictadores, algunos por causas naturales y otros por balas, otros son desterrados. Ciudadanos y líderes de estas naciones, tienen una oportunidad sin precedente en sus manos: pongan el ejemplo de cómo puede ser una verdadera sociedad libre y democrática; pongan en práctica la Objetivocracia Democrática. Con este sistema, tendrán legitimidad y estabilidad. Con este sistema podrán desarrollarse individualmente y colectivamente. Ustedes que inician una nueva nación, pueden convertirse en opresores, o ser libertadores.

Sin estado de derecho

Y ustedes ciudadanos que viven sin estado de derecho, en donde el Estado, el gobierno, es solo uno más de los opresores que exigen dinero a cambio de no atacarlos, ustedes, formen juntas vecinales, formen gobiernos alternos, sistemas paralelos. Una sociedad voluntaria de vecinos que funcione con el sistema de la Objetivocracia Democrática y que se relacione con las otras vecindades por medio de confederaciones. Juntos, ustedes pueden resolver más problemas que los que el Estado les resuelve en estos momentos.

Miembros del 1 y 10%

Ustedes tienen el poder económico que les da acceso al poder político y militar. Si ustedes hacen el esfuerzo, ustedes pueden generar el cambio político, social, económico y ambiental necesario para poder tener sociedades libres donde se respete y se fomente el desarrollo humano de todos sus integrantes. Ustedes tienen gran parte del poder, y por lo tanto ustedes deciden si cambiamos y evolucionamos pacíficamente o si habrá revoluciones violentas donde muchos sufran, incluso ustedes, por intentar liberarse de la opresión generada por el sistema actual y su poder económico. ¿Eres opresor o eres libertador?, ¿ayudas al desarrollo libre de todos los seres humanos? No oprimas más.

Ciudadanos de todo el mundo

No se esperen a que sus políticos voluntariamente deseen cambiar el sistema. El sistema actual los beneficia a ellos, hay que exigirles que se cambie el sistema completo. La transición se puede hacer de forma gradual, pero se puede hacer.

Aún bajo el sistema de representación por elección, busquen la manera de cambiar gradualmente.

Por ejemplo:

1. Exijan la implementación de presupuestos participativos y de política fiscal participativa.

2.

3. Exijan que además de la elección de representantes se realice la elección de objetivos y exijan que los representantes utilicen los objetivos como guía y justificación para todas sus acciones.

4. Exijan que una de las cámaras de legisladores sea elegida por sorteo entre los ciudadanos. O sea, si tu país tiene una cámara de diputados y otra de senadores, pide que una de las dos, o la mitad de los miembros de ambas cámaras sean elegidos por sorteo. De esta forma se mermará el poder de los políticos y los intereses de los poderosos.

5. Exijan la formación de una asamblea auditora de todas las acciones del estado. Que la asamblea sea compuesta por ciudadanos elegidos por sorteo y cuente con el presupuesto y las facultades para contratar investigadores y expertos.

6. Exijan que los referendos no sean de "sí o no" sino que se realice un proceso de comités o asambleas de ciudadanos elegidos por sorteo o que se realice un proceso de Objetivocracia Democrática completo.

7. Exijan el cambio de su presidente o primer ministro por un comité o una asamblea. Comiencen a separar y romper el poder, eliminen la concentración del poder en pocas manos.

8. Poco a poco quítenle el poder a los políticos y destruyan la jerarquía que los oprime.

9. Desintegren a los cuerpos policiacos opresivos y formen cuerpos de guardias ciudadanos y trabajadores sociales. Paguen a estas personas sus universidades, deudas universitarias o pensiones.

Protestas

En estos momentos hay protestas y se piden reformas en Francia, Chile, Estados Unidos, Venezuela, Beirut, Irán y en muchos países del mundo. Ciudadanos, ya están en las calles, ya están pidiendo un cambio, pidan el cambio hacia la Objetivocracia Democrática, al menos parcialmente. No estén satisfechos con quitar al presidente en turno, no cambien a un gobernante por otro, cambien el sistema. Exijan la introducción de asambleas de legisladores ciudadanos seleccionados por sorteo; exijan la elección de objetivos de toda la sociedad; exijan la formación de una asamblea de auditores; exijan la elección de los impuestos y del gasto publico por medio del sistema de promedio, que cada ciudadano elija lo que considera que deberían de ser los impuestos de cada sector de la población y dónde deberían de invertirse; o incluso, pidan la formación de una nueva sociedad y cambien todo el sistema para obtener una Objetivocracia Democrática completa.

Tú

Tú que lees esto, quien quiera que seas, donde quiera que estés, se parte de la evolución antes de que nos gane el tiempo. Usa tu creatividad para buscar implementaciones de la Objetivocracia Democrática en tu vida y en la de tu sociedad. Piensa: ¿De qué grupos soy parte? ¿Podrían ser democráticos? Y si no: ¿Qué grupos nuevos me gustaría formar y hacer democráticos? O incluso ¿Puedo hacer un partido político, o pedirle a los que están que cambien a funcionar de acuerdo a una de las partes o todas las partes del sistema de la Objetivocracia Democrática? Piénsalo, usa tu inteligencia, tu creatividad, se parte de la evolución, no seas cómplice de la opresión de los seres humanos y la destrucción del planeta. ¡Actúa!

¿Qué acciones vas a tomar para ser libre y hacer que tu sociedad sea más libre?

PD

Para este punto ya analizamos los aspectos opresivos de la democracia representativa por elecciones, estudiamos alternativas y generamos una nueva propuesta de un sistema de organización política. Todo esto para buscar afirmar la libertad del ser humano; su derecho a decidir la razón por la que pertenece a una sociedad y los objetivos de esta sociedad; su derecho a tener injerencia sobre cuáles serán las circunstancias en las que va a vivir, desarrollarse y a las que se enfrenta.

Sin embargo, además del problema de la democracia representativa por elección, tenemos el problema del capitalismo. En el libro "La Economía Democrática, de una Objetivocracia" exploramos el problema que presenta el capitalismo, alternativas a dicho sistema y una integración del sistema de organización social, político y económico por medio de la Objetivocracia Democrática.

Separo los dos libros, porque, aunque considero que para lograr una verdadera libertad es necesario extender la democracia al sistema económico, también pienso que, aún los proponentes más fuertes del capitalismo pueden ver el beneficio de cambiar el sistema de organización política actual por la Objetivocracia Democrática. Si tu argumento es que quieres el capitalismo porque quieres libertad, entonces, pienso que puedes entender el valor de cambiar el sistema político actual por el de la Objetivocracia Democrática. Si tú defiendes el capitalismo porque lo consideramos un sistema libre, entonces la conclusión lógica es que prefieras la Objetivocracia Democrática a la democracia representativa por elecciones.

De cualquier manera, te invito a leer el libro "La Economía Democrática de una Objetivocracia". En este libro presento una crítica al sistema capitalista desde la perspectiva de la libertad y propongo una forma de organizar la economía utilizando el sistema de la Objetivocracia Democrática y la Democracia por Promedio.

Si eres amante de la libertad, también te invito a leer el libro "La ética de la ambigüedad" de Simone De Beauvoir y "Sobre la libertad" de John Stuart Mill.

Ahora te invito a seguir leyendo, seguir pensando, seguir analizando y comenzar a hablar de estos temas con tus amigos y conocidos, y a comenzar a actuar para cambiar el sistema que te oprime, a uno que te permita ser libre y formar una sociedad libre.

Cualquier duda o comentario, si tienes ideas que pueden mejorar el sistema, si quieres ayudar a promover las ideas de la Objetivocracia Democrática, si quieres ayudar a traducir el libro a otro idioma, si piensas que puedes escribir un libro donde expongas de forma más atractiva los principios de la Objetivocracia Democrática, o que puedes escribir un libro mejorando las ideas o los argumentos de la Objetivocracia Democrática, escríbeme y podemos colaborar, o escribe el libro tu solo y lo podemos publicar como parte de la colección de la Objetivocracia Democrática, o incluso publícalo tú por tu cuenta, lo importante es debatir y promocionar estas ideas.

Contáctame en: objetivocracia@gmail.com o visita la página web: www.wejustcoop.org allí podrás encontrar y proponer proyectos para transformar a el sistema político a uno verdaderamente democrático

Quiero colaborar contigo de una forma democrática ¿Quieres hacer lo mismo?
Quiero expandir mi libertad, mis opciones y posibilidades por medio de la colaboración libre contigo y con todos los otros seres humanos del mundo. ¿Quieres lo mismo?

Más libertad, más oportunidades, más posibilidades y más colaboración.

Humanos de todo el mundo, ¡Ayúdenme a ser libre y yo los ayudaré a ser libres! ¡Seamos libres juntos! ¡Colaboramos de forma libre! ¡Construyamos sociedades verdaderamente democráticas y libres!

¡Gracias!

i

Bibliografía

1: Johnson, Paulo. (2019). TUCÍDIDES. Por la razón o la fuerza. Introducción, traducción y notas de Roberto Torretti. Santiago: Ediciones Tácitas-Colección. 2017, 249 pp.. Alpha: Revista de Artes, Letras y Filosofía. 293-294. 10.32735/S0718-22012018000470018 5.

2: Rod Hague; Martin Harrop (31 May 2013). Comparative Government and Politics: An Introduction. Macmillan International Higher Education. pp. 1–. ISBN 978-1-137-31786-5. Archived from the original on 7 July 2019. Retrieved 25 February 2018.

3: An operational definition of epigenetics, Shelley L. Berger, Tony Kouzarides, Ramin Shiekhattar, Ali Shilatifard, Genes Dev. 2009 Apr 1; 23(7): 781–783. doi: 10.1101/gad.1787609

4: Early childhood deprivation is associated with alterations in adult brain structure despite subsequent environmental enrichment, Nuria K. Mackes, Dennis Golm, Sagari Sarkar, Robert Kumsta, Michael Rutter, Graeme Fairchild, Mitul A. Mehta, Edmund J. S. Sonuga-Barke, on behalf of the ERA Young Adult Follow-up team, Proceedings of the National Academy of Sciences Jan 2020, 117 (1) 641-649; DOI: 10.1073/pnas.1911264116

5: De Liberación Nacional, E. Z. (1996, January 1). Cuarta Declaración de la Selva Lacandona. Retrieved April 11, 2020, from https://enlacezapatista.ezln.org.mx/1996/01/01/cuarta-declaracion-de-la-selva-lacandona/

6: Ferguson, J., & CHISHOLM, K. (1978). Political and social life in the Great Age of Athens. London: Ward Lock Educational.

7: Aristotle, Barnes, J., & Lane, M. S. (2016). Aristotles politics: writings from the complete works. Princeton, NJ: Princeton University Press.

8: Montesquieu, C. de S., & Carrithers, D. W. (1977). The spirit of laws: a compendium of the first English edition. Berkeley: University of California Press.

Sobre el Autor

Realmente pienso que es innecesario hablar de mí, pues pienso que las ideas del libro son las que tienen que ser consistentes en sí mismas. No importa quién da el argumento, mientras el argumento sea correcto. Por favor, considera y evalúa las ideas del libro, no al escritor.

Si insistes en saber un poco más de mi te platico de forma muy general que fui criado en un hogar muy católico, a los 14 años entré al seminario menor de los Legionarios de Cristo; a los 16 deje de creer en dios y salí del seminario. Estudié dos años de Ingeniería Mecánica en el Tecnológico de Monterrey, mientras me debatía entre intentar ser "normal" y enfrentar la angustia existencial, el nihilismo y la depresión que la pérdida de la fe me generó. Decidí dejar la universidad y dedicarme al cine, me fui a vivir a la CDMX, donde recibí mucha ayuda de un par de amigos y donde me enfrenté a otras dificultades como el acoso sexual de un par de productores y representantes. Trabajé de modelo, extra, asistente de producción, asistente de dirección, director y productor de videos corporativos, comerciales, cortometrajes, películas grandes y películas pequeñas e independientes, tuve dos productoras de cine independiente y videos, trabajé con ONGs y con un par de políticos que poco a poco me di cuenta que eran corruptos.

Mientras hacía todo esto leía y escribía mi propia filosofía, continuaba buscando una razón, un sentido a mi existencia y una métrica objetiva para juzgar el bien y el mal, la buena vida y para poder tomar decisiones y estar satisfecho con mi vida. Eventualmente mi preocupación filosófica pasó de ser algo personal a ser algo social; pues una de las respuestas que di a la pregunta "¿Cómo puedo vivir una vida que valga la pena ser vivida?" es: siendo libre y relacionándome, colaborando, compartiendo y amando a seres humanos libres.

En el 2017 un terremoto sacudió al centro y sur de México. Me alisté para ayudar en las labores de rescate en pueblitos del estado de Morelos. Allí me enfrenté a un tipo de pobreza a la que no me había enfrentado antes, personas enfermas que vivían en casas de tierra. Recuerdo que el techo de la casa de una familia era una lona de un anuncio de un candidato político. Para lo único que los políticos habían servido a esa comunidad era para generar basura con su material de campaña que luego sería utilizada como material de construcción.

Reflexioné y me salí de la productora de cine independiente que tenía en esos momentos. Los siguientes dos años y medio de mi vida los dediqué a leer, reflexionar y escribir. Decidí hacer muchos cambios en mi vida y a desarrollar el libro que ahora sostienes en tus manos. Ahora busco comunidades de seres humanos libres, busco colaborar libremente, amar, experimentar, vivir libremente y construir mi vida y si es posible, un mundo libre. Por esta razón comencé la ONG Cooperativa: We Just Coop . Si te gustan las ideas presentadas en este libro, visita la página web: www.wejustcoop.org y tal vez puedes apoyar o colaborar con algunos de los proyectos que estamos desarrollando, tal vez terminemos colaborando y trabajando juntos. Necesitamos todas las manos y cerebros posibles.

Dedicatoria

Gracias abuelito Charro, porque de ti aprendí a enfrentar y disfrutar la vida.

Gracias Lore porque de ti aprendí a aceptar amor, a crecer, a explorarme, a ser más yo y a superarme.

Gracias Diego Gallegos porque de ti aprendí a no tener miedo de demostrar mi amor hacia amigos hombres.

Gracias familia Sánchez Toro porque de ustedes aprendí a dar sin esperar nada a cambio.

Gracias César por ser mi amigo.

Gracias Mayagoitia por los debates.

Gracias Caty por el cariño, gracias Esteban por siempre apoyarme, gracias Adry por la motivación, gracias Robe por compartir tanto conmigo, gracias José por tu amistad, gracias madre por apoyarme y corregir (el texto), gracia papá por abrirme las puertas de tu casa y del refrigerador durante la cuarentena.

Gracias Genaro por el tiempo que compartimos.

Gracias tripie por siempre estar allí.

Gracias a todos...

De todo he aprendido todo, y de todo me hace falta aprender todo.